投資的邏輯

獵豹財務長 | 郭恭克

從計算有形資產，到建構無形智產，
**全面打造你的
財富人生**

目錄

投資心法語錄

1

回首來時路

部落格的人生插曲

部落格能有什麼名堂？

2006年4月20日，我在YAHOO奇摩部落格「獵豹部落格：證券分析師投資狂想曲」，敲下部落格筆耕文章的第一個鍵盤，就像一個暫時失去沙場的戰士，寫下自己的第一篇讀書心得短文：

> 「在短期內，或許幾個月，甚至幾年的時間內，上市公司經營得很成功，股價不一定就會有所反應。但長期而言，企業成功與否，跟股價會不會漲，絕對是百分之百有關。而利多不漲，正是賺錢的好機會。要買好公司的股票，還要有耐心。」（摘自彼得林區《征服股海》一書）
>
> 顯然如果您買進的股票短期不漲，對您而言，並不是見不得人的事，然而，重點是您應該很清楚您為何買進它？但絕不是因您打開電視機聽某大師一席話、接到投顧老師Call訊，或是好不容易聽到某「大師」一場催眠式激情秀，而是您對這家公司了解多少？

這篇文章PO出後，沒有任何一個人給我回應，部落格開版的第一週，每日瀏覽人次從未超過一百人；我清楚知道寫部落格文章只是個人投資生活的紀錄，也可能只是心情鬱悶時的發洩處而已！要靠它做什麼偉大的事，我可從沒想過，過去沒有，未來也不會有。

我清楚知道，投資才是我真正的生活依靠、我的本業與夢想，也是我終身因此受益，並讓我更接近自由夢想的絕妙戰場。

與孤獨為鄰的投資邏輯思考

2006年5月25日。我又在無名小站部落格加開了「獵豹財務長部落格：證券分析師投資狂想曲」的另一個園地，這個部落格也成為個人於一年多時間內，創下超過500萬瀏覽人數的網路小奇蹟！我清楚地記錄下當天的投資思考：

> 　　人們的預期有時會實現有時不會實現，它的機率往往與擲銅板，問正或反面？沒太大差異。分析總體經濟的東西我重邏輯推演，分析個股我看公司現況及過去，並收集有用資訊展望未來，沒能力解讀現況及過去的人極可能也無法正確展望未來，因此投資市場有用的想像力是要以紮實的邏輯分析能力做基礎的，否則他便是空思夢想，狂妄過人而專業嚴重不足，甚至成為井底蛙，以為天下只有一線天，只有一聲鳴，自戀愚蠢卻不自知。在投資市場中，我努力且孜孜不敢鬆懈並謙虛地養成自己解讀資訊的能力，我很少能從一般研究員的分析或結論中找到我要的答案。

寫這篇文章的當下，離最後一個職場職務已超過整整一個年頭，我早已習慣獨自做投資思考，離群索居、孤獨面對各種不同市場資訊；當我迷惘不解時，只能用更深層的思考、建立更嚴謹的邏輯防線，才能使自己在投資荒野叢林中，踽踽獨行，面對市場各式各樣壓力而不畏懼。

為何取名為「獵豹」？

2006年6月30日。不少不同的讀友重複問我何以用「獵豹」為部落格名稱？其實，早在職場上班之時，我便曾以另一暱名「三小姐」為名在某知名財經討論區網站，說明我對「獵豹」這種動物的觀察與看法：

十隻出生的幼獵豹最終只有約兩隻可以成為馳騁獵場的終極殺手，靠的除了矯健的特殊身軀外，有更多原因來自從失敗中磨鍊出異於其他中途夭折獵豹的智慧與耐性！

　　弱體的獅子可以屈服於獅王威勢而卑屈媚迎於獅群中，只為圖得存活，但孤獨的獵豹不行，她唯有學會如何耐心守候與培養瞬間出擊的勇氣！才能成為荒野中真正的閃電殺手！

　　獵豹雖是荒野中極速殺手，但其缺點便是無法成為有耐力之長途競賽者，當其長時間急速奔跑時，腦部溫度同時劇升，因此每次獵殺行動都是生死之間的賭注，因而有智慧的獵豹寧願耐心等待機會，俟獵物進入安全距離後，才展開出其不意的獵殺行動，一方面成功機會提高，另一方面，也可使自己免於暴斃。

　　股市中，除非您是大型法人，在法人圈中，能力及績效差者仍可靠奉迎諂媚而圖活，但您若是個體戶，便沒有成為自然界弱體的權力；靠的不是蠻力及騙術，而是內心長期苦修及勤勞不懈，蠻力可逞一時之勇，騙術可短暫聚眾，但終將為人所唾棄，唯有修心勤奮不怠者可長存！

　　我曾經在臺灣屬一、屬二的本土金融法人任職，掌握超過十二位數的台幣資金，職場頂峰之時，轄管職屬超過五十人。每日送往迎來、享受位高權重的浮誇虛名；但也曾因與資本家代表投資管理理念不合而掛冠求去，展現自認瀟灑的果決與勇氣。只有在遞出辭呈後，我才發現自己真正與資本家立於對等地位。

　　職場浮沉如浮雲、風吹雨驟了無蹤。第一次離開職場時，確實讓人惶恐不已，不是來自有形的經濟壓力，而是來自嚐盡繁華皆不是，一朝酒醒露更重的高度落寞感。

　　但任我也意想不到，在離開職場團體後，自己的投資績效竟突飛猛

進，恍如荒野獵豹般孤獨、自由地馳騁於投資大草原中；心境的轉變竟是如此的快速與奇妙。

孤獨、冷靜、耐心，及從實務經驗與不斷閱讀中培養出的堅定投資信仰，真是投資市場的天然良藥。讓我深刻體會，深山海角尋仙問藥，原來芳草仙丹，就在自己心中的道理！

大資本家再度向我招手

2006年5月8日，因緣際會，我曾與某國內知名、形象正直的資本家接觸過，甚至報到上班一天，但不到一天，我就猶豫了，當時我寫下自己當時的心情寫照：

> 有人要我回產業任職，但我看到聘書竟猶豫了！要不要再回去過朝九晚五的生活，要不要只為給家人更大的安全感而放棄自由與理想？我正在讀《富爸爸辭職創業》一書，但還沒替自己找到答案。

結果，我最後放了那家上市公司鴿子，再度在電腦前敲起鍵盤！更專注地研究起上市櫃公司的財務及營運資料。

我還天真地在自己的部落格登公告，想找創業伙伴：

> 《誠徵創業夥伴》：
> 1. 有投資專業背景（溝通語言無障礙但不見得要商學院）。
> 2. 有協調合作能力。
> 3. 有辦法一年半載無固定收入，但可以安然過日子甚至自力更生賺投資財者。
> 4. 有興趣者可以Mail給我。進一步討論！

竟然沒有人與我聯絡！只有幾個在學學生想找我要工讀機會。可見，要一個人像自己一樣甘願過沒資本家的無根專業投資冒險生活，這世上，恐怕找不到幾個。

隨後在2006年5月28日，我寫下這篇文章：

在此跨上戰馬！

王翰〈涼州詞〉：

「葡萄美酒夜光杯，欲飲琵琶馬上催。醉臥沙場君莫笑，古來征戰幾人回。」

「每個人都有操作股票賺錢的腦力，但不是每個人都有這樣的能力。如果你動不動就聞風而逃，請你不要碰股票，也不要買股票基金。」（彼得林區）

離開職場是一種意外，我一直認為我是屬於金融投資戰場的，也願意為變動不定的市場承擔壓力，記得有一次在單位開投資早會裡，我曾說：「跨上戰馬的將軍若怕死就不配當軍人，軍人最佳的死地就是沙場，縱使馬革裹屍亦在所不惜！」在職場中帶過的屬員不下百人，對事可以寬以待人，在投資理念上卻從未對自己妥協過！

退出職場後，卻少了一點豪氣，有時難免瞻前顧後、左思右想，這時信仰便顯得格外重要了。伊斯蘭教徒齋戒期間鎮日不食、佛教徒禮敬諸佛三步一跪、仰朝靈山聖地、基督徒甘願肉身體驗聖者四肢受難之苦，因為信仰，所以普通凡人可以出凡入聖、不畏生死。

在職場征場中，我們各自來自不同的養成與背景，攤開不同的履歷資料，可能已洋洋灑灑，看了直叫人動容讚嘆，獵人頭公司最愛有漂亮履歷的公司雇員，最好還要有名校的光環加持。

　　但在投資戰場中，我寧可選擇一種信仰，一種合乎嚴謹邏輯的信仰，因為信仰，你將不會畏懼，雖然少了職場虛譁的送軍曲、餞別酒，在您跨上馬背後，仍然可以瀟灑吟頌：「葡萄美酒夜光杯，欲飲琵琶馬上催。醉臥沙場君莫笑，古來征戰幾人回。」

　　從此，在投資生涯中，我就不想給自己再留職場退路了！

　　事實證明，我不靠與媒體勾串、不向上市櫃公司要任何好處，我仍然可以安穩過正直快樂且充裕的投資生活。

與眾多部落格讀友的邂逅

這不是年輕小伙子才有的網路遊戲嗎？

　　2006年6月23日，在這之前，我從沒想過這輩子會因為網路通訊而與眾多陌生人（其實大家在網路文字世界裡早已熟識的一群人），相約於南高雄的午後見面；當日一早與好友黃國華（總幹事投資筆記部落格版主）一道搭機從臺北松山機場南下，兩個中年男人開始一起玩起六、七、八年級生才熟悉的網路聚會遊戲。

　　出席的人數一如南高雄慣有的熱情豔陽，但卻著實出乎我的意料之外。來參加高雄網聚的讀友，北從臺灣北端的基隆地區，南至屏東墾丁海邊鄉鎮；年齡分布上，從在學大專院校學生，到已從職場退休的長者；職業工作類別中，有工程師、醫師、會計師、大學老師，帆船航海教練等，幾乎涵蓋社會各階層菁英。

當天的景況完全顛覆了過去對網路聚會的刻板既定印象；透過虛擬網路途徑，竟可以讓這麼多素未謀面的朋友，相聚一堂，並侃侃而談，交換彼此對投資理財的看法。讓我深刻感受到國內各階層菁英對投資理財知識需求是何等的殷切！

參加完高雄網聚後，我寫下這篇詩文為這次聚會做見證：

〈網聚〉

我原本孤獨　享受孤獨

受邀網聚　好奇與忐忑

看似熟悉　實則陌生

人生浮萍　何需問來路

心無所求　汝底應無牽掛

名利恰如浮雲　但且諒我容顏與語音未如汝所願

今日請暫且不論多空

高雄網聚後隔週，財經媒體才開始報導國內財經部落格的崛起，「總幹事投資筆記」與「獵豹部落格」從此引起國內眾多財經網友更多的關注。

在高雄網聚後不久，我與國華兄又共同於臺中與臺北分別舉辦了三場自發性的網路部落格讀友會，更多素昧平生的讀友，從此以後成為我們離開職場後的忘年之交；在人生的工作職場中，我已沒什麼可以失去了，但在部落格無怨無悔的經營中，我竟不斷真心體會到，付出後所獲得更多的精神回饋，這是在你爭我奪的職場中，所無法體會的到的真情真義。

我像一般投顧老師嗎？

2007年3月1日，從這一天開始，到這本書首版付印之時，直接上過我投資策略與財務分析課程的學員超過千人以上。我把上課當作一種理念的傳遞、價值觀的移轉。除了闡釋自己實證過，如何從投資市場賺錢的思考邏輯與實務技巧外，我也試圖從自己與學員內心深處，探索人性在恐懼與貪婪間之掙扎，並因此導致生涯中各種資產盈虧之間的得與失。

我從眾多學員中看到剛進市場，不堪回首的自己。

多年的市場與人生試煉，我深知個人力量在市場中，顯得如此渺小。這讓我時時刻刻提醒自己必須謙虛地面對瞬息萬變的投資市場；但是，透過部落格文字的渲染及擴張性，加上有如傳教士般的喉舌授課苦行，我清楚知道，有一群人將與我同行，一起走過投資市場漆黑冷邪的暗夜，迎向財務自由的光明遠景。

財務自由的力量將帶著我的投資理念與外溢的人生善良價值遠颺，與我有緣的朋友將不斷呼朋引伴加入，並與我同行；回首來時路，再度昂揚向前，相信，此行將不會孤獨！

媒體是否也找上您？

2007年7月25日，從這一天起，我又開始與電視媒體做第一線接觸。早在職場任職之時，因為工作職務的關係，我便與媒體朋友有一些接觸。文經社幫我出版的第一本書《活用薪水、享富人生》之際，也承蒙眾多媒體朋友幫忙，讓當時沒沒無名的我可以順利讓書上架。雖然因自己的能力因素，讓人生第一本書成為書店的冷門投資理財書，但就教育文化的傳播功能而言，至今，我了然無愧於心。

走上耕耘財經部落格對我而言，是一種偶然，打從心底裡，從未想過

想利用網路部落格再度成為媒體的焦點。對國內大部分的財經媒體，一向敬而遠之，但對少數不肖業者配合特定利益人士，操弄投資市場資訊，愚弄並蒙詐善良無知的投資人，我一向深惡痛絕。

早在開始於YAHOO奇摩撰寫部落格文章之初，我便曾寫了一篇名為〈財經媒體一向是最大的屠宰場！〉的文章，表達對投資市場媒體資訊的高度無耐，內容如下：

> 我家在雲林鄉下，那裡有很大農產品集散場，每天清晨天稍露白，農民就把農產品往集散地送，在那裡有公開競價機制，但大盤商還常常彼此掛勾以壓低價格圖謀暴利！
>
> 雲林還有很大的豬羊屠宰場，要臨死的牲畜魚貫被趕進狹窄的走道，吵雜聲讓牠們全然無死亡將至的恐懼，屠宰工人將麻醉槍熟練地注入牲體，她們以優雅的姿態躺下，並保留臨死前的最後一絲尊嚴！
>
> 媒體就像麻醉槍把失去方向及定見的投資人（散戶加法人）趕進股票屠宰場，或許投資人也可以為保持一點投資失敗的尊嚴而找媒體當藉口，因為「專業媒體就是都這樣寫的呀！」「投資大師也剛講過這檔股票及產業充滿興奮的活水呢！」
>
> 在投資市場，我寧可失去短期尊嚴，也要爭取長期活命的機會！

此篇文章內容主要想點破及提醒一般投資大眾，媒體可能成為特定人士操弄謀私的工具之事實外，更想喚醒習慣於投資市場中茫然從眾者，務必及早學習並養成獨立正確的投資邏輯思考方法，否則，投資市場恐怕將淪為終身辛苦掙來的資產之葬身窟，甚至成為自己下半輩子的英雄塚。

近來，媒體對我的興趣變得更加濃烈了，但不管未來是否將與媒體營造出何種關係，我將永遠記得，在2006年6月，我曾在部落格寫下這樣的短文：

財經媒體也樂於找上您了嗎？

您知道財經媒體記者喜歡找那些人訪問嗎？有三個具備條件：第一、平易近人，第二、表達能力強，第三、對行情樂觀者。

財經媒體記者喜歡訪問的人所具備的特質中，獨缺自我資金實戰經驗及投資報酬優異特質的人，是否有嚴謹專業訓練者也不是重點。

盲目的聽信樂觀分析言論，對初入市場的投機者而言，絕對是最大的致命劑；可惜的是，財經媒體為刺激銷售量，並讓讀者產生怡悅心情，它們總是設法將分析言論導向樂觀的一面，縱使市場早已危機四伏、媒體高層經營者早已開始反向降低多頭部位，亦在所不惜！因為，高唱「多頭時代來臨了」，才是他們賴以生存的「神主牌」！

這篇短文將成為未來我與媒體營造關係的良心湯、防腐劑，特別在新書撰寫之初、媒體邀約不斷之際，收錄進本書內容裡；個人在市場中的力量何等渺小，我無法對操弄媒體工具，進行巧取豪奪的有心人士進行干涉與批判，但我願誠心立誓，此生以文筆喉舌之苦，為資訊傳遞者與善良投資人間，盡自己的棉薄之力及經驗報告分享，盡力找尋資產分配過程的平衡點。

透過媒體傳遞功能，我將努力改變大家對過去財經媒體的看法，就從自己做起！

這將是人生中的另一次自白？

2007年9月4日，這一天，我答應聚財網，幫他們寫一本連我都不知道會寫出什麼內容的書，並簽下一份合約。其實，當天晚上，我就後悔了，抱怨我的好友國華兄，總是讓我跳火坑。

這半年內，前後有超過三家以上的出版社表達想找我出書的計畫，這真是讓我受寵若驚。其中，聚財網竟敢提議要我出小說，我想，他們絕對不是精明的生意人，至少目前還不是！但是，有了第一本書的慘痛經驗後，我始終不為所動。所持的理由是，出書對我而言，不可能有太多經濟利益，獲得我的財務利得等戰利品的戰場在投資市場，而非賣書維生或教書。第二，我的書不是速食餐，也不會是神仙藥、救命丹，依序尋經覓脈的書一向鮮少有很好的市場。第三，我不想當名人，更不用說要青出於藍，去爭著當「半調子投資大師」，因為我沒有上億利得的驚人且聳動的破產故事，我只是靠投資理財利得過充裕平凡生活的平凡人。最後，我很怕10年或20年後，我不敢承認這是我寫出來的書，甚至幫我寫序文的人不是被羈押，就是成為投資市場中爭議性人物！

人生幻化無常，一如天邊的雲彩，投資市場更是時刻變幻莫測，讓人難以捉摸；「簡單」二字，卻往往是能否在市場勝出之關鍵，我早已習慣孤獨、生活簡單，何苦再入浮塵人間！

2

金融市場與股票投資的本質

認識金融市場

你也這樣看待金融投資嗎？

有時候，聽某些人說：「反正都是閒錢，套牢沒關係，當長期投資人，等著領股息也不錯呀！」說這句話的人，本質上，他的語意其實認為：「反正新台幣印就有，何況我家就有一台印鈔機！」只可惜，他忘了一件事，真正的印鈔機不在他家。

等完完整整看完這本書後，或許這些人會改為說：「原來印鈔機就在我的腦袋裡！」那我寫這本書的價值與意義，對我而言，就會比賣幾本書出去的數字，來得更具意義了。

聽完這短短的這一段話，直接閃過我大腦的，便有幾個疑問：

1.何謂「閒錢」呢？您口袋或家裡床鋪下的現金嗎？

2.真的「套牢沒關係」嗎？

3.何謂「長期投資人」呢？

4.「等著領股息」真的不錯嗎？

我的答案是：

1.我的錢從來都不是閒錢，只有高低不同的投資報酬，及隱藏於其後的不同風險程度而已；而不管是自己手上的現金，或是向外舉借而來，每一分錢都有資金的機會成本。在金融投資市場，我透過經驗累積與學習，並勤奮收集、研究資料以降低投資風險，並同時追求超過資金所背負的機會成本之報酬率，以提高資金的運用效率，讓資金隨時間不斷產生長期複利效果。

2.對我而言，資金套牢大有關係！套牢在何種投資標的？套牢在那一個價位？何種景氣循環位置？這些都與資產價值增減，大有關係。

3.真正的「長期投資人」可不是長期被迫套牢後持有股票之投資者，

而是志願性質，縱使可能真的短期性套牢，但其常常心中篤定，並在生活中處處充滿愉悅。

4.每年領股息確實是不錯的點子，但可別領了股子（現金股息）、賠了錢子（本金）。以過去資料為紀錄之現金股息殖利率（即現金股利／股票買進價格）高低，並非衡量股價相對合理性之嚴謹、客觀化標準；投資標的未來創造現金的能力，才是股票投資者的真正依靠。

看完上面四點冗長的答案，有些讀者恐怕已腦袋上滿天金星，滿臉迷惑了。如果真是如此，那您就選對書了；這些疑問，在金融投資市場都是都是極為重要的問題。但是，只要您肯花時間，確實看完這本書，在裡面，您將可以找到您要的答案。

什麼是資金的機會成本？

小時候，玩大富翁遊戲時，手上的棋子常常都會非自主選擇性地走到「機會」的格子裡；然後，不管自己願不願意，都得被迫去翻開那一張字卡，以決定資產的盈虧或棋子去向。大富翁遊戲裡的「機會」代表的，是一種不確定性、非自主的選擇，其對資產的影響結果，有可能虧，也有可能盈。

但是，在金融投資市場中所指的機會成本觀念，卻是自主、利己、低風險且最優的效益化選擇。

當一項資產或資金讓您支配使用，市場存在兩種投資標的物，可供投資選擇；若選擇投資在甲資產，便不能同時又投資在可以產生收益的乙資產上面，而這乙資產的收益，便是投資在甲資產上面的機會成本。

由此可見，當我們的資金放在現金、台幣銀行存款、外幣定存等不同資產上面時，都有相對的機會成本產生；如果不做這種投資或資產配置，便會有其他選項可供選擇，而由其他選擇所可產生的收益，便是使用或支

配資金的機會成本。

然而，並非所有的其他選擇都可以產生正的投資報酬，但在「自主、利己、低風險且最優的效益化選擇」的前提下，金融投資市場中的資金運用機會成本，是一種絕對正報酬的觀念。因此，什麼才是您運用資金於金融市場的「絕對正數的機會成本」？

如果這還不夠簡單明瞭，再舉一個例子。假設一個媽媽給兒子自己選擇午餐種類，他可以選擇吃100元的漢堡餐，也可以選擇120元的披薩，但當他選擇了前者後，便不可再選擇後者。如果先不論兩者帶來的自身滿足感不同，則選擇吃漢堡餐的市場機會成本，便是120元。

因此，在金融投資市場中，我們可以簡單的說，當資金可以自由支配選擇時，所有選項中，收益率（即投資收益／投入之本金）變動最小、且價格下跌風險極小（幾乎趨近於零）之金融資產所可以產生之收益，便是運用資金從事金融投資之機會成本。

當我們把資金拿到金融市場從事投資操作時，您可以選擇收益率變動最小，價格波動最小或幾乎不會波動的金融工具；當然，您也可以為追求更高的潛在價格波動利得（一般稱為資本利得），放棄前者，而轉投入市場價格「有上漲潛力」的其他投資標的，而此放棄之投資收益便是機會成本。

若此機會成本代表的是市場風險極低的金融工具的投資回報率，則此回報率，我們稱之為無風險收益率，也叫無風險利率。

然而，市場價格「有上漲潛力」並不代表市場價格一定會上漲；相反地，甚至可能會反向下跌。此便是市場價格變動風險，也是追求資金收益率高於無風險報酬率所應承擔的市場投資風險，這使得金融投資不再是穩賺不賠的生意；但也使精明的投資者之實際投資收益，可能遠超過原先的無風險收益率數倍，甚至更多。

您要多少投資收益率才滿足？

幾乎所有從事金融投資者，都不可能以無風險收益率為滿足點。否則，便不用大費周章、勞心勞力、苦心研究，甚至廢寢忘食、追逐所謂明牌、群擠斗室聽取大師演講開釋。無非想要提高自己本身在金融投資市場的報酬率，加速創造並累積自己的資產。

然而，錯誤的投資邏輯思考方法，就像愚夫愚婦被「市場半調子投資大師」蒙蔽一樣，其最終結果，都將以成為投資市場輸家收場。

您要多少投資收益率才滿足？問這個問題似乎有點愚蠢。因為，幾乎所有人都會回答：「廢話！當然越高越好！」沒錯，當然越高越好！但它必須建立在嚴謹的邏輯分析上，並透過環環相扣的分析方法與程序，才能使投資收益率如預期提高，甚至因為金融市場中，其他眾多參與者的瘋狂與愚蠢，而使投資報酬率遠超乎自己原先的想像。

在主觀上，絕大部分人都無法滿足於風險極低的無風險收益率；但在現實客觀環境中，尤其是股票市場，長期下來，真正成為享有超額投資報酬（即實際投資報酬減無風險收益率）者之比例卻不高。顯然，對大部分的投資人而言，在金融投資市場中，可以達到自己原先預期之正超額報酬者，其實際比例並不高。

投資人主觀預期投資報酬率
＝無風險收益率＋金融市場的正超額投資報酬率

市場實際投資報酬率
＝無風險收益率＋金融市場的正或負超額投資報酬率

這兩者最明顯的不同，即在市場實際情況與投資人本身原先的預期並不相同。最大的原因即在，投資標的在金融市場存有價格上下波動情況，

而大部分投資人，縱使用盡辦法，想找出價格波動的脈絡，以便執行「逢低買進、逢高賣出」的絕佳投資操作策略；但在實證研究上，真正純靠追蹤金融資產價格波動，而能成為真正的長期投資贏家者，在投資史上，可以說是鳳毛麟爪。

價格波動的圖形，有時確實會出現與歷史現象，產生某種程度的相似性，但這卻並非圖形真能對行情產生顯著性的預測效果；真正的原因極可能因為眾多交易者對圖形之預測性，信以為真，這將導致短期市場交易真如原先的預測情況出現，但此一現象，一經長時間考驗，其檢驗樣本之顯著性馬上又消失無蹤了！

既是如此說，那請問，金融市場投資預期投資報酬率是如何構成的？接下來，讓我們先來了解金融市場是如何構成的，再回過頭來，探討您的投資收益率要達到多少，您才滿足。

金融市場基本架構

金融投資市場依資金從儲蓄者流向資金借貸者的流動過程中，資金所依附的金融投資工具之不同，簡單分為兩大類，第一類稱為間接金融（Indirect Finance），第二類稱為直接金融（Direct Finance）。

兩者之間有下列之不同點：

1. 資金流動過程之所有權及支配權不同

在間接金融中，資金的所有權本質上仍屬儲蓄者所有，但透過金融投資工具，資金的使用支配權利已轉為中介間接金融機構所有；但直接金融則不然，中介直接金融機構並未因金融投資工具而取得資金之使用支配權利，其僅是買賣金融投資工具的中介商，資金在本質上，其所有權及支配權均仍屬儲蓄者所有。

間接金融投資工具使資金需求者對資金使用之盈虧，對儲蓄者不致產

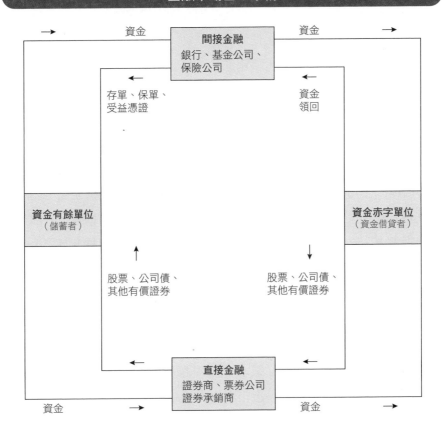

金融市場基本架構

生衝擊，除非中介金融機構經營不善，發生倒閉問題，否則，一般而言，銀行及保險公司（基金公司除外）必須承擔資金使用後之盈虧責任，存款戶及保戶並不用擔心市場變動風險。

但是，銀行及保險公司倒閉並非全無可能，只是在臺灣特殊政治環境下，鮮少發生，這也使得儲蓄型投資人往往失去戒心，讓一干金融弊案不斷在臺灣上演。

2. 兩個金融市場之市場變動風險明顯不同

　　間接金融市場投資者，不用直接面對金融市場變動的風險；直接金融市場的投資者則不然，市場上任何風吹草動，都會使其資產短期價格產生變動。因此，間接金融投資者不用擔心市場價格波動，但絕大部分直接金融市場投資者，對市場短期價格波動都非常關心，以致在市場短期價格波動循環過程中，因市場多頭氣氛而產生為獲得資本價差的貪婪追逐，但在空頭悲觀失望陰影中，急欲避免持續虧損擴大而出現的賤賣資產行徑。

　　直接金融市場投資者之所以不斷產生「追高殺低」的瘋狂行徑，其最根本的原因，乃在將直接金融投資工具的本質與市場交易機制完全剝離；尤其是，當直接金融投資工具存在活絡的次級交易報價市場時，大部分的市場投資人，展現出的瘋狂行徑更是常常讓人難以合理解釋。直接金融交易市場（含初級及次級市場）可以成為淘金窟，也可以成為藏身處、英雄塚；但，唯有在市場失去理性時，仍保持清醒者，才能滿載而歸並留下芳名。

3. 要求的市場預期報酬率明顯不同

　　直接金融市場投資者因必須承擔市場隨時變動之風險，故其要求的市場預期報酬率明顯高於間接金融市場投資工具。在長期時間序列的投資報酬率研究上，直接金融市場之投資報酬率確實顯著性地高於間接金融市場；但是，若以一般性短期交易行為來觀察，直接金融市場交易者，尤其是股票市場，能從短期交易得到超額報酬的比例卻沒有想像中來得高。

　　此正顯示，整體而言，直接金融市場遠超過間接金融市場之超額報酬，對直接金融市場交易者而言，並非雨露均霑；它呈現一種「贏者圈長期幾近全拿」的遊戲賽局，誰能在賽局中，提早悟出正確的遊戲贏家邏輯，誰就會是最後的財富大贏家。

直接金融市場的投資收益率

直接金融市場既然承擔較間接金融市場為高的市場變動風險,對一個理性投資者而言,除非直接金融市場能提供較高的預期市場報酬率,否則,從低風險的間接金融市場抽出資金,轉投入直接金融市場,便顯得失去理性了。因此,直接金融市場預期報酬率之觀念,便於焉產生。

直接金融投資工具投資預期報酬率(K)

=間接金融市場無風險報酬(k1)+直接金融市場超額報酬率(k2)

=間接金融市場無風險報酬(k1)+市場風險溢酬

(Risk Premium;RP;k2)

由此便可知,對理性投資者而言,當面臨市場價格變動風險愈大,在正常情況下,除非有更高的市場投資報酬率,否則,將資金從低風險的間接金融市場抽離,改投入直接金融市場,將使自己步入高投資風險、低報酬的險境。但是,這種情形在股票市場卻又屢見不鮮,不相信的話,請耐住性子,慢慢把這本書看完,精采的還在後頭!

間接金融市場最大的影舞者:利率與投資預期報酬率

講到利率,大部分的金融市場投資人應不陌生,無論跟銀行或保險公司打交道,都會牽涉到利率。對儲蓄者而言,諸如存放款利率、保單分紅利率等;對融資借款者而言,則有貸款利率、保單貸款利率或股票融資利率。由此可見,利率在間接金融市場是何等普遍又重要。它是儲蓄者的無風險報酬衡量指標,如存戶的存款利率;也是資金需求者的資金運用成本,如企業融資利率、股票融資戶的資金借貸成本。

利率的升降，不僅代表對借貸雙方未來資產的增減，同時也是資金需求冷熱的溫度計。一般性而言，當總體經濟景氣呈現強勢擴張趨勢時，利率可能便有趨升的壓力；反之，則有下降的壓力。

　　為了統一眾多不同類別的利率，兼顧在投資實務應用上之客觀性與實用性，在與直接金融資產，尤其是與股權資產價格評估之互通性上，我通常喜歡以美國10年期政府公債殖利率，來說明利率在無風險利率之應用，及其在景氣循環邏輯分析實務上之高度實用性。

　　利率變動與直接金融市場預期報酬率之簡單關係如下：

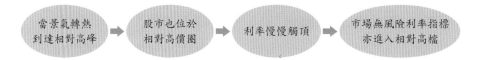

| 投資預期報酬率（K）＝市場無風險報酬（k1）＋市場風險溢酬（k2） |

假設k2固定不變，則當k1提高，K亦隨之提高；亦即，資金由間接金融市場移出的總預期報酬率，應該提高，因機會成本已提高；否則，對投資人而言，便是不理性的投資行為。

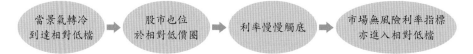

| 投資預期報酬率（K）＝市場無風險報酬（k1）＋市場風險溢酬（k2） |

假設k2固定不變，則當k1下降，K亦隨之下滑；亦即，資金由間接金融市場移出的總預期報酬率，亦會下降，因機會成本已下降；此時，對投資人而言，投資直接金融市場的機會成本相對較低。

由此可知，當無風險利率拉高到相對高檔時，亦即經濟景氣進入快速成長

期末期，投資人投資直接金融市場之機會成本便上升；當無風險利率下滑到相對低檔時，亦即經濟景氣進入衰退期末期，投資人投資直接金融市場之機會成本便下降。

投資預期報酬率與投入資本之關係

假設有一家服裝店要出售，其資料如下：

每年淨利：100萬元固定不變

原始店東會計成本：1,000萬元

每年股東權益報酬率（ROE）：10%

在多少投入資本下，您的投資預期報酬率才會超過10%？

從上面資料，可以整理出簡單的對照表如下：

投入成本	每年收益	實質ROE	預期報酬率
1,000萬	100萬	10%	10%
2,000萬	100萬	5%	5%下降
500萬	100萬	20%	20%提高

由表可已輕鬆知道，當投入資本超過原始店東的會計成本，即1,000萬元以上時，在每年收益固定不變的假設下，您的投資預期報酬率將下降，例如，投入成本提高至2,000萬元時，投資預期報酬率下降至只有5%；反之，當投入資本低於原始店東的會計成本，即1,000萬元以下時，在每年收益固定不變的假設下，您的投資預期報酬率將逐漸提高，例如，投入成本下降至500萬元時，投資預期報酬率提高至20%。

這個簡單的例子說明了一件事，在沒有公開交易市場的投資領域裡，投入資本與投資預期報酬率之間，具有下列的簡單的基本邏輯關係：

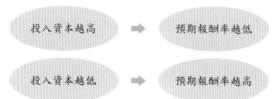

但是，當股權資產被拿到公開交易市場交易，且在投資心理主導買賣行為時，股票市場交易的實際情況卻往往變成下面情況：

　　一般投資人並不是不知道基本的投入資本高低與預期報酬率之簡單邏輯關係，而是因為當股票在公開市場交易時，短期價格時時刻刻的波動，已成為股票投資人最關心的重點，甚至讓投資人做出不可思議的蠢事而不自知。

勇於追高及盲從原來都是天性

　　投資市場公認的近代股神，華倫‧巴菲特就曾有句名言：「對我而言，股市根本不存在。它只不過是在證明是否有人做了什麼傻事。」

　　但是，在投資市場中做出傻事的人，是否真的智商有問題？非也，此乃天性也！筆者曾在個人部落格，以「勇於追高原來是本性」及「盲從原來也是天性」這兩篇讀書心得，闡述投資人何以不斷做出人性心理面屬正常反應，但在股票市場卻極為愚蠢的傻事。文章如下：

　　〈勇於追高原來是本性〉

「我們不一定要成為報酬的直接受惠者才受影響，我們常會因周遭的人而受影響，並採行類似的行動。這種情形叫做『替代性增強作用』。我們觀察其他人的遭遇，倘若他們的行為能夠獲得報酬，我們就會依樣畫葫蘆。這就形成一種心理陷阱，使一般人在股價快升到頂點、即將反轉回跌時買進。」（摘自《股市陷阱88：掌握投資心理因素》，天下文化出版）

人類自古即是群居動物，因此，個人習慣與群體為伍，當自己處於群體中一致性環境下，無形中便得到安全感。而若還能從別人看到採取一致性行動可以得到好處時，便會增強其行動動機，縱使是有風險的行為也在所不惜。

因此，在股市處於高度亢奮期間，一定會有所謂主流股出現，因為前面買進的人已享受到追高價股的好處，因此後進者往往便會發覺自己是不是太過愚蠢保守，因而喪失獲利良機；為求得與大家一致性的安全感，加上別人擺在眼前的示範效應，一般人將很難抗拒誘惑而不心動的。

建立中心信仰與嚴謹投資哲學的人才能抗拒誘惑。而信仰的建立則立基於紮實的基礎訓練，並不斷透過從真正成功投資者的經驗分享（事實上市場騙子到處都是），或自身經驗的累積與不斷虛心修正，才能真正建立足以面對貪婪環境的誘惑，及過度悲觀環境的恐懼威脅。

〈盲從原來也是天性〉

「無論是投資或其他事情，當我們對於一項決定感到憂慮或不確定時，便可能聽從他人的意見，因為，這樣可以減低憂慮的程度。焦慮就和痛苦一樣，需要找人一同分擔，這常使我們不敢違背大多數人的意見，更遑論做一名反對分子了。」（摘自《股市陷阱88：掌握投資心理因素》）

當我感到對市場憂慮時，一開始我會試著努力去找出造成憂慮的原因，如果仍沒辦法找到答案，我會暫時離開市場。

要叫一個充滿賭性的人離開市場可沒那麼容易。這決定於自己是否對別人口袋增加中的財富，充滿嫉妒心理？因此，始終不願輕易離開市場。

其次，我們是否學會某些時候應適度「放下」，放下對市場過度的「貪瞋癡」，這樣或許您就不會覺得遠離群眾是愚蠢的。

在投資市場中，喜歡養成找同伴、成群結隊者，除非您是公司內部人或擁有第一手內線消息的同路人，否則，您得到的將是短暫的解脫與快活，但永遠不會是避免損失擴大的救贖！

投資人需要看心理醫生嗎？

在金融投資市場中，「追高殺低」與「盲從」都是與生俱來的天性。果如此，那何以市場仍有華倫‧巴菲特及彼得‧林區等長期投資績效卓著，並被股票市場奉為真正的世紀投資大師？原因無它，透過學習、勤奮、穿透人性等步驟，逐步建立適合自己的投資思考邏輯，最終內化成為自然的投資思考過程及信仰。如此，就可穿透人性盲點，獨立於眾人情緒及市場氣氛之外，讓自己回歸投資的本質，重新找回獲利的泉源，並讓投資市場成為達到自身財務自由的光榮戰場。

為了強化建立獨立思考能力，並避免市場雜訊對自己的心理影響，筆者曾以「您是不是也要看心理醫生？」為題在「獵豹部落格」，寫下這篇讀書心得，內容如下：

〈你（妳）是不是也要看心理醫生？〉

「……在市場上揚時，大家都很興高采烈，沒人喜歡聽到壞消息或是悲觀的分析。因為不喜歡，所以即使聽到了，他們也不會相信。而且，一般大眾所得到的消息多少都是經過分類的，並且更能強化市場情緒。當市場已到頂點並開始反轉時，分析師可能還沉浸在興奮的情緒裡。」（引自《金融心理學》，Lars Tvede 著，財訊出版社）

在投資市場中，一般投資人總是喜歡找同伴，打電話問明牌、往人多的地方去聽「赤腳大師」演講；專業分析師或資產管理投資者，則在辦公

室忙著打電話問同儕對行情或個股的看法。這些都是對自己的投資決策或分析報告極度缺乏信心下，想找同伴的心理反應，因為，縱使事後行情真的不如預期，至少可以安慰自己，與自己同時看錯行情或分析錯誤的，可不止是只有自己而已！

財經媒體多少扮演市場投資人的心理治療師的角色，它要想辦法讓讀者看了舒服（最好觀點與芸芸眾生完全一樣），銷售量才可能上升；因為，一般投資人及法人均習慣做多，所以，鮮少財經媒體敢在行情未完全確定轉空前發表看空言論，以免斷了自己的財路。

財經媒體其實也常常在交易市場中扮演操弄資訊者的角色，某些時候是配合公司內部經營者的作為，有時甚至粗暴地運用媒體工具操弄捏造不實資訊，無視媒體公器而圖謀違法私利。這些情形在中外皆然，但又以小型經濟體的小型市場最為普遍。

投資人如果想要避免媒體或有心人士之操弄，一定要養成獨立思考及基本解讀資訊能力，萬一遇到自己不熟悉的領域應避免貿然涉入，才能避免使自己成為人為刀俎、我為魚肉的下場。

股票與股票市場的本質

何謂股票？

看到這標題，可能有一堆讀者就要罵我，湊文字、賺稿費了。

誰不知什麼是「股票與股票市場」？您的股票存摺裡就有一堆股票（說不定還有已經下市或被暫停交易的），每天買進賣出股票的地方不就是股票市場嗎？

這是一般人對股票及股票市場的最基本認知的；其實，股票及股票市

場在投資思考上，除了一般股民對其原有的認知外，有更深層的意義及功能。若能瞭解其中的真義，將可釐清自己在投資心理上的盲點，並提高自己在股票投資市場中的勝率。

讓我們先來談談何謂股票？股票在學理上有下列特性：

1. 按持股比例代表對公司的所有權

即當您買進任何一家公司的股票時，便成為該公司特定持股比例股權的實際擁有者；您買進的並不僅是股票集保存摺中的股票數字，還代表對該股票發行公司一定比例之所有權。因此，從買進股票當時，您便是該股票發行公司的實際老闆，公司內部管理者只是您委任或雇用的伙計，公司經營績效的好壞，就與您的資產增減產生直接的關係。

因此，若投資的股票是未上市（櫃）的股票，請問，投資人會關心什麼？答案相當清楚明白，當投資標的物並無公開透明的交易市場存在時，投資人並不會或無法每天打聽股票在未上市的最新交易價格，因此，他們反而轉為關心公司營運獲利情況，將多於股票市場價格的變動。

2. 股份有限公司股票投資人對公司經營僅以自己原先所投入的資金額度為最大損失上限

不論是大股東、外部小股東、內部經營者、高級主管、董監事，只要其不出現違反法令行為，投資之最大損失金額都是以自己所投入之資金為上限；所有股東不必為公司因營運虧損或公司倒閉，因而積欠下來的債務負責，債權人也沒有權利要求個別股東以個人資產替公司清償所餘留下來之債務。因此股份有限公司的投資人，最大的投資損失上限，就是其買進公司股票或原始所投資之資金。

然而，就是因為這種股份有限責任制的特性，當掌握公司實質經營權利者對公司股份的實際持股比例並不高時，為了私利或權力慾望，就可能做出損害其他大部分股東的經營投資決策，讓所有股東同蒙其害。（實際案例將在第四篇說明）

由此可見，無論所投資的股票發行公司是否為上市（櫃）公司，當公司內部經營者，個人的投資損益與利害關係，無法與公司營運產生緊密的連結時，譬如董、監事持股比例明顯偏低時，就可能讓經營者成為謀求私利，或好大喜功的人，輕者假藉職權貪圖小利，重者做出粗糙的投資決策，使公司營運陷入困境。最後，讓買進公司股票的投資人血本無歸！

3. 按持股比例行使的投票權

股票投資人可以透過在股東會議上，按持股比例選舉公司之董、監事，或對公司營運有關議案行使提案或表決權。如此設計原本可以防止低持股者取得公司經營權的機會，但透過法令上欲維護無法親自出席的股票投資者的權利，就有「公司股東會出席委託書」的產生；這讓許多覬覦公司經營權的有心人，有可趁之機，也常使得公司營運陷入因人事傾軋的不穩定狀態。

對外部投資者而言，除非對欲爭取公司經營權者，而買進公司股票的大股東有充分了解，或掌握可靠的資訊，否則為圖短期股票價差，而忽略經營權爭奪，對公司營運可能出現的負面效應，將極可能使自己的投資行為陷入險境。

公司經營權之爭常常只是股票市場短期的炒作題材，並無法對公司公司真正的營運產生正面幫助；對內部經營者持有公司股權比例太低，每遇股東會有董、監事選舉之前，大舉向市場徵求股東會出席委託書之公司，大家在投資心態上應保守謹慎看待這類公司。

4. 按持股比例參與公司股利之分配權

當公司有盈餘並透過股東會決議發放股利時，除特別股股東外，普通股股東享有依持股比例相對等的股利分配權利。

一家公司經營有賺錢，究竟要不要發股利？該發多少股利？這個問題可不是只問公司現金股息殖利率高或低（即現金股利／買進市價），高的便是好，低的就是差，還要決定於公司究竟是在帳上維持高現金營運部位

對公司有利？或將現金發放給股東較為有利？美國股神，華倫·巴菲特經營的波克夏海瑟威公司，便幾十年來，從不對投資該公司的股東發放現金股利，因為他認為，只要公司運用資金的投資報酬率可以大於股東自己運用資金的投資報酬率，公司便不應為討好媒體或市場投資人，而執行高現金股息的發放政策。

現金股息殖利率高低的正確與否，應考量幾個因素：

（1）運用資金的投資回報率是否高於此公司對外之舉債成本？

若公司運用資金的投資回報率低於舉債成本，應優先清償公司負債，其次，則應將資金退還股東（發放現金股利或實施減資）；反之，若公司運用資金的投資回報率高於舉債成本，則應將現金優先保留於公司帳上以備運用，以提高公司的股東投資回報率。

若用簡單的財務會計觀念來說明，即，總資產報酬率若大於公司邊際利息成本，則公司即應優先將資金保留於公司帳上運用，以提高公司整體股東權益的報酬率。

因此，對本業高獲利能力且高盈餘成長的公司，要求公司發放高現金股息殖利率的現金股利，可以說，完全不符合投資邏輯；而對本業獲利能力低的公司而言，寧不還銀行負債，而打腫臉充胖子的高現金股利政策，一樣是叫人匪夷所思。

由此可見，當您發現一家公司的總資產報酬率（ROA）低於目前的銀行借款利率時，千萬不要因為它的現金股息殖利率較高，便一時衝動買進該公司的股票。免得賺到股息，反而賠了本金。

（2）舉借新債的成本是否低於股東自己運用資金的收益？

有些公司本身享有極高的銀行信用等級，如國內的台塑集團。因此，其對外舉借新債的成本，往往低於股東自己運用資金的報酬率，並且透過公司對資金的運用，可以讓總資產報酬率始終大於舉債的利息成本。若是如此，則公司可以維持較高的現金股息發放率（現金股利/當期稅後盈

餘），並等公司投資活動產生現金需求時，再透過向外舉借新債來充實營運資金。但是，這種情況在一般情況下已算特例了。

（3）是否屬於高盈餘長率的公司？

若公司本身即屬高盈餘成長的公司或產業，則其對營運資金之需求必然相當迫切，且因公司將獲利保留在公司投資運用的投資回報率，遠高於透過發放現金股利給股東自己運用的投資回報率來得高，此時，公司就不應該只為滿足部分外部投資人資要求，便採行高現金股息發放率的股利政策。

透過盈餘成長率的簡單公式，可以說明決定現金股利高低的股利政策與盈餘成長率的關係如下：

$$盈餘成長率（g）= \frac{當期盈餘－現金股息}{當期盈餘} \times 股東權益報酬率（ROE）$$

$$再投資率 = \frac{當期盈餘－現金股息}{當期盈餘}$$

$$股東權益報酬率（ROE）= \frac{稅後盈餘}{股東權益}$$

由盈餘成長率（g）的公式可知，當股東權益報酬率（ROE）很高，則盈餘成長率的高低有很大的原因來自再投資率的高低。從前面已談過金融市場的直接金融之「預期投資報酬率（K）」觀念，投資人已知，當所投資的公司，它的股東權益報酬率高於自己的預期投資報酬率（K）時，這種公司便是享有市場預期投資超額報酬率的公司。

簡單來講，就是其創造盈餘的能力超過投資人的主觀預期投資報酬率。

對一家享有高超額報酬率的公司而言，為追求公司未來更高的盈餘成長率，投資人應給予更多的資金運用空間。也就是，不應只為達到高現金股息殖利率的要求，便使其再投資率毫無理由地下降。

由此，現金股息發放率與股東權益報酬率高低，兩者之簡單邏輯關係如下：

股東權益報酬率高於預期報酬率（K）

| 股東權益報酬率越高 | → | 現金股息發放率應降低（再投資率提高） | → | 公司盈餘成長率可進一步提高 |

股東權益報酬率低於預期報酬率（K）

| 股東權益報酬率越低 | → | 現金股息發放率應提高 |

若總資產報酬率（ROA）低於對外融資舉借債務的成本時，公司更應考慮減資或退還股本。

顯然，對高股東權益報酬率的公司，反而應減少現金股利的發放，才能使公司的盈餘成長率，進一步提高，並透過提高公司價值，使公司長期股價維持上漲趨勢。

對實施穩定股利發放政策的公司，應給予正面評價。但對低股東權益報酬率的公司，卻不願將公司閒置資產變現活用，或將資金發還給股東，在投資評價上，則應受到嚴厲的質疑。

5. 按持股比例對公司剩餘財產的請求權

在謝劍平博士投資學教科書裡對普通股股東的剩餘請求權，這樣寫道：「當公司破產或清算時，普通股股東對公司資產有法定求償權，其受

償地位在政府、員工、債權人及特別股股東之後；亦即當公司滿足對政府、債權人及特別股股東的求償權利之後，普通股股東才能享受法定的求償權利。因此，普通股代表對公司「最後淨值」的求償權，稱為剩餘請求權（Residual Claim）」

看了這描述，還有誰會想要因擁有對公司執行剩餘請求權，而買進股票的？相信，沒有人會認為，當一家公司走入破產或清算時，它的淨值（即總資產減掉總負債之餘額）還會存有多少價值。

公司淨值請求權並非股票持有人的最低限額保障，會計帳上的公司淨值（即資產負債表中，總資產減掉總負債的餘額，又稱股東權益），也不是股票持有人的最後防線；一家公司，若無法產生超過無風險報酬率的股東權益報酬率，長期而言，其公司價值就不值會計帳上的股東權益淨值，而它的股價淨值比（即每股市價／每股淨值）亦將淪落於一倍以下，長期以往，恐有被要求清算的危機。（此部分將於第四篇再度深入說明）

常常會有財經媒體，將股價淨值比較低的股票統計出來，並不分清紅皂白就說，股價淨值接近一倍的股票，就是所謂的「價值股」。這真是一大謬誤的可怕投資觀念。公司真正的價值決定於其利用資產創造長期淨現金收入的能力，而且最好來自本業的營運活動所創造出來的現金。除非一家企業的資產帳列價值明顯低估，使其資產淨變現價值扣除總負債後，明顯高於股東權益總值；否則，單就會計帳上的每股淨值高低，便論斷股票價格是否低估，或股票是否屬於價值股，真是一種愚蠢且危險的投資觀念。

6. 原有股東的優先認股權

在我國《公司法》第二六七條中明文規定，公司增資發行新股時，除保留發行新股總數百分之十至十五之股份由公司員工承購外，原有股東可依原持有股份比例優先認購新股，此即所謂之股東優先認股權（Preemptive Right）。原有股東的優先認股權設計的本義，乃在保護原有

股東對公司的控制權，及其可主張的公平權益。

但在相關證券法令及公司法，甚至商業會計法中，卻不乏另立條文將此股東優先認股權的精神侵蝕的體無完膚，再加上不肖公司內部人結合各種利益團體（如證券承銷商、媒體、資產管理業者等），透過不同路徑，以短期操作方式，稀釋原有股東權益，或訛詐投資大眾方式，以遂其謀取私利之圖，真是不勝枚舉。對這些精於利用衍生性股權工具，以合法掩護法令灰色地帶之公司，應在經營者操守及股價評價上，以保守眼光看待。

僅舉兩種操作手法說明如下：

（1）藉低價發行可轉換公司債（CB或ECB）稀釋原有股東權益。

藉發行可轉換公司債原先在設計上，可以透過此管道幫助公司取得低利率資金，以減輕公司營運壓力。但是，各種不肖利益團體的結合，常常讓投資人權益在不知不覺中，遭到嚴重侵蝕。

可轉換公司債的一些問題：（以國內某家電子公司為例）

A.可轉換公司債可申請轉換為普通股的轉換價格如何訂價？

「以訂價基準日前一個營業日、三個營業日及五個營業日（均不含訂價基準日當日），本公司普通股收盤價的簡單算術平均數，擇一為基準價格，乘以溢價率101～110%，即為本轉換公司債之轉換價格」。

由此訂價辦法可以知道，可轉換公司債轉換價格的高低與公司債訂價基準日前的股價表現大有關係。當可轉換公司債的承購人大部分均為公司內部人之關係人、準內部人（承銷商、會計師等輔導人員）、不肖媒體、投信從業人員等時，公司內部人便可能利用原有人頭戶持股，先行於轉換價格訂價前，於市場打壓公司股價，以取得較低的轉換價格訂價標準，以為日後可轉換公司債上市買賣之向上炒作空間保留較大空間。

對一般投資人而言，鮮少人會去注意可轉換公司債的轉換價格如何定價？何時訂價？很可能在股票價格被刻意壓低過程中（有時公司還會配合發布偏公司的利空訊息），便因失望及恐懼，而低價賣出手中持股。但對

內部人（含董監事、大股東、內部經營者）而言，他們雖一路從高點，從上而下賣超持股，但往往可以在接下來的操作上，低價回補其原先賣超的籌碼，並痛宰外部不懂解讀資訊的投資人一番。

B. 誰能買到可轉換公司債？

若有贏多賠少的投資標的，豈不引起大家的搶購嗎？沒錯！

只可惜，這種事，證券承銷商絕不會找上您，除非您是公司內部人的人頭戶、好朋友、證券承銷商的大客戶、基金經理人、媒體有影響力的廣告商兼名嘴型大師級人物；否則，這種要找人頭投資戶的麻煩事，絕不會主動找上您！

這種承銷及配售方式就叫「詢價圈購」；只有特定人才有辦法及能耐，可以取得圈購的消息及權利！連原來股東都免談！

C. 可轉換公司債何時可轉換為普通股？

公司債於發行期間，「債權人得於本轉換公司債發行之日起滿一個月後，至到期日前十日止，……得隨時向本公司請求依本辦法規定將所持有之轉換公司債轉換為普通股……。」由此轉換期間可知，可轉換公司債的原始債權人要將債券轉換為普通股前，必需要有一個月的等待期，這一個月的等待期往往可能成為普通股股價出現明顯波動的「特殊期」。在等待期間，公司的利多消息可能透過公司內部管道，也可能透過媒體或市場名嘴大師來擔任傳遞功能，將巧妙包裝過的特定訊息注入市場，以吸引市場投資人進場追價買進。

此時，可轉換公司債投資人並不急於一時申請轉換為普通股，他們通常會結合市場炒家一路拉高公司股價，讓市場投資人產生股票即將飆漲錯覺，並進一步吸引更多投資人進場追價，甚至，融資擴充信用買進股票，此時融資餘額通常亦同步快速攀升，投資人在貪婪氣氛中，漸漸失去戒心。

D.持有原始可轉換公司債的特定人如何掠奪市場？

可轉換公司債的轉換價格一經訂定後，對可轉換公司債進行圈購的特定人，便開始策畫股價的拉抬大計，同時進行「請君入甕」的誘補行動。

a.由公司派對外發布利多消息，或對未來營運發表高度樂觀的看法，以吸引市場投資人的注意。

b.由掌握媒體發言權之市場名嘴或大師（通常早就認購特定額度的可轉換公司債額度），透過各種媒體管道，以公開或暗示方式，表達對公司營運之高度評價，以吸引無法完整收集並解讀市場資訊散戶的目光。除非經驗老道或受過完整「免疫訓練」，否則，一般投資人在高亢的語言、精緻的文字包裝下，要能不興奮者，恐怕很難。大部分的散戶，甚至不知，在樂觀的梵音催眠下，鮮少會想到，掌握可轉換公司債籌碼的特定人，早已經在各大證券經紀商搜刮融券額度，準備逢高進行放空。

c.當市場融券籌碼突然增加之時，散戶及融資戶眼見融券大增，心中大喜，以為股價大漲配合融券同步快速增加，是股價將軋空的現象；於是，便同步又快速加碼融資買進，孰料，融券不僅不減，竟又逢股價大漲而大量增加。

d.明眼的老手便知，此時，持有可轉換公司債的特定人，這時在可轉換公司債轉換封閉期一個月過後，早已默默向公司申請可轉換公司債轉換為普通股的動作。這些股市中，穿著名牌服飾衣冠的另一種搶匪，根本一點也不怕什麼叫軋空，只怕股價不夠高，散戶不過多！

e.當可轉換公司債持有人，幾乎將全部債券以股票融券方式賣完後，等申請轉換為股票的籌碼一入集保存摺，便快速以現股償還原先的融券餘額；這時，眾多高價買進的散戶及融資戶還在算計軋空行情而癡癡等待時，突然看到融券餘額因大量現券清償，幾乎降回原點，而遍尋原因之際，特定人早已數完白花花的鈔票揚長而去了。留下的，只是貪婪、愚蠢、喜歡崇拜市場大師的可憐投資人！

（2）藉私募股權稀釋原有股東權益。

為使公司企業籌募資金管道更具有彈性，並配合企業併購法推動企業購併政策，我國證券交易法參考美國、日本對私募政策的立法案例，引進私募制度。

《證券交易法》第四十三條之六對進行有價證券之私募規定如下：

公開發行股票之公司，得以有代表已發行股份總數過半數股東之出席，出席股東表決權三分之二以上之同意，對下列之人進行有價證券之私募：

一、銀行業、票券業、信託業、保險業、證券業或其他經主管機關核准之法人或機構。

二、符合主管機關所定條件之自然人、法人或基金。

三、該公司或其關係企業之董事、監察人及經理人。

前項第二款及第三款之應募人總數，不得超過三十五人。

依第一項規定進行有價證券私募，並依前項各款規定於該次股東會議中列舉及說明分次私募相關事項者，得於該股東會決議之日起一年內，分次辦理。

由此條文，已完全推翻了原有股東之優先認購權，先不用爭論私募制度對企業經營可以營造如何有利且具彈性的募資環境，但對少數股東之投資權益恐怕已在大政策下，成為被犧牲之一方。

私募股份存有下列問題：（以國內某家電子公司為例）

A.私募對象是誰？如何選定？如何避免經營者或董監事圖謀私利？

法條雖規定私募股份應提報股東會報告並取得決議，但小股東真能透過股東會了解多少私募詳情呢？小股東不僅在私募表決議案上，處於明顯

弱勢之一方，對自身財產權益之維護，更無置喙及反對之權利。

B.公司可於股東會決議之一年內分次辦理私募。

眾所皆知，公司內部人以人頭戶持有公司股票，以利其於證券市場進行買賣，早已是證券市場心照不宣的秘密。公司董、監事若經股東會通過授權，握有私募股份之權利，且自身也不是私募股份的排他除外對象，將使其於市場高價賣出股份後，有合法用低於市場價格的回補股權的管道；這將使股票市場中，該公司的其他投資人明顯居於不利地位，長期以往，焉能不損失慘重？

C.私募價格如何訂定？

如果私募股份的價格也可以透過股東會決議，對眾多小股東來講，不正好像自家的田產出售價格，自身毫無置喙餘地嗎？不要懷疑！私募股份正是如此。

下面就是國內某一家電子上市公司對股東會私募股份「私募價格」的決議公告內容實例：

「本次私募價格訂為每股××元，係依照96年×月×日第二次股東臨時會決議，以不得低於定價日96年×月×日前五個營業日計算之普通股收盤價簡單算術平均數××元之6成（實際為6成多），且不低於最近期經會計師核閱之每股淨值（96/6/30每股淨值為××元）。因私募價××元與參考價××元差異逾20%，已委託專家出具意見書。」

看了公告條文，真是讓我大吃一驚，該公司在股東臨時會決議前一個月內，股價先急速下跌約三分之一，而私募價格又以股東臨時會前五個交易日之收盤價平均數之六成為訂價標準。該公司最後決議的私募股份訂價，竟不到最近兩個月內股票最高價的一半！而且是在未來一年內可以分次發行。

透過股權募資的合法變相操作，傷害原有外部股東權益，真是莫此為甚！透過學理上對股票特性的了解，就會發現，股票投資不再只是股票存

摺裡的一個數字，也不是只有買賣下單這麼單純的動作，就可以使自己的財富增加。而是，綜括財務、會計、投資、法律等技術專業面向的社會科學，並且在市場實務操作上，因人性的詭詐與貪婪，讓股票投資人必需面對更多考驗與學習過程，才能穿透市場陷阱，使自己的投資著力點更加扎實穩健。

接下來，就從投資的實務思考邏輯，來談談提供股票交易機制的股票市場。

何謂股票市場？

股票市場最簡單的定義就是：「買賣股票的公開交易場所。」它可以是一個特定場地，也可以是一個虛擬空間。但這些都只是侷限於股票買賣的市集性功能，沒辦法觸及股票市場的多重性功能與特性，也無法對一個股市投資初學者，或市場生手，產生正確的引導功能。

但是，若能從幾個不同面向切入，將有助於解開投資人對股票市場似是而非、一知半解的窘境。透過深度了解市場及其運作原理，將可幫助投資人在進入市場後，找尋適合自己的投資方法與路徑，而不再只是人云亦云、缺乏獨立客觀的主見，最後成為市場掠奪戰中的陪葬品。

市場參與交易者及其交易目的

就交易目的而言，投資者主要以資產配置為交易目的，除非市場價格波動劇烈，否則，其交易次數一般來講，並不是太頻繁；投機者則以投機操作及能快速將資產變現為主要交易目的，因此，只要市場變動，或主觀預期改變，便會觸動其交易動機，這也使其交易次數遠高於前者。

資產管理者（含外資法人及投信公司），在交易目的上，則較為複雜。雖然在種類上，偏向高度投機色彩，但必需遵照客戶需求及產品設計上的規範，使其交易目的在資產配置、投機、變現間不斷游走。

交易者名稱	交易者種類	主要交易目的
一般自然投資人	兼具投資、投機者	資產投資配置、投機、變現
金主作手型自然投資人	偏重投機	投機、變現
大股東（含人頭戶）	兼具投資、投機者	資產投資配置、投機、變現
董、監事（檯面上）	偏重投資	經營權之更迭、變現
內部經營者（專業經理人）	兼具投資、投機者	資產投資配置、投機、變現
外資法人	偏重投機	資產投資配置、投機、變現
投信公司基金經理人	偏重投機	資產投資配置、投機、變現
自營商法人	偏重投機	投機、變現
保險公司及其他金融機構	兼具投資、投機者	資產投資配置、投機、變現
政府各類型基金	兼具投資、投機者	資產投資配置、投機、變現

　　檯面上的董、監事，因受法令的管制，使其成為在股票市場中，唯一偏重投資色彩的交易者。董、監事的持股劇烈變動往往代表經營權的更迭，也常常代表大股東（含人頭戶）持股發生變動。因此，實質上，董、監事持股並非完全專注於投資面向，對操守不佳的經營者而言，運用人頭戶投機操作自家公司股票者，恐怕仍如過江之鯽。

　　總合而論，就交易者種類及交易目的分析，幾乎所有參與交易者都游走於投資與投機之間，甚至連大部分參與交易者本身都自身難辨。真正完全以投資為唯一考量重點者，在股票市場中，可以說，少之又少！這恐怕也是股票市場與一般商品市場，最大的不同之處。

市場周邊業者的功能與營利來源

　　由上表可知，除「證券分析師及市場名嘴」外，各類股票周邊業者都有其專業上的從業所得。但只要在其業務可能範圍內，有含有三項功能者，便有可能產生一項無法清楚定義的所謂「雜項收入」，這並非是專業從業收入，而是筆者無法在法理及學理上給予清楚定義的收入；它存在證券市場的穢暗地帶，是另一種形式冷酷的資產掠奪。只有真切體認股票市

股票市場周邊業者的功能與營利來源表

周邊業者名稱	主要功能	主要營利來源
股票經紀商（含營業員）	買賣仲介、市場資訊傳遞	仲介中賺取手續費佣金
證券投資顧問業及從業人員	市場資訊傳遞	資訊提供的服務費、雜項收入
證券投資信託業及基金經理人	資產代管及投資管理	經理費、手續費、雜項收入
證券金融公司	提供融資、融券服務	授信利差
財經媒體及媒體人	市場資訊傳遞	媒體資訊販售收入、雜項收入
證券分析師及市場名嘴	市場資訊傳遞	薪資、演講費、雜項收入
證券承銷商	證券之上市前輔導及承銷	承銷服務費、包銷價差、雜項收入
會計師等專技人士	財務及專業鑑價簽證	服務費、雜項收入
證券交易主管機關	制訂法規、規範買賣運行	交易稅、保管費

場真實面貌與生態，並願意訓練自己成為一位獨立思考投資者的投資人，才能使自己在股票市場的野戰叢林中，脫胎換骨，成為一位真正的股市長期贏家。

這些股票市場周邊業者，究竟掌握了哪三項巫術法寶？

第一、公眾媒體發言權。

在投資心理上，投資人對最近剛產生的消息或新聞、最靠近自己兩眼所見、兩耳所聞的訊息，反應最直接，也最快速；而當公眾媒體披露一項股票市場訊息時，縱使，它可能只是市場的侷促小道消息，並無法完整客觀刻劃投資標的之全貌，或根本對股票發行公司的描述過當與不實。但是，透過撲天蓋地的媒體傳播效應，投資人的投資情緒立刻受到刺激，極可能就因此做出買賣決策的反射動作。

當每天必讀的報紙，證券版頭版頭條，登出辛辣的多空消息時，投資人的腦門馬上充斥著，早盤股市開盤後可能發生的情況，於是乎，在股市開盤開始交易之前，便拿起電話直撥營業員桌上，一筆衝動式的買賣便因此而完成。

經常性的財經媒體專欄，最近不斷談到某種新科技，文中配合作者從國外科技產品展覽中，看到何種「未來式」商品已成為商展主流，又真「湊巧」，透過作者磨破無數雙名牌皮鞋，辛勤拜訪建立人脈的某家剛上市不久的公司，剛好又是生產該高科技產品的零組件在台主要供應商，讓讀者滿腦子充滿興奮的期待；打開報紙股票線圖一瞧，哇賽！週K線已連四紅，股價離上市掛牌價，剛好已漲一倍有餘。心中想，「漲這麼多了，不要買吧！」但又翻了一下專欄文章，讀了一下專業報紙主筆文，裡頭剛好有一段話：「如果一家公司是走在對的產業趨勢上，千萬不要因為股價漲高了，便拋棄它！」嗯！這句話，最對我胃口。二話不說，打開電腦下單系統，漲停板價連下10張！而在此同時，媒體大師因不會使用電腦上網及下單，在堆滿古董的辦公室中，剛好傳出他與營業員，大聲用傳統的電話下單通話內容：「極高活水興奮科技，分5個價掛出500張，另外以跌停板價先出100張！」

以上這些在股票市場中不斷重複上演的劇情，對很多人並不陌生，但投資人總是健忘的；當新的媒體訊息出現，新年度開始的大師開釋演講會場，照樣，可以不斷激起心中的投機熱情。縱使，模糊的慘痛扉頁中，有時會因撩撥而隱隱作痛，但「這次，會是不一樣！」總是可以適時成為另一次立即見效的麻醉劑。

那些人掌握公眾媒體發言權呢？財經媒體經營者、媒體人、證券分析師、市場名嘴型大師、投信經理人、投顧老師等，都可能成為股票市場中，善良、但無知投資人的鬼使神差；要記住！在股票市場中，拿著擴音器，聲音最大聲的人，如果不是摩西，那肯定是魔鬼！

第二、擁有公眾資金的買賣決策權者。

顧名思義，所謂公眾資金就是大眾共有的資金。那些資金算是公眾資金呢？簡單來說，就是投資的損失或收益，都由提供資金的公眾所承擔，與擬定投資決策，或執行買賣動作者，毫不相干。除非透過獎懲機制設

計，否則，管理公眾資金者，不會因為投資管理績效特別好，自己的財富便倍增；相對地，也不會因績效一敗塗地，他便要傾家蕩產。

簡單來說，管理眾人資金者，說白一點，在正常情況下，只是過路財神的身分，他仍然只是一位受雇薪水階級。但大家可不要小看這些領薪階級，雖然他們的身分只是過路財神，但卻享有「公眾資金的買賣決定權」而使其於股票市場中，身價倍增。

公眾資金主要以共同基金、政府各種基金、投資型保單等形式存在。其中，以共同基金為最大宗，金額最大、影響層面也最廣。共同基金受益人申購並繳交投資金額後，便幾乎對自己資金的管理權利完全喪失；透過共同基金的形式，使資金的擁有權及投資支配權，徹底剝離，資金的投資支配權轉為共同基金經理人所享有。

共同基金的投資績效好壞，若無法與基金經理人獎懲產生連結，或無法及於握有真正權利的基金管理部門高層主管，則當面臨隱藏於公眾資金買賣決定權背後，更大的利益誘惑時，握有基金管理實權者，很難不勾串外部利害關係人，透過公眾資金於股票市場的買賣決定權，而對所有基金受益人上下其手，圖謀私利。

沒支配過九位數，或更高到十幾位數以上金錢數字的人，很難想像數字何以具有如此之威力？不僅可以讓市場急速翻盤，更可以讓個別投資標的瞬間紅黑變色，規畫圖形K線，有時更如紙上塗鴉般容易！只因握有驚人的公眾資金買賣支配權。

公眾資金的買賣支配權，不僅可以在股票市場中翻雲覆雨，更可以在人性心中，顛倒東西、置換黑白，並吸納市場眾多魑魅鬼魅自動找上門！

股票市場轉熱之際，投資人因不懂如何選擇個別股票，又禁不住多頭氣氛，及左鄰右舍股友獲利的誘惑。適巧，漂亮甜美的理財專員小玲，又頻頻對我獻殷勤，二話不說，先答應申購該「冠軍金控集團」投信正火熱募集的「飛上天概念基金」100萬，外加每月5萬元的定期定額扣款。

真幸運！在我完成申購後的隔天，「飛上天概念基金」就以滿額50億募爆了，想想，我真是夠幸運的！而於此同時，「冠軍投信」投研處金副總，正率領「飛上天概念基金」經理人，與「策略聯盟」的另一家投信副總，同時出現在臺北南京東路，一家「續攤」的酒店中。作陪的，正是70年代的市場丙種金主兼作手，王老闆。「佣金5%，期間半年，至少五千（萬）！」原來一直嫌條件差，犯嘀咕的金副總，左擁右抱年輕美眉之際，早已忘了這檔事了！

特別聲明，以上劇情只是虛構模擬，加上市場存在已久之古老傳說，也絕非影射某人某公司或行業。但人性往往在金錢誘惑的及洗鍊下，才能浮現原貌；我誠心期待，您的金錢並非所託非人！

第三、內部資訊擁有者。

常聽人說：「無論短線、中線還是長線，都不如一條內線！」這裡所講的「內線」，就是所謂未經對外公布的公司內部訊息。股票市場是一個對任何市場訊息極度敏感的地方，任何未經證實、查證的相關訊息，都可能被市場參與者或有心人士，拿來當作炒作公司股價的藉口。也因此，股票市場參與交易者，或周邊業者無不挖空心思，想領先市場，得知或取得公司內部尚未對外公布的營運資訊，以掌握買賣股票的先機。

何謂「內部資訊」及「內部資訊擁有者」？在證券交易法相關法規中，有關內部人及內部資訊有下列條文述及：

《證券交易法》第157-1條

「下列各款之人，獲悉發行股票公司有重大影響其股票價格之消息時，在該消息未公開或公開後十二小時內，不得對該公司之上市或在證券商營業處所買賣之股票或其他具有股權性質之有價證券，買入或賣出：

一、該公司之董事、監察人、經理人及依公司法第二十七條第一
項規定受指定代表行使職務之自然人。

二、持有該公司之股份超過百分之十之股東。

三、基於職業或控制關係獲悉消息之人。

四、喪失前三款身分後，未滿六個月者。

五、從前四款所列之人獲悉消息之人。

違反前項規定者，對於當日善意從事相反買賣之人買入或賣出該
證券之價格，與消息公開後十個營業日收盤平均價格之差額，負損害
賠償責任；其情節重大者，法院得依善意從事相反買賣之人之請求，
將賠償額提高至三倍；其情節輕微者，法院得減輕賠償金額。

第一項第五款之人，對於前項損害賠償，應與第一項第一款至第
四款提供消息之人，負連帶賠償責任。但第一項第一款至第四款提供
消息之人有正當理由相信消息已公開者，不負賠償責任。

第一項所稱有重大影響其股票價格之消息，指涉及公司之財務、
業務或該證券之市場供求、公開收購，對其股票價格有重大影響，或
對正當投資人之投資決定有重要影響之消息；其範圍及公開方式等相
關事項之辦法，由主管機關定之。

第二十二條之二第三項規定，於第一項第一款、第二款，準用
之；其於身分喪失後未滿六個月者，亦同。第二十條第四項規定，於
第二項從事相反買賣之人準用之。」

條文內容將「內部資訊擁有者」區分為三個等級：

第一等級，公司內部人。「一、該公司之董事、監察人、經理人及依
公司法第二十七條第一項規定受指定代表行使職務之自然人。二、持有該

公司之股份超過百分之十之股東。三、喪失前述款身分後，未滿六個月者。」這類人通常直接參與公司內部管理與營運，對影響公司股票價格的訊息，往往領先市場所有其他參與交易者。因此，證券交易法有必要對此類人在股票市場上的交易行為加以限制，以維護因市場資訊取得明顯居於劣勢的其他投資人權益。

然而，了解市場實際交易情況的投資人都知道，公司內部人參與股票市場的交易行為，並不會因此法規限制，便銷聲匿跡。內部人利用人頭戶參與股票市場交易的行為，在股票市場早已存在多時，利用資訊不對稱的優勢、勾串有心人士，掠奪股票市場、遂行私利的行為，早已是司空見慣。由此可知，嚴格篩選檢驗經營者的形象與操守，對處於資訊明顯不對稱的股票市場中的外部投一般投資人來說，是何等重要！

第二等級，公司準內部人。「一、基於職業或控制關係獲悉消息之人。二、喪失前述身分後，未滿六個月者。」

這類人指的是因工作職務之便，可以輕易取得公司內部營運資訊的相關人士，如公司簽證會計師、工程師、證券承銷商、擔任財務顧問輔導的投資銀行等，都可能因職務上的方便性，輕易領先股票市場其他參與者，取得足以影響股票價格變動的重大內部資訊。因此，《證券交易法》也對此類屬於股票市場周邊業者的從業人員，針對其在股票市場的交易行為加以限制。

但很可惜，只要您用心觀察，就會發現，在每季、每半年，或每年，上市櫃公司正式對外公布財務報告之前，部分財務報表明顯轉好或轉差的公司股價，總是在財務報告正式對外公告之前、甚至會計師等專業內部查核的同時，公司股價便出現明顯波動，而此時，市場並無任何有關該公司的訊息對外發布。等公司正式財務訊息對外發布後，股價反而變成反向變動。這真是巧合的天衣無縫，巧合的讓人拍案叫絕！

對於曾經產生這種情形的上市櫃公司，除非您可以掌握比準內部人更快、更早的內部公司訊息，否則，我勸您，儘量遠離此類公司。市場公司何其多，何必非買此類蛇鼠一窩的土匪公司不可呢？

第三等級，從前兩等級受領訊息者。所謂訊息受領者是指，從前面兩等級的人士，獲悉發行股票公司有重大影響其股票價格之消息時，在該消息未公開或公開後十二小時內，所獲得的訊息。從條文看來，《證券交易法》規範的如此細密，何以仍有所謂利用內部訊息從事交易的違法行為產生呢？有三大原因：第一，重大資訊的定義廣範而模糊；第二，資訊傳遞過程難以追蹤；第三，股票市場在重利引誘之下，人頭戶猖獗。

因為影響股票價格的資訊傳遞過程，並非對所有股票市場參與交易者都是對等和及時的，因此，誰有辦法較早掌握公司內部資訊，誰可能就成為股票市場的投資贏家；也因為如此，市場所有合法、非法取得的資訊，每天到處充斥於市場之中，多到讓人眼花撩亂。這也讓市場有心人士逮到可趁之機，為滿足市場投資人想探詢資訊的渴望，市場中，眾多光怪陸離的事便不斷發生。

您可曾想過，自己得到的資訊是股票市場中，第幾手的訊息？您是利用資訊還是被資訊所利用？

市場資訊的傳遞

要了解資訊的傳遞過程，只要用反推法，就可以一窺其全貌。

從公司營運業務面

公司財務報告　→　（前一手）會計師　→　公司財務會計主管或高層主管　→　公司財務會計人員　→　公司營業相關業務人員　→　同業間產業訊息

從公司總體營運績效面

公司財務報告 → （前一手）會計師 → 公司財務會計主管或高層主管 → 公司財務會計人員 → 公司財務會計主管、高層主管、董監事

　　由此可知，如果是公司所處產業產生明顯變動，最先知道的應該是公司的第一線業務主管，接下來才是公司的財務主管，然後才是會計師，最後才是讀財務報表的外部投資人。

　　但是，公司營運的好壞並不是只決定於產業景氣，有時還牽涉公司內部管理的效率的變化，也有可能因公司本業及業外投資決策，或對外的融資動作，而影響公司整體的營運績效。此部分資訊，則要藉由財務報告書的詳細內容及編撰過程，才能一窺公司全貌，公司高層主管（含財務主管）及會計師，或董、監事往往是第一手資訊的擁有者。

　　由訊息的傳遞過程，就可以知道，外部投資人除非對產業面，有深入研究與了解；否則，很難在資訊傳遞過程中，取得影響短期股票價格波動的買賣關鍵因素。在十分依賴資訊的股票市場中，這無寧是相當讓人沮喪的客觀事實，是以，對一家公司內部人習於利用人頭戶冒充外部投資人進行短期股票交易的公司，我們都應下定決心遠離他們。不安於本業經營，反而汲汲營營於股票市場交易的經營者，遲早會把公司的前途也葬送在股票市場之中。

　　縱使，無法與公司內部人取得對等資訊，但外部投資人只要肯用心在產業面的研究，並深入了解如何解讀財務報告書或公司營運資訊，透過投資邏輯思考分析，往往可以取得與公司內部人同步買進的先機。

　　在資訊取得時效上，明顯居於劣勢的外部投資人，何以能取得與公司內部人同步買進的先機呢？原因出在三點，第一，市場參與交易者中，並

非大部分人都能完整解讀充斥市場的資訊。第二，大部分市場參與交易者，往往依賴短期市場氣氛及個人心理狀態進行交易，而使真正有價值的資訊失去對股價應有的效應。第三，並非所有公司內部經營者，均熱衷於利用內部資訊從事股票短期性交易。

下一段先來談談市場一般投資人，對資訊如何解讀及影響股價？

市場資訊的解讀及對短期股價的影響

讓我以發表在「獵豹財務長部落格」的兩篇文章，〈不要輕易相信自己的眼睛！〉及〈你是短線、中線還是長線？〉我相信可以幫助大家解析部分投資人，何以透過短期資訊，決定短期股票買賣決策的原因。

〈不要輕易相信自己的眼睛！〉

「母鹿瞎了一隻眼睛，因為怕獵人和獵狗的追捕，於是躲在海邊。牠用看得見的那隻眼睛面對著陸地，傍著斷崖吃草。另一隻看不見的眼睛正對著大海，『海洋應該不會有什麼危險吧？』牠這麼想著。

有一天，母鹿又靠在斷崖邊吃草。一艘船剛好經過，船上的人看見了母鹿，於是舉槍射向牠。母鹿身受重傷痛苦的想著：『我原本以為最安全的地方，卻使我喪失了生命呀！』」（摘自《伊索寓言的智慧》，好讀出版社）

通常人類腦海中的記憶以透過眼睛所見為最多，且積存下來，並且很容易隨時間久遠而淡忘，因此，離當下越靠近的訊息，對我們的心理反應最直接。我們很容易記得今天報紙登了什麼消息，但卻很少有人記得上個月的這一天發生了什麼事。因為，今天看到的訊息很容易被記住，發生過的事情卻很少有人會刻意去記錄它。因此，我們習慣用眼睛所見，並迅速反應在行動上，孰知，當下所見，往往並非全貌。

在投資市場中，除非刻意記錄或追蹤，否則我們往往很容易被當天媒體報紙所惑，透過片段式、即時性、聳動性、非專業分析式的傳達方式，

很容易讓心中沒有定見的投資人受到影響。他們會認為大家所認同的事、即時眼見為憑的，才是真理。事實上，在投資市場上，要形成邏輯嚴謹的正確投資決策，絕非片段、橫切式的單一時點，而是透過連續性的事件追蹤與印證，才能形成一個接近事實的全貌。

要記得，廉價的資訊，你有眼睛，所有投資人也有。重要的是眼睛所見後，有無經過大腦思考、記錄下來，並經嚴謹分析。如果沒有，請先不要相信自己的眼睛！由此可見，決定投資人是否具有資訊優勢，並不全然決定在資訊的多寡或快慢，更重要的是資訊的解讀能力，能完整解讀投資標的物的市場各種資訊的投資人，才能成為利用資訊的投資贏家。

〈你是短線、中線還是長線？〉

我曾經聽某大報一位記者朋友說：「無論短線、中線還是長線，都不如一條內線！」沒錯，證券交易市場處處充滿內線消息，甚至連公債發行都可能有內線消息了，更何況是資訊自始無法平衡對稱的股票市場。

今天不談何謂內線？我們來思考一下，你所謂短線、中長線的差異在那裡？我們常在媒體上看到這樣的報導：「台股已從7400點下跌超過1000點以上，因技術面乖離過大，短線醞釀反彈契機！」這裡的短線應該是指「近期、最近或這幾天」的意思吧！但何謂為中長線呢？你可能也常看到媒體這樣寫：「大盤指數持續創新低，但某某股票目前本益比不到10倍，且股價已創近五年低點，中長期買點浮現！」這裡所謂中長期應是指買進後可以持有的等待時間吧！很顯然的，大部分人對短、中、長期投資應都是以時間為核心概念，頂多再配合當時市場狀況及股價或指數高低位置來決定到底是要長期投資或短期投資？當然這是一般理想狀況，事實上很多投資人都是在買進股票後，才因股價變動未如自己預期，才從原本想要短期實現獲利變成長期持有，成為名符其實的中長期投資人，事後檢示長期投資損益也往往一敗塗地。

其實衡量短、中、長期的投資應該還有其他方法。首先，我們先來探

討決定今、明兩天股價的主要因素有那些？用力想，再用力想，你便可以想到不下十個的影響因素，譬如：

1. 今天報紙的相關產業報導。

2. 外資大幅買賣超情況。

3. 投信月底作帳預期。

4. 昨晚美國股市大漲或大跌。

5. 今早日經指數開低走低。

6. 昨日融資大增。

7. 外電對FED政策的盤中評論。

8. 昨日一個公司經理人申報該公司股票轉讓200張。

9. 盤中突然出現大單敲出。

10. 你的朋友突然打電話跟你說主力在出貨了。

11. 你在盤中想到下週有一筆超過十萬的錢要付出，因此你一定要趕快賣股票。

12. 下週小孩要繳學費了，本來要長期投資的股票被迫要於近日賣出變現。……

再想下去，你會發現原來影響短期股價的因素這麼多，有時很長，長到可以天馬行空，有時很短，短到在你的腦海突然一閃便不記得了，因此，影響短期股價既是如此複雜及多樣化，也難怪你會猜不透股價短期走勢，讓原本想短期投資的股票變成長期投資了。但是你如果用心思考，便會明瞭，其實影響你是否會從短期投資變成中長期投資的決定因素是在股價高低變動，而不是投資時間的長短，時間的長短是事後才被決定的，它往往不是自己的主觀意願。

再說明的更明白一點，決定短期股價的因素其實是廣大且眾多的，從販夫走卒到投資機構法人、甚至上市公司老闆都有可能成為決定短期股票價格的人，因此你猜不準短期股價變動其實是再自然不過了，何必太在意

呢？如果一定要猜，那就不要怪自己為何有那麼多苦惱，抱怨股票投資為何如此難以捉摸且十次有九次輸了。

接下來我們再來談談何謂「長期」？一個月算不算長？半年算不算長？不算，那五年、十年總該算了吧！其實我們已提過，衡量長短並非只有時間的長短而已，而在股價的高低及其出現的機會跟次數，如果要等很久才會出現的價位，它便同時符合時間夠長及出現次數很少的要求，這時候股價不是狂跌不已便是瘋狂飆漲，想想！這時誰會是市場長期買家及賣家，如果一家公司因市場因素出現股價不合理且嚴重低估時，誰敢進場買進？當然是對公司價值有充分了解的內部人或大股東了，對他們而言，此時才是他們長期投資出手的好時機，相對地，股價因市場過度樂觀氣氛吹捧而不合理上漲或高估時，誰膽敢與市場做對、供應市場籌碼呢？當然也是大股東或內部人囉，對他們而言，明顯高估或低估的股票價格都不會常常出現，因此他們通常不會是短期投資人，他們通常都是真正的長期投資人，因此，他們不用鎮日盯住股價變動，也不用每天去分析影響短期股價變動的因素，但他們往往是股票市場長期最大贏家！

你有沒有辦法也成為長期投資人呢？首先問你自己，對你投資的股票，你有沒有給它一個經過嚴謹評定的價格呢？其次，你有沒有足夠的耐心願意花時間去等待？而不是常常想今天買、明天賣，或早上十點買、中午十二點賣。最後是該做決定時，你有勇氣遵守紀律與服從你的信仰嗎？其實每個人都可以成為自願性的長期投資人，輕鬆過投資生活的，重點是你心中要先有股價，且在股價未出現前絕不會隨便進市場買或賣。

思考至此，如果還有人告訴你，短期股價很可能會反彈，先不要相信他，因為據統計，猜對的機會只有大約一半，而若有人說目前適合長期投資，請先問他，他心目中的合理股價是多少呢？說不出合理股價的評價方法與過程，我勸您也不要輕易相信他，除非你自己就是這家股票發行公司的老闆。最後我再回頭問你，你是短期或中長期投資人？想一想，告訴您

自己就夠了！顯然，長線投資人站在公司經營者，也是大股東及內部人的思考邏輯來解讀市場資訊，短線投資人則依照股票市場最近的氣氛進行交易；長線投資人願意用耐心等待被大家忽視的公司基本面資訊反應在股價上，短線投資人則急躁且主觀地期待市場價格往對自己有利的一方波動，但最後市場走勢卻往往無法如自己之願望。

股票市場與賭場

大部分的股票市場投資人分不清股票市場與賭場有何差異，甚至打心底認定股票市場與賭場並無任何差別。如果您也持同樣的看法，其實一點也不足為奇。

因為，大部分的股票市場投資人，進入股票市場的原始動機都是想借買賣股票之間的價差，替自己創造更高、更快的投資（投機）利潤，加上太多經過刻意包裝、藉股票投資短期致富的傳奇故事，透過媒體傳播力量不斷滲透進入我們的腦海，這使大部分的股票市場投資人，尤其是市場生手，總是對股票市場充滿憧憬與嚮往。

鑽研股票投資術於是乎變成眾多小老百姓，想藉此翻身致富的終南捷徑；教人如何迅速挖掘股票投資訣竅的書如雨後春筍般，不斷在市場出現，越聳動辛辣的書名讓人越難不多看兩眼。

「思考簡單、動作迅速、感官刺激、結果速成」是講求時間速度、速食文化、並同時滿足貪慾味蕾的基本元素；在賭場及無知投資人充斥的股票市場中，長此以往，都是同生共存的連體嬰，一點也不令人覺得奇怪與驚奇。

香港賽馬會與賭場

每年有不少世界各地的觀光客湧進以跑馬及賭場聞名於世的港、澳地區。香港最有名的觀光特色便是其獨特的「跑馬」文化。根據維基百科中

文網站中對香港賽馬會的描述如下：

「香港賽馬會在1884年成立，初期的賽馬活動為業餘性質。1971年以後，香港賽馬轉為職業活動。現時賽馬會每年舉辦約700場賽事，分別在沙田及快活谷的馬場舉行。除了在馬場內投注外，馬會亦接受場外、電話及自助終端機投注，現有超過100家場外投注站，及超過100萬個電話投注戶口。

2001年至2002年的馬季內，馬會有1,144名馬主、24名練馬師、35名騎師及1,435匹競賽馬匹。2002至2003年度賽馬總投額為710億港元。除掉580億派彩、95億博彩稅，馬會收益約為39億港元。馬會繳納的博彩稅達香港稅收的11.7%。馬會收益扣除營運開支後所得盈餘，交由屬下的香港賽馬會慈善信託基金管理，主要用作體育、文娛、教育、社會服務、醫療方面用途。

1997年以後，馬會的投注額明顯下降，原因可能與香港經濟情況轉壞有關。2002年，在馬會的鼓勵下香港政府通過法例，禁止在香港接受跨境賭博。任何人在香港投注境外的賭博亦被列為刑事罪行。2003年起，馬會獲准接受海外足球賽事的投注，即足智彩。2005年與澳門賽馬會簽訂協議，容許澳門賽馬會在澳門接受香港賽馬投注。馬會亦正與特區政府商討，把繳納的博彩稅改為以利得稅形式計算。」

由上面描述，我們發現從2002年至2003年間，所有參與賽馬的總投注金額高達710億港元（約合新台幣2,970億元），香港人喜好賭馬由此可見一斑。但這710億港幣的總投注額，約僅有八成左右的投注金轉為下注者的彩金，其餘約有13%轉為港府稅收，剩餘者則為馬會收益。

乍看之下，參與賭局的人，僅可以拿走約八成的彩金。但，當彩金派彩金額，在設計上往少數押注正確的賭客集中時，中注得彩的喜悅常常讓眾多香港人民眾為之瘋狂。唯若靜下心來思考，若有人要您參加一種遊戲，先讓您拿出100元，不一會功夫，等要取回原來的100元時，對方

說，原來的100元已縮水成80元，請問您願不願意再參與這場遊戲呢？除非這遊戲過程充滿刺激與樂趣。

大家都知道，道地的老香港人，總是滿口馬經，但卻鮮少真正靠長期賭馬致富的。根據研究，真正靠跑馬這個活動致富的，除了「最大莊家」香港政府，就屬練馬師及養優良賽馬的養馬師，其次才是騎師，最後受益的，則是為數眾多的馬會正職及兼職員工（據稱接近三萬人）。真正靠跑馬致富的關係人，不必負擔賭金的損失風險，他們只負責提供滿足參與賭馬賽局

賭客的刺激與滿足感，透過香港眾多小報每天有賭馬盤局分析，各式媒體也有最新跑馬賭盤的結果報導，這使香港民眾不熱衷參與賭馬，恐怕很難。

但對香港政府及馬會來說，這是一場永遠都不會輸的賭局，幸運贏走彩金的賭客背後，一定伴隨更多輸掉彩金或身家的倒楣鬼。

這就是賭博。在賭場中，不會有新的現金從無變出來，無端地產生，有一方贏錢，一定伴隨另外一方輸錢的命運，且輸掉的錢永遠大於贏錢的金額。在香港賽馬會的賽局過程中，參與者至少還可以從中得到娛樂與滿足刺激感，部分其他型式賭場，則往往充滿訛詐與血腥。在賭場中，只有莊家及賭場服務人員，才會成為真正長期贏家，其餘沉迷不願離手者，最終大部分賭客都將在一貧如洗的情況下，被迫離場。

您總是十賭九輸嗎？

您問我：「那股票市場是不是賭場？」

我的回答是：「當眾多賭徒同時走進股票市場進行買賣時，股票市場就是不折不扣的賭場！但賭徒鮮少能長期存活於股票市場，除非他懂得在幸運之神眷顧後，從容不迫、克制貪慾地離場！」

美國華爾街著名的股票神童，司徒炎恩曾在其書中有下面這段話：「股市的惡名昭彰部分是因為某些人以未受教化的粗魯方式投資。如果你

以賭徒的手段投資，你最佳的期待便是賭徒的報應。」

　　股票市場幾乎是所有投資種類中，進入門檻最低的投資，只要有一點小閒錢，便可以進場放手一搏；因此，大部分的個人投資者進入股票市場，便以為跟在自家巷子口買樂透彩券一樣，只要運氣夠好，用鉛筆勾選幾個做夢時殘留下來的號碼，便可以海撈一筆！

　　個別投資人買股票的消息主要來自幾個：親戚朋友處聽來的名牌、投顧老師或演講會大師告訴你的、自己看圖畫線找來的、報紙或媒體最近說它的營運大好的公司等等。這中間當然也會有一些好公司，但大部分的個人戶並不在意他買的公司真正的過去及現在營運狀況，更遑論展望未來了。而股票現價高低的相對合理性，更不是他決定是否應買進該公司股票之主要因素。

　　就是因為進入股票市場太過容易，加上短期好運氣的案例不斷在我們的周遭被渲染、看到、聽到，因此，它對我們產生的誘惑有時更甚於賭場的吸引力。

　　然而，賭場與股市最大的差別，便在於前者可以靠機運迅速決定誰是短期勝負的一方，股市則不然，股市的最終勝負並非決定於短期當日買賣決定價格的雙方，而是決定於股票發行公司現在及未來產生盈餘及現金的能力！透過盈餘及現金的產生能力，才能與投入資金之機會成本相比較，來決定要用多少價格買入這家公司的股票。

　　對賭徒而言，他的投資邏輯是橫切面、不連貫的；但，對股市投資者而言，則應該以連續且嚴謹的邏輯來思考問題，因此，分析及邏輯訓練對培育一個股市常勝軍相當重要。您不見得要是名校商學科系的高材生，也不見得一定要是腦袋絕頂聰明的數理專家，但為何以這種價格買進或賣出一家公司的股票，在做出買進賣出決策前，一定要經過合理且嚴謹的邏輯推理，否則，就像司徒炎恩所言：「你最佳的期待便是賭徒的報應。」如果您心甘情願當賭徒，除非您是市場的老千，否則就不要抱怨進入賭場

後，總是十賭九輸了！

您的賭性夠強嗎？

任何的投資，甚至賭博，都要承受不同程度的市場變動壓力；其中股票市場更是滿布荊棘，變幻莫測的市場。但股票市場的投資與賭博之不同處，便在前者是連慣性的邏輯思考驗證過程，後者如果是公平賽局，則是特定時點的隨機呈現。

但是，人性卻又隱藏從未知結果獲得刺激滿足的潛存慾望，再加上，如果可以額外得到超額報酬，那更會讓人前仆後繼、勇往直前。

在《股市陷阱88：掌握投資心理因素》一書中有下面這段話：

「極成功的股市投資專家暨經濟學家凱因斯，每天早上平均花30分鐘預測行情。他說：『對於完全沒有賭性的人來講，要吃投資這行飯實在是太費神無趣了，但是相對地，擁有賭性的人在他投資時，則必需為賭性付出相當的代價。』……如果投資的唯一目的只是為了賺錢，那麼要成功的確不太容易，如果投資不僅僅是為了賺錢，還要享受賭博本身的快感，那麼要成功更是難上加難了。……成功的投資需要努力才能得到：先要設立目標，依目標擬定計劃，再以有系統、有架構的方法把計劃付諸行動，而非輕鬆地扔下骰子，然後興奮地等待揭曉。……賭博本來就很具吸引力，所以我們在投資時要特別小心，不要被賭性牽著鼻子走。」

大部分的人都認為股市可以讓人輕鬆短期內賺大錢，直到自己在股票市場賠了錢才知道要在股票市場賺到錢，實際上並不容易。在股市中有賠錢經驗的人事後會產生幾種分類：

第一種人，因屢戰屢敗且找不到原因，最後沮喪地退出市場，並發誓此生不進股市，把資金委託專業且誠實的下面所述之第二種人管理，或不幸被第三種人所騙。

第二種人，從自己失敗經驗中不斷檢討及學習，並努力向誠實及長期投資績效顯著者，學習技術與心法。以求將自己失敗的機率及次數降低，

直到跨過損益平衡線，並可以因應環境變化而存活下來，而且不用靠內部人給所謂內線消息而獲利！

第三種人，始終無法虛心地從失敗經驗中不斷檢討及學習，因此也無法長期穩定地跨過損益平衡線，但他們卻不願退出市場。只因在股票市場外，尚有另外一份收入支應虧損，因此對股市始終念念不忘。他們深信，終有一天自己會是股市幸運兒，並絕地大反攻，把輸的錢一次贏回來。這種人的賭性最為堅強，因為讓他們留在市場真正的原因，是他們可以從賭博賽局中得到樂趣，這才是促使他們屢戰屢敗的真正原因。這種人好一點的把自己的錢賠光，不好的，就變成股票市場的老千或騙子。找不到正確的投資思考邏輯方法，是他們長期賠錢，甚至淪為市場老千或騙子的最重要原因。

在股市中的一般投資人，在上面所述三種人中，以第三種人佔率最高，但他們對市場不是全然沒有貢獻，他們對市場有下列正面作用：

（1）提供足夠的交易量創造市場。

（2）讓想要退出者可以在交易時間內變現。

（3）讓政府多了一些稅收。

（4）讓證券相關業者的收入更多（如股票經紀人、證金公司、證券投資顧問等）。

（5）讓真正想要以股市投資為業的人，多了獲取證券交易所得的機會。

（6）讓未上市公司的大股東願意進入IPO階段，進而上市櫃。⋯⋯

多到舉不完。但這要以他們的金錢損失來抵換！

如果您想要以證券投資為專業生涯，別無他途，只有不計毀譽，努力成為第二種人，否則請您當第一種人就好了，並先學會分辨市場老千或潛修的投資苦行者。因為，人生的樂趣與意義並不全然來自充滿刺激的賭局。

股票價值與股票價格

　　很多人買了大半輩子的股票，卻從來沒想過什麼叫「股票價值」？一般人一想到自己的股票資產價值多少，也習慣以目前最新市價乘以持有股數，便輕易算出自己手上的股票價值多少。如果是依照這種觀念，那麼，我們的股票資產價值便每天都會有不同的數字。

　　但是，若我們所持有的股票或其他資產，並不是每天都有公開交易的市場存在，難道就沒有價值了嗎？顯然，並不是如此。好比說，我們與朋友合開的股份有限公司並未申請上市、我們持有的房地產並無最新市場交易價格。但這些資產卻都存在不可小覷的「價值」。顯然，價值並不必然可以完全用市場價格所取代。「市場價格」是當下最新的市場成交水準，「價值」則是兼具主、客觀既定條件、並經嚴謹評價邏輯方法推定出的相對合理價格區間；「市場價格」隨時因市場供需力量強弱而變動，「價值」則在主、觀條件變動下，才會跟著變動。

　　何謂主、客觀條件呢？讓我們回顧一下先前說明過的，直接金融投資工具預期報酬率的觀念。

直接金融投資工具要求預期報酬率（K）

＝間接金融市場無風險報酬（k1）＋直接金融市場超額報酬率（k2）

＝間接金融市場無風險報酬（k1）＋市場風險溢酬

（Risk Premium；RP；k2）

當無風險利率（k1）越高、投資標的風險溢酬越高（k2）

　　則對投資工具的要求　➡　投資人應壓低金融
　　預期報酬率便應越高　　　工具的買進價格

當無風險利率（k1）越低、投資標的風險溢酬越低（k2）

則對投資工具的要求預期報酬率便會應越低 ➡ 投資人可以提高金融工具的買進價格

要求的預期投資報酬率如何構成？

投入資本與預期報酬率關係圖

〈股票無公開交易市場〉

AB：正常要求預期報酬率區間　　A'：風險偏好臨界點
ab：正常投入資本　　　　　　　B'：安全邊際臨界點

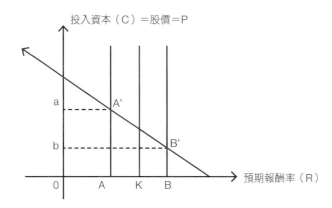

投入資本（C）＝股價＝P

a ---- A'

b ---------- B'

0　　A　　K　　B　　預期報酬率（R）

無風險報酬（k1）➡ 決定於總體經濟相對位置

（客觀存在的大環境條件）

當景氣轉熱到達相對高峰 ➡ 股市也位於相對高價圈 ➡ 利率慢慢觸頂 ➡ 市場無風險利率指標亦進入相對高檔 ➡ K變高（往B點靠近）➡ 投資人應壓低金融工具的買進價格

當景氣轉冷到達相對低檔 ➡ 股市也位於相對低價圈 ➡ 利率慢慢觸底 ➡ 市場無風險利率指標亦進入相對低檔 ➡ K變低（往A點靠近）➡ 投資人可以提高金融工具的買進價格

風險貼水（溢酬）（k2）➡ 決定於標的物獲利之成長性、穩定性、透明度

（客觀存在的標的物條件加主觀的資訊解讀能力）

盈餘成長性越高、穩定性越佳、透明度越高 ➡ 風險越低 ➡ 風險貼水應越低 ➡ K變低 ➡ 投資人可以提高金融工具的買進價格（因投資標的較優）

盈餘成長性越低、穩定性越差、透明度越低 ➡ 風險越高 ➡ 風險貼水應越高 ➡ K變高 ➡ 投資人應壓低金融工具的買進價格（因投資標的較差）

投入資本與預期報酬率的基本關係

股價越高（投入資本越高）➡ K越低 ➡ 若k1不變 ➡ k2越低 ➡ 可享的風險溢酬越低 ➡ 投資風險提高

股價越低（投入資本越高）➡ K越高 ➡ 若k1不變 ➡ k2越高 ➡ 可享的風險溢酬越高 ➡ 投資風險降低

股票市場一般人的投資行為反應

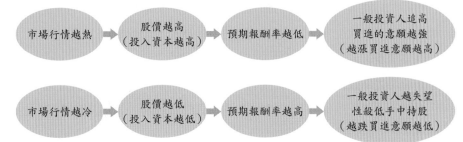

市場行情越熱 ➡ 股價越高（投入資本越高）➡ 預期報酬率越低 ➡ 一般投資人追高買進的意願越強（越漲買進意願越高）

市場行情越冷 ➡ 股價越低（投入資本越低）➡ 預期報酬率越高 ➡ 一般投資人越失望，殺低手中持股（越跌買進意願越低）

投入資本與預期報酬率關係圖

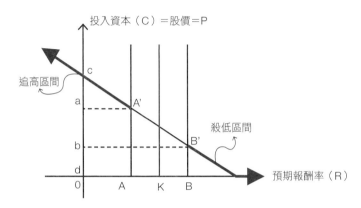

〈股票公開交易市場摻雜交易心理〉

$\overrightarrow{ac}$：多頭市場末升段的貪婪追價　　A'：風險偏好臨界點
$\overrightarrow{bd}$：空頭市場末跌段的殺低　　　　B'：安全邊際臨界點

　　當股票從未上市的股權憑證轉為上市交易的有價證券之後，一般投資人，尤其是大股東及經營者以外的外部投資人，就會把大部分的注意力由公司的營運獲利狀況，轉向集中注意力於股票交易價格的短期性變動。因為，就參與股票市場交易的種類及交易目的分析，幾乎所有參與交易者都游走於投資與投機之間，甚至連大部分參與交易者本身都自身難辨。

　　投資者以賺取公司盈餘分配之股利報酬為主，隨機賺取股價波動的資本利得（價差）為輔；投機者則以賺取股價波動的資本利得為主，不得已才賺取公司盈餘分配之股利。前者以公司的營運基本面為交易買賣決策的評估標準，後者則主要預期未來股價波動方向為買賣決策的評估標準。由此可知，當股票由未上市股權變成上市（櫃）公司，於公開交易市場交易後，「股票價格」的變動已吸引走大部分參與交易者的目光，用嚴謹投資思考邏輯推演出的公司「相對合理投入資本」（公司相對合理價值）反而被股票市場眾多參與者給忽視了。這也是股票市場在大部分時間，均無法

反應公司真正價值的原因。

然而，縱使股票價格在大部分時間均無法反應公司真實價值，但並不意味市場沒有力量可以對價格進行修正。因此，華倫‧巴菲特的恩師，號稱美國華爾街「價值投資之父」的葛拉漢就曾說過：「短期來說，市場是個投票計數器；長期而言，則是個稱重機。」

短期股票價格由市場供需力量互相拔河而決定出來，而影響短期股票供需的因素，又是如此的複雜難以理解，每個人所看到的，可能都如瞎子摸象，無法或不可能真正看清全貌；隱藏在短期股票供需因素的背後，綜合來說，含財經、政治、氣候、人文、藝術等社會科學，更受短期群眾心理所左右。短期股價如此的難以掌握，但偏偏經由股票市場價格的波動，又對每位股票持有人產生立即的帳面資產價值增減衝擊；因此，各類股票市場參與交易者，均費盡心思試圖想掌握或預測股價波動的因素，以期望獲得更多的財務投資報酬。各種光怪陸離、合法及非法、理性非理性的各種投資行為，便因應而生。

股票市場可以有效率反應真實資訊嗎？

股票價格的波動及因素總是讓人難以捉摸。因此，在學理上，對股票市場與影響股價的資訊之間的關係，有下類三種分類：

1. 弱勢效率市場

弱勢效率市場主張最新的股票價格已經充分反應所有相關的歷史資訊，包括股票過去的價格走勢、成交量變化。其認定所有過去的資訊都已充分反應在股票價格上了，因此想利用過去資訊來預測股價未來的走勢變化，等於是白忙一場。

大家都知道，股票最常被剛入市場的投資人拿來預測股價波動的，就叫「技術分析」。技術分析其實就是以過去的成交價量等資料來做統計歸

納分析，以得出各種研判未來行情依據。

　　果如此說所言，那所有專研技術分析者，可不都是做白工了。相信，很多人都不會信服的。但，大家有無想過，股票的價量關係等資料在資訊的取得上，所有市場參與交易者是否彼此在機會上仍不對等？或是，在資訊的統計分析系統上，是否仍存有明顯落差？如果不是，那要靠純分析過去價量變化的資料，據以推測未來，恐怕將是十分危險的事。

2. 半強勢效率市場

　　半強勢效率市場主張最新股票價格除反應過去歷史資料外，尚包含股票發行公司所有公開可以取得的資訊，例如：盈餘預測、股利分配、新產品研發、相關財務資料、公司經營政策等等。也就是股票價格已立即充分反應過去資訊及最新已公開的資訊。

　　在半強勢的效率市場中，任何股票市場參與交易者不可能利用公開的最新資訊來從事買賣交易，並從中得到價差。

　　如果股票市場真是如此，那麼，所有專研技術分析及基本分析的投資人，都將毫無用武之地了。

　　公開資訊是否對參與股票市場交易者的買賣決策，除了受資料的完整性及時間效率性影響外，更重要的是，決定於每個人對資訊的解讀能力不同；縱使解讀能力完全相同，但每個人當下心理狀態也不盡相同，主張股票市場資訊是半強勢市場的說法，實已讓人難以信服。因此，股神華倫‧巴菲特便曾說：「若真有效率市場存在，我早成為流落街頭的擦鞋童了！」

　　如果股票市場真是半強勢市場，不僅華倫‧巴菲特早就淪落街頭，相信，所有股票市場周邊相關從業人員，也早就成為街頭無業遊民了。

3. 強勢效率市場

　　強勢效率市場主張最新股票價格已完全反應市場所有資訊，包含股所有公開、未公開的資訊，甚至連只有內部人才知道的訊息都包括在內。在

強勢效率市場中，沒有任何人可以從股票市場中，得到超過公司正常獲利的投資報酬。強勢效率市場可以說是股票市場中的烏托邦境界，在現實的金融市場中，無論直接或間接金融市場，都極難出現這種情況。

由上面的分類，就可以知道：在弱勢效率市場中，技術面的分析是無效的；在半強勢市場中，技術分析及基本分析都是無效的；在強勢效率市場中，則所有資訊都沒辦法幫助投資人，得到超額報酬。

如果股票市場真是如此，那對立志想以股票投資為業的專業投資人而言，可真是晴天霹靂。還好真實的股票市場並非如此，嚴格來講，實際的股票市場經常呈現出無效率狀態，偶而接近弱勢效率市場已經是難能可貴了。只要有股票公開交易市場存在，短期買賣的供需力量就會左右價格的波動；影響買賣供需的因素，也不會只有強勢效率市場中所指的所有市場資訊，它甚至還含有您、我、所有參與交易者在內，連自身都難以理解與掌握的人性心理世界。

股票價值與股票價格的波動

影響短期股價波動的因素多如牛毛，因此鮮少、甚至根本無人能完全預測股價走勢的波動。但是，就像大部分人知道找江湖術士，卜卦算命是一種愚蠢行為，但潛存於內心深處，亟欲探索真相的慾望卻難以抑制；更何況，若真能解開短期股價波動的謎團，那就代表取之不竭、用之不盡的財富將跟隨而至。眾多提供預測長、短期股價波動資訊的股票市場周邊業者便因應而生。

股票市場周邊資訊提供業者，或眾人資產管理者，若同時具股票市場參與者的雙重身分，加上人性貪婪的誘惑，就可能成為操弄市場資訊，或藉公眾資金管理權之便，以影響市場投資人情緒，圖謀個人的私利。

在實際的股票市場，只要在公開市場交易時間內，短期價格就隨時可

能會波動，在市場休市期間空檔裡，周遭各個角落都可能產生新的訊息出現。因此，我們必須先學會視價格波動為常態；要在大海捕魚的人，不是先想到海面下，看不見、但卻數不盡的魚，而是先學會如何讓自己不暈船與準備好漁網。先認識市場、適應市場，然後才能專心勤奮耕耘市場，讓自己滿載而歸，並安全返航。

您吃了止暈藥了嗎？

　　大家都知道不常搭船的人很容易暈船嘔吐，因為腦部自律神經在大海中隨波浪起伏很容易失去平衡感，因此對會暈船的人而言，搭船旅行對他們簡直是活受罪，除非已吃了止暈藥，否則很難會有愉快的旅程。

　　其實就像暈車一樣，暈船也是起因於心理作用居多。我記得很多遊樂區都有類似模擬單軌快速火車之類的旅遊設施，其實是讓遊客坐在一排會上下左右搖晃的椅子上，而在遊客前方則放映立體快速影片，並配合週遭環境之聲光效果，這時遊客往往有親臨其境的刺激感，無法忍受環境架設出的刺激感者也很容易暈頭轉向，甚至身體不適。其實我並不喜歡刺激，但每次都應孩子要求陪同玩這種遊樂設施，因為我知道只要閉上眼睛五分鐘，任憑椅子如何搖晃，我都不會有事，有什麼好怕呢？

　　在股市中，每天行情的短期變化就像大海中的小波浪不斷發生，也像模擬單軌火車遊戲中原地搖晃的椅子，之所以造成我們心理的不安大部分都起因於心理層面，實際上對實質面並無太大影響。行情波動的原因本來就多如牛毛，每個人都可以找到自己認定的理由去解釋它，我們只能學會自己在心理層面上去適應市場的波動，並訓練自己去分辨那些是影響大方向變化的實質因素，例如經濟景氣循環的相對位置點、個別產業循環的榮枯，甚至是配合公司財務實績變化的股價相對高低點等，至於每日行情變化往往不是你、我可以輕易掌握的。當然有人會說，市場每日充斥當沖浮額又怎麼說呢？何必大驚小怪！他們就像在海邊玩衝浪板的一群，隨時有翻覆的心理準備，然後在不斷玩同樣的遊戲中得到刺激與快感，只可惜他

們只能看到大海靠岸邊的波浪，無緣一窺遠處壯闊的大海，而且他們也必須同時是游泳高手，否則溺水滅頂的事恐怕會層出不窮！

學會適應股市短期漲跌波動是投資人應有的基本修鍊，您不必急著去了解或解釋所有影響短期股價波動的因素，我相信也很少人真的有此能力，但就像會暈船的乘客般，如果您在股市也是如此，記得也先吃一顆止暈藥！

股票投資真能讓人一輩子吃喝不盡嗎？

曾聽人說：「對待藝術家最好的方式，就是給他一個完全自由的環境、但僅剛好夠用的財富！」顯然，財富縱使是人生結束後的身外之物，但在兩眼所及、雙耳所聞之間，卻又有多少人甘於腐蝕人性，只為圖得此生財富的增加。

股票市場是最靠近我們最近的終南捷徑，不是嗎？只要到證券經紀商開個交易戶頭，隨時可進場買賣廝殺一番，任誰也不會管您身世背景與學歷高低，在股票市場只有投資報酬高低、正負損益的問題。也正因為如此，股票市場才會成為如此吸引人的地方。但是，股票市場如果真是淘金窟，何以成為埋葬數不清投資人的英雄塚呢？

美國著名的股票基金經理人，也是締造麥哲倫基金連續十三年（1977～1990年）連續維持正投資報酬率，複合年報酬率30%的彼得・林區曾說：「股票只是表象，上市公司才是實質，你要做的，就是搞清楚企業狀況。」

股票其本質上其實只是分割成不同比例的股權憑證，而股票公開交易市場，又是將原本由特定人持有的股權透過公開競價方式進行買賣的市場機制。股票代表對發行股票公司得主張之擁有權利，其本質並不會因股票是否上市買賣而改變；股票的短期漲跌，其實大部分時間內，都是由市場短期買賣雙方力量拔河而決定出來。

當有公開交易市場存在後，短期投機心理才被加入到市場中，它的存

在不全然是負面的，因為有短期投機交易心理，才會讓市場交易機制更為活絡，並促進資本市場的蓬勃發展。然而，因為交易氣氛往往會淹蓋掉應有的本質，投資人便喜歡誇大公開市場交易功能，以為掌握短期市場價格波動，才是投資者應該追求的目標，各種預測短期價格波動的人或商品便大行其道。孰知「股票只是表象，上市公司才是實質，你要做的，就是搞清楚企業狀況。」如果能明瞭箇中道理，您將驀然發現，市場交易機制的存在，對您而言，是一種多麼美好的設計呀！

因為，只要您把公司相對價值高低點弄清楚，市場總會有一堆瘋子願意用遠高於您買進的價位搶走您手中的股票；相對地，只要您夠用心又有耐心，也會有一堆人賤價向您兜售他們手上的股票。這輩子！光靠這點，就夠您吃喝不盡了！

您也想成為股票市場衝浪手嗎？

喜歡玩衝浪、尋求刺激的人不會喜歡平靜無波的海面。但他們也絕不是毫無緣由地，想掌握每次迎面而來的波浪，只有善於穿越小波浪，並順著大波浪而行的衝浪高手，能從層層疊疊、波濤洶湧的巨浪中破浪而出。

彼得‧林區在其《彼得林區選股戰略》（財訊出版社）一書中，有一段話：「……如果我們可以在股價回檔前就空手離場，那一定很棒，可惜誰也不知道如何抓準時機。況且，就算你能夠及時離場，躲過一場大跌，又該如何確保你能及時搶進，抓住下一波的漲勢呢？舉個例子來說明，各位就會懂了：如果你在 1994 年 7 月 1 日投資 10 萬美元買進股票，然後擺個 5 年，就會增值為 34 萬 1,722 美元。但是在這五年中，就算你只缺席了一個月，即股價漲幅最大的那 30 天，那麼你的投資只會增值為 15 萬 3,792 美元。因此，緊抱持股報酬就加倍了。」

猜測大盤指數短期漲跌並非一般人所能做到，縱使是期貨交易專家，往往也只能走一步、算一步，因此，大盤氣勢的強弱及型態的趨勢變化，常常影響其交易投資決策。然而，期貨市場中，最後勝負比例，相較於股

票市場一般所知之八比二更形懸殊，贏家全拿的現象遠高於股票現貨市場。

如果您的投資是個股，便應在買賣之前，對該公司的過去、現況及未來的展望做一深入了解。假定您對所投資的個股夠了解，便不用在意大盤因不相干事件而上下短期波動，躲過大盤向下短期波動，往往使您無法在原投資個股再度起漲時，及時再度買進，最後，您不會因為躲過短期波動而受益。

彼得林區是一位產業選股專家，當然他也是一位財務分析高手（此與臺灣號稱大師者截然不同），加上其本身就是一位基金公司的從業人員，因此，手中基金的投資組合持股比例通常維持在較高水位，其對總體經濟趨勢及個別事件之重視程度遠不及債券投資家及技術型態信徒。

選股及評價應以個股資訊為基準，但也不能全然忽視總體面的變化；因此，如何加自己財務解析評價及選股基本能力，並配合對總體經濟與趨勢敏感度之培養，應是個人投資者應努力的地方。

干擾短期市場漲跌的因素多如牛毛，如果我們投資的是個股，便應關心公司的經營狀況或環境有無實質變化，如果沒有，除非股價已漲過自己設定的目標價位，否則應耐住性子，胡亂隨周遭環境及消息面進進出出、惶惶不可終日者，往往在多頭氣勢中只能得到蠅頭小利，但在空頭循環中，卻被迫全程參與。果如此，長期下來，將很難成為股市贏家！

那麼！請問，什麼是「自己的設定價位」呢？這設定的價位就是公司的「內含價值」，也是股票市場的投資思考核心問題，在接下來的章節，將有詳細的說明。

股票價格與公司價值的關係

看到這個標題，一定有人會認為，筆者要開始拿出一堆艱深難的財務

股價與價值線關係圖

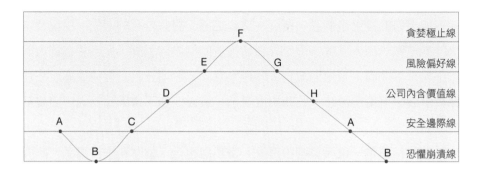

數學公式了。放心,在這本書中,除了加、減、乘、除,及簡單的貨幣時間價值折現觀念外,不會有更多的數學公式出現。

　　透過上面的圖形,可以讓大家對股票價格如何在市場形成,有一個初步的輪廓。更詳細的說明請參見下一段「股票市場是人性最真實的試煉場」。

　　由上圖可以知道,股票價格只有在某些特定時間點(如D、H),才會剛好與公司內含價值相等,而此公司內含價值又取決於每位股票市場參與交易者,主、客觀對股票投資所要求之預期報酬率之不同而異。

直接金融投資工具要求預期報酬率(K)

＝間接金融市場無風險報酬(k1)＋直接金融市場超額報酬率(k2)

＝間接金融市場無風險報酬(k1)＋市場風險溢酬

　　　　　　　　　　　　　　(Risk Premium;RP;k2)

k1:取決於外在客觀存在的總體經濟等大環境因素

k2:a.取決於外在客觀存在的個別投資標的物條件優劣

　　b.取決於個人主觀的資訊解讀能力與風險偏好度高低

公司價值如何以數字呈現？

　　任何事物的價值，起於其能產生滿足感或效益；任何以金錢計算的投資價值，起於假設其將於現在或未來，產生一定金額的回收報酬。在投資標的永續營運的假設前提下，此回報率與存在不同個體間之主、客觀要求的預期報酬不同，經比率調整後，投資標的便在不同個人身上，產生不同的相對合理價值。

股票價格與要求的預期報酬率之簡單評價關係式

會計ROE／（P/B）＝K＝外部股東實質報酬率

會計ROE＝稅後純益／股東權益＝創始股東帳面資本回報率

K：要求的預期報酬率

P：股票市價

B：每股淨值＝股東權益總額／股票發行總股數

P/B：股票市價與創始股東帳面資本的倍數

創始股東帳面資本：以會計成本計算的股東權益總額

　　當股票從未上市公開交易市場，轉為上市公開市場進行交易後，隨後買進股票的投資人，就以最新市場價格進行交易。因此，第二手投資者，已不太可能以會計成本計算的每股股東權益金額，買進第一手投資者手中的股票。公開交易市場的第二手投資人，可能以高於每股淨值的數倍價格買進股票，也可能以低於每股淨值的價格買進股票；其決定因素主要有兩項，即股東權益報酬率（ROE）及外部股東要求的預期報酬率（K）之高或低。

股票在公開交易市場所可享有的股價淨值比（P/B），以下列關係便可一目了然。

　　股東權益報酬率（ROE）、要求預期報酬率（K）、股價淨值比（P/B）邏輯關係如下：

若外部股東要求的預期報酬率（K）為已知

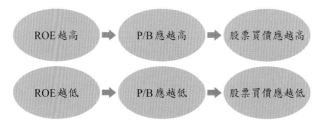

資產總額 （億）	負債 （億）	股東權益 （億）	稅後純益 （億）	會計ROE （%）	K（%）	外部人合理 買價（億）	P/B
100	40	60	6.00	10.00	10.00%	60	1.00
100	40	60	9.00	15.00	10.00%	90	1.50
100	40	60	12.00	20.00	10.00%	120	2.00
100	40	60	18.00	30.00	10.00%	180	3.00
100	40	60	4.50	7.50	10.00%	45	0.75
100	40	60	3.00	5.00	10.00%	30	0.50

若股東權益報酬率（ROE）為已知

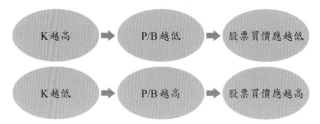

資產總額 （億）	負債 （億）	股東權益 （億）	稅後純益 （億）	會計ROE （％）	K（％）	外部人合理 買價（億）	P/B
100	40	60	6.00	10.00	5.00%	120.0	2.00
100	40	60	6.00	10.00	7.00%	85.7	1.43
100	40	60	6.00	10.00	9.00%	66.7	1.11
100	40	60	6.00	10.00	10.00%	60.0	1.00
100	40	60	6.00	10.00	11.00%	54.5	0.91
100	40	60	6.00	10.00	12.00%	50.0	0.83

您的投資風險在哪裡？

由上述簡例可知，公司價值主要決定於兩大要素，即公司的股東權益報酬率（ROE）高低，及投資人要求的預期報酬率（K）高低。股東權益報酬率高低純由個別投資標的的優劣所左右；要求的預期報酬率高低，則決定於總體經濟環境、投資標的物優劣，最後則是個人風險偏好度或對投資標的物之風險承受能力。

假設總體經濟環境狀況已是人盡皆知，或短期不會迅速改變的客觀已存在條件，則公司價值的決定因素便可簡化為，只剩下投資標的物的優劣及個人的風險偏好度或風險承受能力。

但這裡馬上又產生一個問題，即風險偏好度或風險承受能力是否具相同的意涵？答案是否定的。高風險偏好度的人未必有高風險承受能力，低風險偏好度的人也未必無風險承受能力。舉例來說，一個沉溺於賭局的賭徒，是高風險偏好度者，但其未必有承受家破人亡的高風險承受能力；反觀，行為穩健保守的人，它未必無法承受偶而興起的一次勝率較高賭局的風險。顯然，真正的投資風險並無法與主觀條件畫上等號，而是決定於投資人對投資標的物的了解程度，越是有深入了解，則風險越低。

曾有朋友不斷問我，「究竟要投資多少比例的股票才適當呢？」

坦白講，這個問題沒有標準答案。因為任何資產的配置比例，主要決定於投資風險及預期投資報酬等兩大要素；然而，投資風險及投資報酬卻只有在教科書裡，您才找得到用過去資料透過統計方法來算出風險值及期望報酬率，在實際的投資市場中，過去的資料卻又往往與事後實際發生的有很大落差，這就跟在股票市場中，用一枝筆、一把尺加一張圖，便以為可以預測行情、打敗市場，來得可笑。

事實上，在實際的投資市場實務中，風險值並不是被動式地由市場過去所發生的行情軌跡所決定出來的，而是因人而異；風險值之大小，應是決定於你是處於所有參加賽局中的所有人之中，你的專業程度介於多少人之下或多少人之上，當您的專業夠強了、內心修持及定力足以穿透人心，那麼，您在那個賽局中的風險值便自然降低。

至於期望報酬率呢？教科書一樣認為藉由過去市場價格走勢資料，以統計資料便可算出期望報酬率。但是，大家都很清楚，在投資市場中，過去發生的事不見得會重複發生。我認同報酬率與風險值共同構成完整的投資面向，但卻認為它們之間並非同向變動，這與一般人認為高風險可能就可以伴隨高報酬完全不同，這是主觀且十分危險又愚蠢的錯誤投資觀念。

事實上，在投資市場中，當您個人對某項投資工具夠深入、專業、用心鑽研，以使自己遠較其他參與者了解市場變動規則，您的風險值便降低了；此時，您的期望報酬率就自然較別人來得高。因此，如果說投資是完整的一百整數，您個人的期望報酬率便是由一百減掉您個人的風險值，個人風險值越低，您自己的期望報酬率就越高，要越接近滿分的方法，只有降低本身之風險值。

教科書：由過去資料統計。風險值越高、期望報酬率越高；風險值越低、期望報酬率越低。

市場實際情況：完整的投資全貌（固定數）＝個人對投資工具之風險值＋期望報酬率

在投資市場中，真正的投資風險來自本身對投資標的物不夠了解與專業，而非資產的種類；因此，無論是股票、債券，甚至是期貨、選擇權等高財務槓桿領域，對專業能力足夠的人而言，教科書上的高風險投資，對他們來說，反而是低風險值領域，而其期望報酬率也可以達到最高。

至此，我們便可以得到一個清晰而完整的輪廓，在投資市場中，風險之大小，其實是決定於自己，而不是市場，由自己決定自己的風險值。當然，也決定了將有多少投資報酬率了！

您要高風險還是高報酬？

既然在投資實務上，高風險未必可以伴隨高報酬的結果，那投資人就會問：「難道有低風險、高報酬，這麼好康的東西嗎？」我可以肯定地告訴您，股票或任何其他投資市場確實是如此。只有對您自己而言，屬於低風險的投資，長期下來，才可能從中得到較高的投資報酬；而這裡所指的風險，並不是泛指市場價格波動性大小，而是參與投資的投資人自身對投資標的的專業投資能力。

號稱「華爾街投資神童」的司徒炎恩，在其所著《股票神童》（世茂出版社）一書中，曾有下面這段話：「好公司的股票本來就可能經歷暫時的劇變，有時是向上直衝，有時則向下直落。當它下跌時，人們大呼小叫，抱怨股市的風險。他們擔心一切都泡湯了。事實上，如果您選擇的公司真的夠穩當，是不會有什麼嚴重的風險。雖然如此，投資人在計劃投資時，第一個問題總是：「我該如何縮小風險？」我的答案很簡單：只有你不作研究，選錯差勁的公司，風險才會跟著來」

在股票市場上，您一定要對行情的起落盡其可能習慣，股票價格的變動不可能完全平靜無波，任何風吹草動都會讓一些膽小鬼及神經錯亂者，

心頭橫衝直撞、滿臉通紅；就像一位天生補魚好手，在其有辦法獨立作業甚至帶領船隊遠赴豐饒水域之前，他一定早已成為一位習慣乘風破浪、巔簸向前的船手。在金融投資市場也是如此！無法認清市場短期波動乃常態，並癡傻地試圖去補捉任何波動的人，鮮少能成為最後贏家。

短期價格波動只是在反應一小撮投資人的心理狀態，波動越迅速、成交量越大，最大的受益者是股票經紀人及政府。然而，對一個胸有定見，鎖定目標的投資人而言，唯有價格波動，才可創造由交易市場機制所產生出來的資本利得。

對遵守嚴謹投資思考邏輯的策略型投資者而言，由市場所產生的資本利得是再自然不過了；但是，他們心理相當清楚，資本利得的產生速度及時間並非是個人所可控制。因此，他們往往也願意用時間及耐心去等待，而在等待期間，他們也願意像辛勤耕耘的農夫，時常照料觀察投資標的營運本質是否產生變化，以增強自我等待時間時之信心。

投資學理上常可見到如是說，即「高報酬相對隱含高風險」，這是對一般人而言，筆者可從不認同這種無稽的說法！對專業行家而言，別人眼中的高風險往往起因於對投資標的物的不了解，這才是真正的風險所在。買進自己越不了解的投資標的、風險越高，這與投資標的報酬高低之間的關係並非同向的。因此正確的邏輯關係也可以如下：

投資報酬＝投資標的最大可能報酬－個人的風險值

除最大可能報酬與投資工具有關外，當您的風險值夠小甚至接近零時，您便可享有很高的投資報酬；相對而言，當您對投資標的懵懵懂懂時，您的風險值便會不斷提高，甚至無限大，此時投資報酬便變得很低、甚至為負數！

任何理性的投資，應該在投入資金之前，努力降低自己對投資標的的風險值；而非在未完全弄清楚之前，以為投資種類越多，總投資風險便會自然降低、報酬也會跟著提高，這無非也是癡人說夢罷了！

在股票市場，充分地增加投資標的物的種類，幸運的話，資產價值變動與市場指數走勢無異；不幸的話，可能使自己的資產，在名目繁多的市場交易成本侵蝕下，不斷地在不知不覺中流失。

股票市場是人性最真實的試煉場

股票之所以吸引眾多投資人的目光，在於它能迅速呈現個人資產增減的方向。只要能猜對股價在下一刻鐘的變動方向，就能使自己的財富迅速增加；只可惜，從古到今，自有股票市場以來，從沒有一套標準的預測方法，可以提供足以客觀且準確預測股票市場走勢，或個別投資標的物，市場價格走勢的方法。

雖然如此，但是，就像從未有一種科學性的證據，可以證明透過神諭或占卜，能準確預測未來。但並不妨礙五花八門、林林總總，不同種類算命術，從古到今，自然存在的事實；全球各地的股票市場投資人也總是挖空心思、飛天鑽地，甚至求神問卜，想找到如何準確預測股票市場走勢的方法。欲藉以尋求輕鬆、快速、依循不變的致富之道。可惜，所有股票市場參與交易者鮮少能如己之所願！

華倫‧巴菲特曾有下面名言：「對我而言，股市根本不存在，它只不過是在證明是否有人做了什麼傻事。」他又說：「股票預測專家唯一的價值，就是讓算命仙看起來還不錯。」

顯然，對華倫‧巴菲特而言，股票市場只是眾人憑個人心理因素，在特定時間、地點的股票交易、變現市場；因為人性之難測，預測股票市場短期走勢，常常會像算命占卜一樣，白忙一場。既是如此，華倫‧巴菲特

靠的是什麼能耐贏得「股神」的封號呢？華倫‧巴菲特曾說：「在我的身上，流著15%菲利普‧費雪及85%班傑明‧葛拉漢的血液！」前者以追求盈餘快速成長投資標的著稱，後者則強調投資人應以低於公司內含價值的價格，買進公司股票以進行長期投資。

由此可見，公司盈餘成長力及其內含價值是決定公司真正價值的主要決定因素；然而，股票市場真正的面貌，卻無法經常性地以股票價格來呈現公司真正的價值。股票價格只是在特定時點，由參與買賣的特定比例股票持有人，以公開競價方式所決定出來的短期供需平衡價格。參與短期股票交易者，可能是眾多散戶小股東，也可能是大戶作手，或是大型法人，甚至是公司大股東等內部經營者；不同種類的交易者，交易目的往往遊走於投資與投機之間，差異只在於買賣的時點及進場交易的頻率。

任何種類的投資人都可以從股票市場得到不錯的報酬，只是贏家與輸家的比率有明顯不同。投資人必須先知道自己的投資思考，在何種時點以何種投資目的來切入市場，才能因應市場的變動。

您還在問這是合理價格嗎？

筆者在股票市場已接近30年，遇到數不清的人問我同樣的問題：「你認為某檔股票的合理價格是多少？」其實，隱藏在背後，他們真正想問的問題是：「你認為明天或下週某檔股票會漲或會跌？」如果這個問題，我能有猜對一半以上的機率的話，那我肯定具有特異功能的能力。股票真的有合理價格嗎？

班傑明‧葛拉漢於其著作《證券分析》一書中說：「很明顯地，證券市場制定價格的過程通常是不合邏輯或錯誤的，這些過程並非無意識或機械式的，而是牽涉心理層面；因為這些過程是在投資人心中進行。因此，市場的錯誤即是一群人或一組個人的錯誤。大部分的錯誤都能追溯到三個基本原因：誇大、過度簡化，或疏忽。」

　　何謂合理價格呢？您可以去問十個所謂專業的證券分析師，甚至擁有財務金融博士學位的學者，他們告訴您的定義或評估方法可能都鮮少一致。那就更別說是市場上的一般投資大眾了。因此，別想要期待市場始終會出現您自己認定的合理價格。出現在交易市場的價格頂多就是參與交易當下時，買賣雙方共同決定出的市場價格，而當下參與買賣的雙方所持有這家公司股份之比例往往是微乎其微。

　　為什麼所謂股市作手或大師級的傳聲筒廣告商，總是喜歡透過不同路徑或工具宣導買進成交量極低之小型股？因為，透過短期當下買賣，只要內部人默許，便很容易在小型市場興起煙霧、誤導視聽，最終只要出現過高的市場價格，便可順利圖得自身暴利。這些股票永遠不會有所謂合理的價格，只有市場短期炒作的價格。

　　在投資市場中，總是長期存在不合乎邏輯之市場價格；但在您自己的心理，卻要存在一個完全合乎思考邏輯、經嚴謹評估的合理價格，拿它來當買賣的依據。因為市場始終鮮少有所謂合理價格存在，因此，買進股票後，不管短期股價下跌或上漲，您都應視為常態，並以平常心看待，切忌買進或賣出後便患得患失。如果您拿來評估或判斷公司合理價格的客觀條件並無改變，當市場價格跌破您心中的合理價格時，您應心存感激，感激當下賣出的人願意廉價割愛；如果市場價格超出您心中合理價格一段差距後，您也應心存感激，有人願意心甘情願高價買走您手上的股票，並心胸寬大地祝福股票市場價格還有高點，讓買進的人此次跟您一樣幸運。

　　要注意的是恪遵紀律來做買賣決策，至於市場價格如何波動，不是你我能決定的，何必每天心中七上八下呢？市場眾多參與者往往在失去耐性、被街上抗議民眾嚇昏了頭後，或看到、聽到傳聲筒大師言論後便把鈔票送到您面前，這種機會在股票市場便常常出現。重要的是，機會來了之前，您要有足夠的耐心且願意用時間去等待嗎？

股票評價與合理價格

　　股票又是如何經合乎思考邏輯、嚴謹評估而產生相對合理價格呢？我相信，又有一堆人想到得到「輕鬆、快速、明確」的評價方法，就像武俠小說一樣，最好有一本武功秘笈，迅速又有效。

　　在學理上，股票評價的方法便有很多種，而且，縱使相同的評價方法往往也會因選擇不同的參數，而產生不同的企業價值，因此，真正的合理且被客觀接受的價格自始便不存在；它往往因人而異、因環境而變遷。但懂得企業評價精髓者，他會堅守清楚可見的邏輯思考原則，並給企業一個相對合理而非絕對合理的價格，此相對合理的價格就是企業相對價值之所在，它是一個相對合理價格區間，而不是標準的價格線。

　　在《投資可以很理性》（高寶國際出版）一書中，作者強納生・麥爾思（Jonathan Myers）有這一段話：「價格的不同，是因為你根據自己的所見所聞而主觀的做出決定。除了基本面分析外，心理上你對所有關於這支股票資訊或新聞的反應過度或不足，都會影響你對股票價格的認定。……因此，隨著許多投資人都會做出類似的行動，任何時間點上，股票都絕對不會在理論上最合理的價格被進行交易，真正的成交價格，將會是市場所認定的價格。」

　　投資人應在相對合理價格與市場價格間追尋、等待一個自己可以承擔投資風險的價格出現，然後再用時間與耐心等待獲利點的出現。除非，真正影響企業評價的因素出現改變，否則，縱使天塌下來，都不要輕易改變！等待買進點出現要別具耐心；等待賣出點出現前，更要具耐心與信心。

　　因為大部分的短期股價預測都是瞎猜，所以您根本不用在意。自己也不用去猜明天會漲或會跌。只要知道市場有那些愚蠢的人今天做了那一些事就好了。你只管等愚蠢過頭的人做錯事再出手還不遲。因此，市場價格不是合理價格又何妨！它更不會是您心目中的價格！有的話，充其量只是

一種巧合罷了！

在股票市場中沒有不可能的事

　　股票成交價格既是在特定時點，由參與買賣的特定比例股票持有人，以公開競價方式所決定出來的短期供需平衡價格。而且，決定供需力量的原因，又有很大原因受交易者在交易當下的心理面多空因素所左右。當交易者心理受外在環境所營造出的氣氛所籠罩時，股票市場便會出現令人意想不到的事。不要說：「這，那有可能？」因為，在股票市場沒有不可能的事！

　　以反向操作聞名的安東尼‧賈利亞（Anthony M. Gallea）在其著作《反向操作實戰策略》（寰宇出版）一書中，有下面幾段話，清楚點出股票價格之決定，有很大因素決定於投資人的情緒性反應。相關內容如下：

　　「投資是很奇怪的行業，據我所知，只有這個行業，產品的價格愈貴，顧客愈想，也買愈多。」

　　「價格走勢和獲利潛力會吸引投資人進場，一支股票的價格漲了好長一段時間，然後漲勢加速，會突然吸引一群新投資人蜂擁搶進，一般人傾向於依據股票過去的走勢，畫出一條直線以預測未來，很遺憾的，走勢很少持續下去，就在你以為未來會和過去相同時，行情往往逆轉。」

　　「市場頭部和底部是極端情緒下的產物，它們超越所有理性的預期，繼續漲得更高、或者跌得比一般常識所以為的要深。」

　　金融市場參與者的投資心理狀態與一般消費性商品的買賣常常逆向而行，因為在金融市場中投資者的預期心裡，也就是對未來價格變動的期待心理往往才是主導市場價格的主要因素。然而，您若問這些投資心理的形成是否合乎理性邏輯，就好比去問一對正熱戀中的男女「為何會喜歡上對方」般地愚蠢！

　　失去控制的無盡欲望便是貪婪；它往往是投機者走入天堂或地獄的決定因素。如果您在股票市場剛好憑運氣贏了幾次錢，除非您靜下心來弄清

楚為何會贏錢？否則，這些運氣可能成為您往後在投資市場上大災難的伏筆。

每個成功的股票投機者，都得面對賣完股票後，股票續漲的痛苦。這是成功投機者必得忍受之痛苦；其實，如果獲利了結後的股價漲勢是出乎您原先預料之外，那麼，請問您何必為原先就不屬於自己的利潤而懊惱？

沒有受過市場自然訓練、繳完應繳的學費、並用心體會「市場多空、盛極而衰、否極泰來」法則的人，很難憑空長期保住從市場累積而來的財富，除非您是懂得在走運後退場的賭徒，否則請不要以賭徒身分進股票市場！

事實上，只要您是一位經過嚴謹訓練，並潛心修性者，您在股市中往往可以選到可以創造三贏的投資標的，即公司經營者、外部股東、政府等三方，皆成為贏家的公司。但前題是，您是一位願意回歸投資本質，即投入資本高低與預期投資報酬率呈現反向的事實。若無法認清此點，我們心中潛藏的貪慾與恐懼永遠將會是揮之不去的心魔，躲得了一時，恐怕躲不過一世！若真是如此，暫時離開股票交易市場將是較佳的選擇。

股票市場多空循環與投資心理反應

為便於陳述此問題，再以「股價與價值線關係圖」進行說明。

完整的股票價格循環不會每次都如上圖所示，規則性地呈現，但不同價格多空階段，對投資人心理狀態而言，卻常常不斷產生似曾相見的重複現象。投入其中的一般性投資人，幸運的，往往也必須在走完一次，甚至一次以上的股市多空循環才能體會其中緣由；相對地，不幸的投資人，則因受制於人性的多空循環迷霧，每次都無法掙脫極度貪婪的誘惑，與恐懼極致的心理壓力，終致淪為市場多空轉輪下的冤魂。自我反省與向誠實的投資成功者學習，可以縮短付出的時間，與不可勝數的金錢代價；但是，

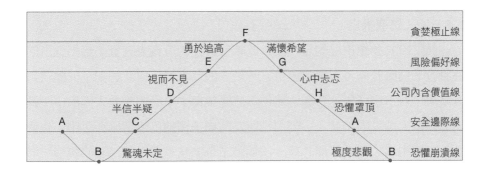

股價與價值線關係圖

在講求浮面包裝，與「速食、僥倖」的時下文化氛圍下，能走出既有宿命的一般性投資人，可能仍是少之又少。

在股價多空循環的不同階段中，一般性投資人的心理反應如下：

（總體經濟循環與投資策略將於後面章節另行詳述）

1. A→B（極度悲觀）

此階段為空頭市場的末跌段，但下跌的速度及幅度已明顯縮小。此時一般性的投資人在飽嘗長期股價下跌過程後，卻對市場極度悲觀。手中仍持有股票的投資人，除非是經過嚴謹訓練的投資人，否則，將飽嘗長期套牢、大幅虧損之苦；相對地，價值型投資人，此時，正好整以暇持續以拾穗精神，低頭彎腰、精挑細選，持續進場承接前者拋售出的股票。空頭市場的末跌段是價值型投資人的財神爺。

市場氣氛極度悲觀，市場媒體不斷釋出各種股市空頭訊息。這讓長期套牢且假裝視而不見的投資人，更加痛苦難當，為了結束此種「自我懲罰」的苦難，投資人最後下定決心殺出手中所有持股。

當市場不安定的籌碼幾乎已獲得完全宣洩後，股價在空頭市場的最低點也慢慢浮現開來。但這些都是事後才知道的事了，沒有人能準確猜到股票市場的最低點，無論是價值型投資人、專業法人，甚至是公司內部人及

大股東，股價的最低點要等到股票確定進入另一次多頭循環，才能得到印證與找到答案。

2. B→C（驚魂未定）

此階段為多頭市場的起漲區。此時一般性的投資人在賣出虧損累累的持股後，仍處於痛苦與驚魂未定之時刻，因為害怕「自我懲罰」的痛苦再度重演，對市場原先的悲觀情緒仍無法完全褪去；而原先並未因股市下跌而受到重大損失的投資人，因周遭朋友的痛苦經驗仍停留腦海之中，也使其對股票市場，產生畏懼心理。市場股市專家及專業媒體仍小心奕奕，經濟數據仍未見好轉、上市櫃公司營運數據僅是低檔盤整，未見明顯向上趨勢。

此時有三種投資人持續進入市場買進股票。第一種投資人，領先知道公司產業訊息的內部人（含內部人、準內部人及訊息受領者）。第二種投資人，同時兼具專業技術分析與投資心理的固執型市場專業投機人士。第三種投資人，同時兼具基本分析並透視人性、建立堅實投資信仰的價值型投資人。

內部人利用資訊不對稱、遊走法律邊緣，領先市場進場買進；專業型投機人士，靠長期敏銳的市場嗅覺及投機交易本能，隨時於多空市場進行短期套利交易；價值型投資人則靠嚴謹投資邏輯分析及堅定股票評價信仰，在財務能量所及範圍內持續買進。

3. C→D（半信半疑）

此階段為多頭市場確認區。可惜，一般性投資人因從A到C都不敢進場，或早就輸光退場；在財務能量上，則仍在療傷止痛期，亦沒有太多餘力重整旗鼓。但是，看到股票市場慢慢緩步上揚之際，開始對行情產生半信半疑的態度。一因，周遭朋友談論股票的並不多，二來，因自己對股票市場仍無十足信心，因此，始終仍站在觀望的一方。

於此同時，上述公司內部人、專業投機人士、價值型投資人，則持續

於市場進場加碼買進股票。此階段是股市長期投資贏家活動力最強的階段，無論以投機或投資為目的投資贏家，此時，正齊力進場站在買方；但是，通常配合成交量僅溫和放大，讓人感受不到市場多頭趨勢已經慢慢形成並獲得確認中。

4. D→E（視而不見）

此階段為多頭市場中的震盪上漲區。此時，市場成交量又較前一階段放大，少部分市場敏感度較強的一般性投資人開始進入市場，並獲得不錯的短期投資報酬。但對大部分一般性投資人而言，因本身仍未積極進場買進，也無法從中得到很高的報酬，因此，對市場是否能持續維持多頭格局仍半信半疑。對市場趨勢視而不見、對周遭朋友的獲利則不僅羨慕，甚至陷入自我掙扎般的痛苦。

此階段的末期，一般性投資人終於按奈不住市場最終震盪往上的趨勢，而開始局部進場買進股票，並從中得到微薄、但卻令人興奮的投資報酬。一般性投資人對股票市場的投資信心，在此階段的末期才真正的甦醒。於此同時，較保守的價值型投資人，則開始慢慢於市場賣出股價漲幅超過營運成長預期的股票。

5. E→F（勇於追價）

此階段為多頭市場中的末升段上漲區。此時，市場成交量持續放大，股票市場趨勢往往呈現快速的上漲局面，存在投資人之間的氣氛不斷轉熱，讓絕大部分的人無法拒絕相信，股價指數不僅將突破高點，終將不斷創下新高。

市場持續轉熱的投資氣氛，加上周遭其他投資人獲利的喜悅遭到擴大渲染，財經媒體及市場股市名人幾乎到一致性的看好市場將持續上漲。一般性投資人的投資情緒從一開始的半信半疑，隨股價指數持續上漲、市場氣氛轉熱之際，迅速加溫，突然對自己的專業投資能力、市場的投資信心，快速倍增。

原先尚對股價高漲的市場發出警語的小部分證券分析師，因市場其他人的壓力，轉為投入唱多市場的行列，或乾脆噤聲不語。至此，股票市場一遍歌舞昇平，每位投資人內心隨手中持股增加而充滿夢想。為使夢想早日實現，勇於加碼追價買進，或擴大財務信用融資，以便買進更多股票，就變得再自然不過的「自認為理性」的投資（投機）行為了。

　　然而，於此同時，公司內部人、大股東及其人頭戶、價值型投資人，則持續於市場賣出股票。市場一般性投資人，則在市場樂觀氣氛引導下，絡繹不絕於途地投入買進的一方；有的資金由投資人自己的戶頭進入證券交易戶頭，有的資金則透過共同基金管理帳戶（外資及投信公司）進入市場。他們的共通點便是認定，股市終將不斷大漲，此時不進入市場買進股票，必將錯失獲利良機。

　　人性貪婪的一面，在此階段得到充分的發揮，鮮少人會因為錢財來得太快，而願意停下腳步，自思與反省；貪婪的投資人在一開始便得到快速的投資回報，因而引來市場更強烈的貪婪氣氛。但在此階段的末期，公司內部人、大股東及其人頭戶、價值型投資人，在市場賣出股票後，並不急於在市場股價出現短期回檔時，回補原先賣出的股票，反而，趁市場成交量擴大之際，持續賣出股票。市場擁有最大籌碼的一方，不斷地向市場供應籌碼時，一開始，可以在市場買氣充沛下，成為價量齊揚的多頭光彩煙火，籌碼不斷隨行情在行進中換手而上；但是，當長期籌碼供應者持續單向賣出籌碼後，原先的供需力量卻在市場樂觀氣氛中，不知不覺地開始鈍化甚至轉向。多頭市場中，股價的高點總在市場氣氛轉為充分樂觀後形成，但是，對一般投資人而言，卻很少人願意在杯觥交錯的貪慾氣氛中，提早眾人一步離開宴會場。

　　大家一定要記得，職業賭場永遠少不了提供押注用的籌碼，但卻也永遠不會在賭場裡，自行產生黃金或美鈔；有贏的一方，相對也必有輸的一方，只是在股票市場中，輸家的人數總是多過少數的長期贏家。

這個階段，也是專業投機者、職業賭徒的天堂；如果您不是專業投機專家，也不是市場老千，請記住：「帶離開職業賭場大門的美鈔，才會在現實生活中，有實際消費購買能力！」

6. F→G（滿懷希望）

此階段為空頭市場的起跌段，但對一般性投資人而言，鮮少有人願意相信空頭市場已經真的降臨了。此時，市場成交量仍維持在相對高檔區、財經媒體及市場分析師持樂觀看法者仍佔多數，留在市場參與交易者，不管手中的股票是否已經套牢，他們總是樂觀的期待，市場不久的將來，將有另一次高點出現。

當投資人追高股價而慘遭套牢之後，總是滿懷希望，期待股票再度漲回原來的高點；但是，我們往往因專注於希望之上，因而忽視了事實。只因「希望」是「失望」的安定劑、止痛藥，可惜，它卻不是股價上漲的驅動力。過度的脫離現實的樂觀期待將降低股價下跌環境中的應變能力。

初步的挫折並不會斷送人們期待重溫甜美舊夢的企圖，除非持續的驚擾與打擊才會蘊育日益悲觀的種子。

因為手中已持有套牢中的股票，自己便滿心期待有朝一日，它的股價再度回升，而不願客觀評估事實情況，甚至加碼攤平買進更多股票，此乃股票投資之大忌。在最高價買進股票可能不是在股票市場賠錢的真正原因，真正原因可能是在套牢下跌的過程中，昧於事實，不願仔細重新評估，終致全程參與股票下跌過程，因而蒙受最大損失。

在此階段初期，公司內部人及其人頭戶，加上極少數精於技術分析、投機操作者，仍不計價的趁市場成交量仍維持於相對高檔之際，持續向市場賣出並供應籌碼；而價值型投資人此時已將持股降至很低的水平，但他們寧可花時間去度假，也不願多花一點時間在觀看市場盤勢的變化。這個階段是價值型投資人在股票市場多空循環中，最優閒的時光。

要想打破套牢後所產生過度希望現象的第一個反省動作，先問問自己：若從未買進此檔股票，是否願意現在就買進它？如果答案是否定的，那自己可能已犯了過度希望、不願面對事實的投資心理陷阱了。不要輕易相信，大戶或內部人出脫持股後不久，股市可能會迅速再度反彈回升。

7. G→H（心中忐忑）

此階段通常為夾雜著反彈波的主下跌波的起點，對高檔一路套牢下來的投資人而言，是殘酷之心理煎熬的開始。股票在下跌波擴大之後，因為短期賣壓的減輕，很容易出現快速的反彈波，讓持股比例較低的投資人加入搶反彈的行列。但對沒在反彈波及時搶進的投資人而言，心中卻始終充滿忐忑不安的心情，一方面，怕股價就此持續反彈，自己卻沒有掌握加碼攤平的良機，另一方面，又擔心股價是否將很快反彈結束，使自己陷入進退維谷之中。

當股價反彈波結束，又重新啟動新一波的下跌時，無論有沒有進場搶反彈波的投資人，均開始對股票市場產生逃避、畏縮的心理反應。因為套牢股票的數量及幅度均快速擴大，使其心理的痛苦程度亦同時加劇，但逃避心理卻使其不願面對市場現況，當然，就更不知如何採取適當的因應對策了。

隨行情下跌幅度的擴大，痛苦與沮喪交替地對投資人心理產失一種無以言喻的「懲罰作用」；金錢損失是一種看的見、算得出的懲罰，對自我能力與命運的否定，更是一種無形的詛咒。

不過，在潛意識的另一心理層面，由於人類與生俱來的逃避痛苦本能，因而開始在內心深處，產生抵抗作用，最直接的行為反應，乃在對股票行情報導、財經專業媒體的排斥、厭惡心理。投資人反應在行為上，對股票相關事物，漠不關心；但在內心深處，只要稍一觸動虧損紀錄，便讓人痛徹心扉。

在此階段的末期，大股東及內部人的賣出動作已屬零星且已接進尾聲；價值型投資人則已結束假期，再度默默地回到工作崗位，他們正持續努力不斷研究、分析、替企業的營運數據建檔、收集產業變動風向等資料中，緊盯績優公司電腦資料檔，做出隨時準備進場買進的動作。

8. H→A（恐懼罩頂）

此階段為股票空頭市場的加速趕底階段。手中股票呈現套牢的投資人，隨時間快速增加所導致的投資損失，不僅更加忐忑難安，心中更自然時時浮現股市續跌的恐怖景象，提醒自己繼續擴大的巨額損失將造成往後生活上的極大災難。恐懼心理早已籠罩四面八方，讓自己無法靜下心來客觀思考。

恐懼的心理讓我們忘掉熬過暗夜後就是天明時刻，幾乎把所有注意力集中在悲觀危險的思考方向，加上過去痛苦經驗與周遭環境的回饋效應，一般人很容易失去主見。危機感隨環境形成而加深，心理面的恐懼感也越嚴重，我們自認為最理智的決定，其實已完全被恐懼感所扭曲。

融資舉債買進股票的投資人，此時可能因無法提供更多交易保證金，而被迫斷頭停損、黯然退出市場；因套牢而被迫長期持有股票的投資人，則必須面臨因恐懼感逐日加重的心理壓力，這真是金錢損失外，局外人無法體會的人生苦難呀！

於此同時，以技術分析為專業核心的投機贏家仍不急於進場；但是，部分公司內部人及大股東已悄悄進場，買進自家公司股票；價值型投資人也開始進場買進股票，市場悲觀氣氛往往是低股價的另一面，而低股價卻又是價型投資人提高長期投資報酬率的重要法寶。當市場氣氛由恐懼凝聚成極度沮喪悲觀，並漸入半信半疑時，往往是股票絕佳的長期買進點正逐漸出現中。同時，股票市場多空循環力量也正慢慢扭轉，新的生命循環隨時可能再度展開。

由完整的股票市場多空循環中，各階段投資心理反應發現，價值型投資人於「公司內含價值線」以下區域，均為其買進股票的價格區間，且低於「公司內含價值線」幅度越大，買進動作越積極。

整體而言，價值型投資人買賣股票的時點，與公司內部人及大股東的買賣時點，有相當多的相近之處；前者以外部自由經營者的投資思考角度進行股票買賣，後者則以長期掌握經營權的內部經營者角度進行股票買賣。然而，若內部經營者以內線資訊的優勢，並透過非法人頭戶進行交易，以規避法令的管制，一般投資人在資訊取得上，將陷入明顯的弱勢交易地位。要突破不法內部人利用內部資訊優勢對投資人可能造成的不法掠奪傷害，投資人除了要以高度耐心進行投資行為外，對重要資訊的基本解讀能力，也是在股票市場中，險中求勝的必備條件。

公司內含價值線如何形成？

在股票市場，所謂公司絕對合理的價格自始便不存在，頂多存在市場一般認定的相對合理價格，或自己單獨認定且含主觀條件的合理價格。為使自己免於在股票市場投資買賣的過程，產生在市場氣氛轉熱、太高股價、市場實際危機四伏時，追高買進股票；或在市場氣氛悲觀、便宜股價出現、市場潛存獲利良機時，殺低賣出持股。一般投資人務必先確認自己本身的股票合理價格，並在符合嚴謹投資思考邏輯推論下，找出市場可以接受的相對合理價格區間。

在股票市場實務中，公司相對的合理價格區間，便以自我認定的股票合理價格為中心，上下波動；而此自我認定的股票合理價格中心線，就是「公司內含價值線」。在主客觀條件上，透過溶入市場總體經濟環境榮枯、投資標的物營運條件優劣、投資人自我風險偏好度高低等條件，可以

找出股票的相對合理價格區間，此區間便是介於「安全邊際線」與「風險偏好線」之間的區域。

但是，股票價格的波動並不會始終落在相對合理價區間。在多頭市場的末升段，因人性的極致貪婪，可能推高股價至難以置信的高度；在空頭市場，因人性的畏縮恐懼，也可能使短期股票價格掉入不可置信的深淵。這是股票價格的異常波動，但卻是股票市場運作的正常反應，也是已建立嚴謹投資思考邏輯信仰的投資者，獲得超額投資報酬的最有利時機。

每個人都有自己的公司內含價值線

當股票市價（P）剛好等於自我認定的股票相對合理價格時，即假設股價等於公司內含價值時，便可透過下式找出個人「公司內含價值線」。

$$\frac{會計 ROE}{(P/B)} = K = 外部股東實質報酬率 = 要求的預期報酬率$$

$$\frac{ROE}{K} = \frac{P}{B}$$

$$P = \frac{ROE}{K} \times B$$

P：股票市價

$$B：每股淨值 = \frac{股東權益總額}{股票發行總股數}$$

假設公司的每股淨值短期不變，則股票市價便由股東權益報酬率，與要求預期報酬率所決定；股東權益報酬率高低由個別投資標的之基本面優劣主導，要求的預期報酬率高低則決定於總體經濟面、投資標的物營運優劣、投資人自我風險偏好度等主客觀條件。

因此，可以將影響股票相對合理價格的眾多繁雜因素，先簡化為下面三大因素：

（1）目前及公司未來股東權益報酬率的變動趨勢。

（2）無風險利率的相對高低水準。

（3）個人對投資標的物的風險貼水（風險溢酬）高低。

透過解析公司的營運及財務資料，並充分了解每家公司的營運變化、投資及融資決策是否良窳合宜，經嚴謹的現金流量表細部邏輯分析，不僅可以一窺公司營運品質，也可推論出其未來營運可能的變化趨勢。並配合股東權益三大面向的拆解過程，更可以讓我們充分深入解構引起股東權益報酬率變化的核心引信，作為股票買賣決策的重要依據。這部分將在本書第三篇〈從財務軌跡找尋投資密碼〉，配合實例進行詳細敘明。

第二個因素，無風險利率（k1）在本書前面相關章節已敘明。大抵而言，其與總體經濟景氣的關係呈現下列情況：

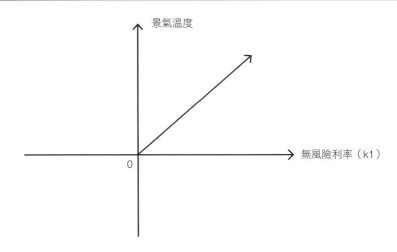

經濟景氣溫度與無風險利率關係圖

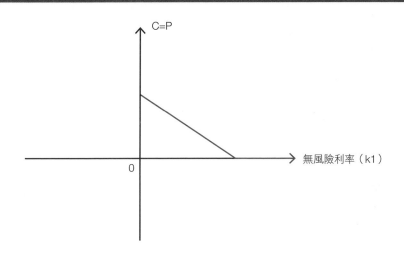

無風險利率（K1）與投入資本關係圖

C＝P

0

無風險利率（k1）

C ＝投入資本＝股票市價

對一個理性的風險趨避型投資人而言，當一項投資行為含有風險性因素在裡面時，其要求報酬率的最低限度，至少要在無風險利率之上。否則，大可不必冒著投資風險，卻達不到無風險的投資報酬率（如政府債券的債息殖利率）。但在股票市場，參與交易者因常受市場氣氛及本身投資貪婪心理左右，使其在股價走高接近相對高檔之際失去理性，買進股票，便可能造成要求的預期報酬率低於無風險利率的情況，使在高股價階段換算出無風險報酬率變成負數。對理性投資人而言，以低於無風險報酬率換

算出的相對偏高的股價買進股票，代表其願意用負的的風險貼水買進該特定股票，而該特定股票發行公司必需是營運高度成長、財務充分透明的公司，否則，便不符常理；反之，如果不是如此，則用低於無風險報酬率換算出的高股價價股票，將是冒高度投資風險的投機行為。精於投機的短線交易者，可能因其以培養足以穿透人性的操作能力，因此，在股票末升波段也常常可以看到他們的蹤跡。

第三個因素，風險貼水（k2）。它是對因承單風險性投資的投資人的額外報酬補貼，投資標的物的潛存投資風險越高，對理性投資而言，就應該要求更高的風險貼水報酬，其關係如下圖情況：

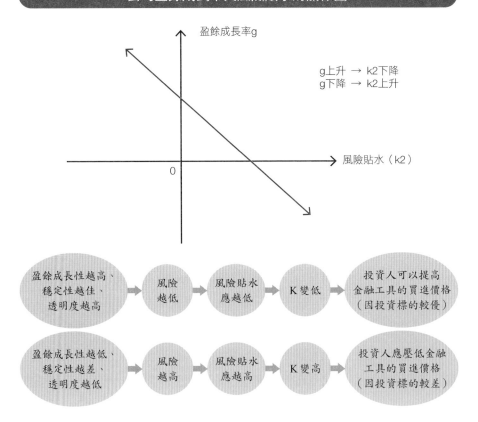

公司盈餘成長率與風險貼水的關係圖

從左圖可知理性投資人若能找到維持高盈餘成長、財務透明度高的公司，就可以用較高的股價買進股票；反之，對自己不了解、低盈餘成長、財務透明度低的公司，便應壓低股票買進價格。

公司內含價值線

如前的說明，每個人都有自己的內含公司價值線，他決定於上述所列的三大因素。以筆者個人而言，下列標準是我個人對公司內含價值線的評價基準：

無風險報酬率（k1）：美國十年期政府公債殖利率

最低要求報酬率（K）：無風險利率的兩倍＝k1＋k2＝2xk1

考量到投資股票市場的資金，在資金國際化流動暢通無阻，使國界障礙漸漸消失；加上美國在全球資本市場中，無論其經濟規模及市場胃納或流動性，均仍執世界之牛耳。因此，以流動性最高的美國十年期政府債券的債息殖利率為無風險利率的基準。

至於最低要求預期報酬率（K），因考量到直接金融市場，尤其是股票市場具較高的投資風險；因此，在未對個別投資標的物有深入研究、分析之前，要求最低預期報酬率為無風險利率的兩倍（即k1＝k2），以做為投資在股票資產的風險補償。

當預期公司未來的盈餘成長率超過一定的幅度時（例如20%或更高），便將k2等比例下調，則股票的買進價格才可以同比例的提高。

我的風險偏好臨界線

當風險貼水（k2）隨公司的盈餘成長率增幅而遞減時，k2逐漸往零遞減，最後，使K＝k1＋k2變成K＝k1，這時個人的公司內含價值線隨k2遞減，往左移動，最後使V1與V2重疊，B點與A點重疊，BV1線與

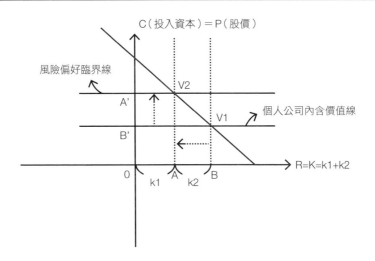

風險偏好線的形成過程圖

C（投入資本）＝P（股價）

風險偏好臨界線

V2

A'

V1

個人公司內含價值線

B'

0

k1　A　k2　B

R=K=k1+k2

AV2線完全重疊在一起，股票買進價格往上調高。此時個人的公司內含價值線便稱為風險偏好的臨界線。

　　在風險貼水等於零時，所形成的公司內含價值線，便稱為風險偏好的臨界線。在風險臨界線上進行股票投資的價值型投資人少之又少，因為，真正可以達到產業面高度盈餘成長，同時又在公司財務透明度上完美無瑕，甚至在公司治理上，亦讓人完全放心的公司，恐怕相當難尋。

安全邊際線

　　所謂安全邊際的定義，在羅伯特‧海格斯壯所著《勝券在握：華倫‧巴菲特的投資策略》（遠流出版）一書中，有下列描述：「葛拉漢推測如果股票的價格低於它的實值價值，則股票存在一個安全邊際。」「葛拉漢表示，投資有兩個法則：一、嚴禁損失；二、不要忘記第一個法則。這個「嚴禁損失」的哲學促使葛拉漢發展出兩種選擇股票的方法。在應用這兩個方法的時候，都要堅守安全邊際。

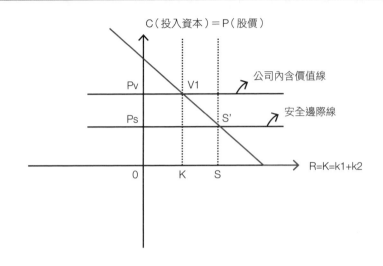

安全邊際線的形成過程圖

第一個方法是，以低於三分之二的淨資產價值，買進某一公司的股票；第二市將注意力集中在有較低本益本的股票上。」

葛拉漢所指的公司「真實價值」，在觀念上，與「公司內含價值」相當接近。在本質上，這個觀念並不難理解，當我們以低於公司內含價值線的價格買進公司股票時，在無風險利率不變下，投資股票的風險貼水自然提高。因此，也可以說，以越低於公司內含價值線幅度越大的價格買進公司的股票，投資股票的安全邊際便越大，投資風險也越低，也隱含投資的要求預期報酬率（K）越高。

與風險偏好線一樣，安全邊際線並無統一的客觀標準，它是因人而異的。加上市場投資交易心理的因素，常常使一般投資人在安全邊際越大時，越不敢進場買進股票。

雖然號稱「價值投資之父」的班傑明‧葛拉漢強調用低於公司淨資產價值的股價買進公司股票的重要性，但他也同時認為決定公司價值的最重要因素，應是公司未來的獲利能力。由此可知，公司價值及所謂的內含價

值，並非單純指公司的每股淨值的高低，而更重要的決定因素，在公司的獲力能力，尤其是創造未來現金流入的能力。

對價值型投資人而言，他們會衡量自身的財務能量，在不承擔過重的財務風險與心理壓力下，當股價下跌至低於公司內含價值線時，以分批買進股票的策略，緩步增加持股，並且隨安全邊際的加大而逐漸增加持股。在增加持股的過程中，價值型投資人並同時緊盯公司最新的營運變化，彈性調整公司的內含價值評價，而非一成不變地以原來評定的價格線來做為買賣投資決策。亦即說，當一檔股票符合價值型投資的評價外，價值型投資人也會盡量避開營運趨勢向下的股票，以高度耐心等待公司營運進入復甦期，以增加資金運用的時間效率，並拉大安全邊際區間。

貪婪極止線與恐懼崩潰線

前面內容已述及，當股票多頭市場進入末升階段，市場熱絡的氣氛讓一般投資人很難拒絕貪婪買進的誘惑，因而進行瘋狂追價；相對地，當股票空頭市場進入末跌段，一般投資人在飽嘗損失痛苦、心理面極度悲觀之際，亦很難抵擋市場及本身的悲觀及恐懼壓力，因而失去理性而殺低股票。

在大多頭市場中，只有強烈的投機氣氛及動能可以說明股價會像脫韁的野馬般狂奔，這是公開交易市場的必然現象。因投機氣氛激發出的股價最高點極難預測，除非您是技術分析高手，且確實獨立靠技術分析長期獲利者，否則，猜不到多頭市場股價的最高點，是極其自然的一件事。

但是一般投資人大都不願在多頭市場的末升段缺席，這由市場成交的相對大量，及代表一般投資人投機氣氛指標的市場融資餘額相對高點，總是出現在股票市場末升段，就可以得到印證。股市總是在樂極生悲中浮現波段高點，內部人及大股東則總是在躡手躡腳中，偷偷地從市場套現離場。

對所有的市場參與交易者而言，當股票價格明顯高過於公司相對合理

價值時，每人心中都有一條看不見的「貪婪極止線」；它可能每日在變、隨時在變，變得讓人難以了解與捉摸，甚至，連投資人本身都不知道自己的貪婪在何種程度上、或何時可以得到充分滿足？人性之難測由此可見一斑，加上貪婪的人性更是深如海、渺如天！

同樣的道理，當股價由高檔下跌過程，甚至跌破公司內含價值線後，未經嚴謹投資思考邏輯訓練的投資人，很難擺脫恐懼心理的糾纏。雖然，試圖降低痛苦的逃避防衛行為會自然形成，但並不會縮減心中恐懼盤踞的面積。對一般投資人而言，安全邊際線並不存在，他們直接面對的是不斷下探的個人「恐懼崩潰線」；它隨市場悲觀氣氛而不斷下移，但卻是有所極限的。當個人心理面承受壓力的最後防線失守時，「恐懼崩潰線」自然悄悄浮現開來。

在投資心理學上，有所謂的心理「增強作用」、「替代性增強作用」、「懲罰作用」、「替代性的懲罰作用」等四種投資心理型態。

投資人在股價相對高檔買進股票，並在股價自多頭市場反轉下跌的初期，不願認賠賣出股票的原因，主要係在心理上，其仍充塞著前些時候股價創新高的景況，這種最近期印象仍帶給投資人無窮的希望。心理「增強作用」與「替代性增強作用」，使投資人在股價末升段，勇於追高；「懲罰作用」則使投資人不計損失，失去理性地以低價賣出長期套牢的持股；「替代性的懲罰作用」則使在下跌波接近結束時，仍然空手的投資人，不敢貿然採取買進股票的動作。

透過理性、嚴謹的投資思考訓練，並精進分析、評價的方法技術，相互為用以建立高度紀律的投資信仰，可以幫助投資人，在多空轉折點出現或接近之際，穿透這些潛存於人性中的投資陷阱，使我們掙脫於股票市場淪為長期輸家的命運。唯有先從心理面，找出在投資上的人性盲點，投資人才可以真正踏上以財務能量為基石，堆疊而出的財務自由之路！

3

從財務軌跡找尋投資密碼

在第二篇，已從金融市場的構成圖，導引出直接金融市場有價證券的評價思考基礎，並透過介紹基礎的股票意涵，及剖析股票市場運作實務，以讓讀者了解股票交易與投資本質的差異。最後再從投資交易心理構面，切入股票投資交易成敗核心，讓股票多空循環過程中的變化演繹情形完整呈現；筆者試圖讓讀友從謎團漩渦的當事人中，先蛻變脫身成一個客觀的旁觀者。等卸下一身的沉重投資心理負擔，與認知束縛後，新的投資思考方向將牽引我們進入另一種層次的投資思考邏輯；透過正確的投資思考邏輯方法，思緒的方向將提攜投資人進一步走入投資信仰的殿堂。自此，建立信仰又肯用心的投資人，不必再於投資暗夜中，帶著恐懼踽踽獨行，也強化對潛存內心的貪婪心魔之抵抗力量。

接續第二篇內容，本篇內容將正式進入做成投資決策前的思考邏輯方法介紹，與投資分析等技術問題。內容將涵蓋決定投資標的物優劣的五大要素、資產負債表、損益表、現金流量表等三大財務報表的介紹與分析、現金流量表三大活動的邏輯分析、牽動股東權益報酬率高低之三大面向的邏輯分析等等。最後，再舉上市公司做為完整的評價案例，以讓讀者可以融會貫通全場，得到一個通盤完整的股票投資評價概念。

股票投資與評價

股票投資的五大關鍵因素

在篩選股票投資標的物上，要考慮下列五大關鍵因素：

1.經營者之操守與能力。

2.公司財務結構、獲利能力（產業特性與前景）與潛在價值（未來產生現金流量之能力）。

3.與公司有關之市場可能關注事件。

4.目前價格高或低。

5.目前價格與自己能夠承受之安全邊際。

這五大因素中，我喜歡以經營者的操守與能力擺在第一位，但沒有良好操守的經營者，有再好的經營管理能力也是枉然。

經營者的操守可以由下面幾點來衡量：第一，經營者過去對公司的營運是否言行一致？第二，經營者在公司治理上是否以外部股東權益為優先？第三，經營過的公司財務報表內容是否曾因透明度不足而遭質疑而無法合理澄清？第四、經營者是否喜歡好大喜功並圖謀關係人私利？第五、公司的會計盈餘與公司的長期股利政策是否相符？第六、經營者是否願意主動說明非商業機密性的公司營運數字？

上列問題的答案，否定數越多，對投資人而言，就是越嚴重的警訊。只有在第1項關鍵因素可以得到正面評價的公司，投資人才能將其納入其他因素的評估進程。

從五大關鍵因素涵蓋的細部範圍，我們也可以將其簡化為三大面向：

第一個面向：人的因素，如經營者的操守與能力、投資人的資訊解讀能力與投資紀律。

第二個面向：投資標的客觀條件因素，如經營成果的呈現與產業展望。

第三個面向：市場的因素，如股價高低與市場氣氛及相關題材變化。

這其中決定是否買進股票的最後決定因素是股價！

若有人告訴您，只要有好的經營者並選擇在對的產業趨勢上的公司，要您不要在意短期價格的高低，此時如果是在股價低檔，這個人可能是慈善家（市場少之又少）；若是在股價已大漲一段後，很抱歉，您可能是遇到市場老千或魔鬼了！再怎麼好的公司、好的產業，它的股價都不能漲上天，只有騙徒才會透過媒體告訴您，他自己早已在低檔買進股票或可轉換

公司債（往往是公司以特定人認購方式圖利特定人的工具）的公司有多好又多好，為的只是找轎夫與替死鬼。這些人天生就是股市叢林中的兀鷹與鬣狗，專挑弱勢族群或腐屍下手，受害者往往都是兼具無知與貪婪之善良投資人。可惜，政府與上帝會保護及庇佑善良的人，在股票市場，他們卻對兼具無知與貪婪的投資人，愛莫能助！

這些因素中，市場因素無法由投資人透過市場資訊收集與分析，而得到完整的變動性全貌。例如，對股價波動的預測、除自己外之其他投資人的心理變化、市場炒作題材的更迭等。但對客觀存在的條件因素，及牽涉經營者的言行等諸多因素，卻大部分可以透過精進解讀公開市場資訊及財務報告書的能力，推論出一個較完整的輪廓。最後，也是決定投資勝負最重要關鍵的因素，則是投資人自我的投資心理因素；能夠先認清除自我因素外，決定股票投資的其他關鍵因素後，離解開自我因素對股票投資的束縛也就為期不遠了，也可以大幅縮減我們踏上財務自由之路的距離。

一般學理上的股票評價

一般投資人之所以不斷於股票市場多空循環過程中，產生追高殺低的不理性投資行為，除因投資行為受人性的「貪婪」與「恐懼」所桎梏外，其最根本的成因，乃因投資人並不知道在何種股票價位，是偏高或偏低？在投資人心中對股價的感覺充其量只是一個交易價位。

因為在投資人心中，並未在股價與股票背後所代表的價值之間，建立起一個相對合理的連結關係，這使得市場氣氛及遭刻意營造出的錯誤市場資訊，喧賓奪主地成為主導股票買賣行為的主要力量。

投資失敗經驗的累積與反思，有時可以幫助投資人減少損失的次數；但是，當市場貪婪誘惑氣氛，或鬼魅罩頂的恐懼力量，經過人為裝飾與新環境的變遷改造，「這次會不一樣」的心理魔咒，往往就再度輕易的引導

我們踏入相同的損失深淵。

　　唯有建立並學習，股票相對評價的思考邏輯與實務方法，才能幫助我們認清過去錯誤的投資心理，是如何阻斷通往正確投資思考道路的進程；而當投資報酬正向回饋效應在心中產生強化作用之後，我們在投資道路上的投資信仰於焉慢慢建立。建立投資信仰者，才能在市場被人性極端氣氛所環繞下，勇於本諸信仰，做出理性正確的長期投資決策。

　　在學理上，有關股票評價的方法有下列幾種，但在應用上，不是過度簡化粗糙，就是偏向複雜而失掉實用性。為了解股票評價的學理基礎，下面舉出常見的幾種進行說明。最後，再導入筆者常用之較簡易實用並符合嚴謹學理的股東權益報酬率與股價淨值比綜合分析評價法。

股利折現模型

　　（1）股利零成長：

$$P = \frac{D}{K}$$

P：股票價格

D：每股現金股利

K：最低要求報酬率

　　這個股票評價方式，就如在第二篇所提的例子一樣，當一家公司每年的獲利固定不變，且全數以現金股利發放予股東時，在公司永續營運的假設下，以每年最低要求報酬率為現金股利的永續貼現因子，便可以輕易推估出，應該以什麼樣的價格買進公司的股票。這就像投資一幢房子，假設房屋並不想進行買賣交易，而純以收取房租為考量，便可以用每年房租收入除以要求的最低租金回報率，得出投資此幢房子最高可以承擔的買進成本，高過此投資成本的房屋買進價格，對投資者將是不利的。

當然，在公開交易市場中的股票，其每年的股利可能會上上下下波動，使投資人難以捉摸；加上股價隨報價系統快速跳動，使得帳面資產產生利得或損失常常讓人心驚顫，大部分投資人早就忘記，股票投資的原始回報其實就是股利收入，而非短期交易價格。

（2）股利固定成長：

$$P = \frac{D（1+g）}{（K-g）}$$

盈餘成長率（g）

＝股利每年成長率

＝再投資率（％）×ROE

$$= \frac{當期盈餘-現金股息}{當期盈餘} \times 股東權益報酬率（ROE）$$

$$再投資率 = \frac{當期盈餘-現金股息}{當期盈餘}$$

$$股東權益報酬率（ROE） = \frac{稅後盈餘}{股東權益}$$

這個股票評價方式與前面「股利零成長模型」最大的差異在加入公司股利的成長因素。一家公司的營運軌跡不會固定原地不動，無論內部經營者或外部股東，都希望自己所經營或買進股票的公司，它的獲利可以不斷穩定成長。因為，盈餘的成長性對股票的價值增長是一項非常重要的因子，也是所有股票投資人關注的焦點。公司每年的盈餘若能維持高度成長，則其股票價格必可水漲船高，由此可見，盈餘成長性對股票價值評價的重要性。

這個評價模型,除延續前面的「股利零成長模型」基本因子外,加入每年盈餘成長率(g)因子,並假設每年成長率固定在g不變,則透過簡單的等比級數及貼現因子推演(推導過程請參見坊間投資學有關教科書,因不是本書陳述之重點,略過處理),就可得出此簡單的評價模式。但此「股利固定成長」評價模型卻存有下列問題:第一,如同「股利零成長模型」股利不可能永遠零成長,但也不會永遠以一固定比例(g)成長。第二,當公司盈餘成長率(g)大於最低要求報酬率(K),此評價模型便難以運作。

雖然,此評價模型存有這兩項在實務上難以克服的難題,但此模型卻進一步點出影響股票價值評價的三個重要因子,一是公司的盈餘成長性,二是公司盈餘的再投資率,三是公司的股東權益報酬率(ROE)。而公司的盈餘成長率又是受盈餘的再投資率與股東權益報酬率高低所左右,再投資率與股東權益報酬率都是攸關股票價值的重要因子,這部分在本書後面內容將再詳細配合實例進行說明。

(3)非固定股利成長:

這個股票評價方式與前面「股利固定成長」評價模型最大的差異,在於此模型不再假設公司盈餘是以固定的成長率(g)成長,而是配合公司生命週期,分別以不同成長率計算股利,並分階段進行折現。

在這個評價模型中,假設條件又多了一項企業營運的生命週期,這可以延長到公司的歷年營運期間,也可以縮短到一個產業的榮枯興衰。但是,對一般投資人而言,了解特定產業已具相當困難度,更不用說要預測產業或公司企業的生命週期。顯然,這個模型雖具學理上的嚴謹性,但卻缺乏實務應用上的實用性。

此模型雖因存在實務應用上的高度複雜性,而使其實用價值大打折扣。但是,它導入產業的景氣循環因子,則是形成股票投資決策的重要參考依據。

以上三個以股利折現為股票評價基礎的模型，在假設條件及實務應用上，都有其缺點及侷限性。但是，綜合整理三個評價模型，就可以發覺以股利折現為基礎的評價模式，已將影響股票價值的重要因子都涵蓋在裡面了。這些因子就是：公司盈餘（股利）、盈餘成長率、再投資率、股東權益報酬率（ROE）、產業景氣展望等客觀因素，加上投資人本身要求的最低要求報酬率（K）的主觀因素。

市場比較法

（1）本益比法：

$$本益比 = \frac{股價}{普通股每股稅後盈餘}$$

$$股價 = 本益比 \times 普通股每股稅後盈餘$$

這個方法是一般投資人最喜歡且常用的股票評價方法，甚至不少所謂專業財經媒體，也常常使用這個簡單易懂的股票評價方法，對股價高低發表看似專業客觀的長篇評論。因為目前於市場取得公司每股盈餘資訊的途徑拜網路資訊發達而變得相當普遍又容易，一般投資人更加喜歡以本益比法來評定公司股價高低的合理性。

本益比法雖具備簡單易懂的特性，但是，它卻存在不少股票價值評價上的缺點，說明如下：

第一，不同產業或不同股本，甚至獲利能力不同的公司，本益比要用幾倍，這個評價模型無法清楚交代區隔標準。

第二，以普通股的每股稅後盈餘倍數評定股票價格，忽視了隱藏於會計盈餘後面的公司盈餘品質及盈餘虛增問題，也沒有考慮潛在衍生性股權工具，例如，私募股權、可轉換公司債、員工認股權、員工分紅以盈餘分

配處理等問題,對股東可享有的每股稅後盈餘分配權利的嚴重侵蝕效果。

對於第一個本益比法評價缺點,市場本來就已莫衷一是,加上第二個缺點,又使本益比法直接應用在股票價值的評價上,更具危險性。應用本益比法的股票價值評價方式,是一種重要且簡易的基本投資邏輯思考方法。但若是無法對會計每股盈餘做深度的解析,就直接拿會計帳上結算出的普通股每股稅後盈餘為基數,做為股票價值的評定依據,就好像吃下未經合格廚師烹煮的刺河豚一樣,乍看初嘗均屬美味,但等發覺身體不適的時候,恐怕將已是極為危險又棘手的生死交關問題了。

本益本法在投資思考邏輯上,不失其簡易與嚴謹性;但在股票投資的實際應用上,卻必須再從其他面向切入並進行解析,才能看到形成公司盈餘的完整全貌。具備較佳盈餘品質的公司才可以享有較高的本益比倍數,投資人在買進該公司的股票後,未來才能有較高的投資回報率。(盈餘品質問題將於本書其他章節深入探討,並配合實例進行說明)

(2)股價淨值比法:

$$股價淨值比 = \frac{股價}{普通股每股淨值}$$

$$股價 = 股價淨值比 \times 普通股每股淨值$$

所謂普通股每股淨值是以公司總資產減掉公司的總負債的餘額,即一般所稱的股東權益淨額,也叫公司淨值,除以公司發行流通在外的普通股股數,所得到的數字就是普通股每股淨值。公司淨值代表公司股東投資的歷史會計成本。

$$股東權益＝淨值＝總資產－總負債$$

$$普通股每股淨值＝\frac{股東權益}{發行流通在外的普通股股數}$$

這個方法認為股票價值決定於，股價淨值比與普股每股淨值的乘積，也就是主張公司價值應是歷史會計成本的一定倍數。按此說法，則若能找出一家公司合理的股價淨值比，則股票價值的評價便迎刃而解。只可惜，與本益比法一樣，此方法也存有下面的缺點：

第一，不同產業或不同股本，甚至獲利能力不同的公司，應該使用幾倍的股價淨值比，這個評價模型無法清楚交代區隔標準。

第二，公司淨值乃總產減總負債後的餘額，也是股東投資的歷史會計成本，以一家公司的歷史會計成本的高低直接來決定公司價值，而不問公司運用資產所能創造盈餘或現金收入的能力，恐怕將顯得十分可笑。

但是，從學者的實證研究中，又發現低股價淨值比的股票，其投資報酬率明顯優於市場平均報酬率；並同時發現，以低股價淨值比為選股核心準則的一籃子股票投資組合，其投資報酬率也優於高股價淨值比的股票投資組合。此顯示，從為數眾多的低股價淨值比股票中，選出投資報酬率較高股票的機會較大，確實是存在的。

由股利折現模型知道影響公司股票價值的主要因子有：公司盈餘（股利）、盈餘成長率、再投資率、股東權益報酬率（ROE）、產業景氣展望等客觀因素，加上投資人本身要求的最低要求報酬率（K）的主觀因素。此顯示，公司的獲利能力、產業前景、管理者的投決策都是影響公司股票價值的重要決定因子。

細心的讀者可以發現，股利折現評價模型與股價淨值比評價模型之間，存在兩個共同關連性因子，即股東權益報酬率與每股淨值。

$$
\begin{aligned}
&\text{股東權益報酬率（ROE）}\\[4pt]
&= \frac{\text{稅後盈餘}}{\text{股東權益}}\\[8pt]
&= \frac{（\text{稅後盈餘／普通股發行流通在外股數}）}{（\text{股東權益／普通股發行流通在外股數}）}\\[8pt]
&= \frac{\text{每股會計盈餘}}{\text{普通股每股淨值}}
\end{aligned}
$$

每股會計盈餘是股利折現評價模型的主要動因來源,而透過每股淨值所可享有的會計盈餘回報率,即股東權益報酬率(ROE),就可以讓這兩個股票價值評價模型取得連結。

$$
\text{股價}＝\text{股價淨值比}\times\text{普通股每股淨值}＝\text{股價淨值比}\times\frac{\text{EPS}}{\text{ROE}}
$$

假設股價與與每股會計盈餘是已經確定的數字,則產生下面的邏輯關係:

由此推論,可以看到,當加入股東權益報酬率的觀念後,普通股每股淨值不再只是一個生硬且沒有意義的會計成本數字,它的價值來自於淨值的回報率(即股東權益報酬率)的高低:公司的淨值回報率越高,公司的股價淨值比越高;公司的淨值回報率越低,公司的股價淨值比也越低。

2011~2014年股東權益報酬率均高於20% 且 2015年首季稅後淨利持續成長公司

股票名稱	收盤（元）＝P (2015/05/29)	股東權益報酬率（%）－2014年度＝R1	2014年Q2~2015年Q1股東權益報酬率（%）＝R2	2014年Q2~2015年Q1股東權益報酬率增減平滑增減＝R2-R1	2015年Q1股東權益報酬率趨勢	2015年Q1稅後淨利年成長率(YoY)(%)	2015年Q1每股淨值（元）＝B	股價淨值比＝P/B	2014年Q2~2015年Q1合計EPS（元）	2014年Q2~2015年Q1週利本益比（倍）
8044 網家	448	31.73	34.27	2.54	提高	28.15	26.81	16.7	8.47	52.9
2330 台積電	146	27.86	29.18	1.32	提高	65.02	43.34	3.4	11.38	12.8
3558 神準	266	30.08	30.82	0.74	提高	52.36	48.92	5.4	13.94	19.1
5289 宜鼎	111	27.82	28.22	0.4	提高	19.14	34.58	3.2	9.03	12.3
1477 聚陽	264	25.17	25.42	0.25	提高	30.84	45.9	5.8	10.35	25.5
6146 耕興	193	29.73	29.84	0.11	提高	44.79	29.48	6.5	8.15	23.7
6224 聚鼎	79.4	21.08	20.81	-0.27	下降	15.71	25.5	3.1	5.18	15.3
6286 立錡	181	21.55	21.11	-0.44	下降	10.67	51.12	3.5	10.34	17.5
8422 可寧衛	191	22.72	21.78	-0.94	下降	7.01	44.91	4.3	9.61	19.9
2395 研華	247.5	23.51	22.5	-1.01	下降	4.71	36.86	6.7	8.07	30.7
3008 大立光	3420	50.72	49.62	-1.1	下降	46.92	376.97	9.1	155.4	22.0
8299 群聯	297	20.96	19.3	-1.66	下降	15.39	99.26	3.0	17.9	16.6
1476 儒鴻	452	34.15	32.1	-2.05	下降	6.05	38.88	11.6	11.77	38.4
2707 晶華	288.5	31.89	29.57	-2.32	下降	0.86	33.76	8.5	9.85	29.3
1707 葡萄王	189	39.97	31.43	-8.54	下降	22.19	25.39	7.4	7.57	25.0

資料來源：Money DJ

2011～2014年股東權益報酬率均低於10%的公司

股票名稱	收盤（元）=P (2015/05/29)	股東權益報酬率(%) ~2014年度 =R1	2014年Q2~2015年Q1 股東權益報酬率(%) =R2	2014年Q2~2015年Q1 股東權益報酬率增減 率平滑遞減 =R2-R1	2015年Q1 股東權益報酬率趨勢	2015年Q1 每股淨值（元）=B	股價淨值比 =P/B	2014年Q2~2015年Q1 合計EPS（元）	2014年Q2~2015年Q1 獲利本益比（倍）
3622洋華	15.7	−23.82	−24.65	−0.83	下降	43.15	0.4	−12.06	−1.3
1605華新	7.94	3.97	3.66	−0.31	下降	17.55	0.5	0.63	12.6
2371大同	7.13	−4.81	−2.34	2.47	提高	14.78	0.5	−0.35	−20.4
1609大亞	6.15	0.71	−0.21	−0.92	下降	12.72	0.5	−0.03	−205.0
8105凌巨	9.01	1.21	−0.36	−1.57	下降	16.34	0.6	−0.06	−150.2
2023燁輝	9.1	3.25	5.45	2.2	提高	16.5	0.6	0.88	10.3
3050鈺德	7.14	−2.85	−2.58	0.27	提高	12.92	0.6	−0.34	−21.0
2515中工	7.91	2.72	12.09	9.37	提高	14.19	0.6	1.63	4.9
2380虹光	8.96	−2.39	−3.62	−1.23	下降	16.03	0.6	−0.59	−15.2
2022聚亨	5.26	0.24	−2.39	−2.63	下降	9.18	0.6	−0.22	−23.9
2363矽統	7.7	−1.54	−1.12	0.42	提高	13.22	0.6	−0.14	−55.0
5491連展	8.93	1.01	−1.51	−2.52	下降	15.27	0.6	−0.23	−38.8
3514昱晶	18.1	−2.93	−7.13	−4.2	下降	30.55	0.6	−2.26	−8.0
2504國產	10	3.65	3.37	−0.28	下降	16.23	0.6	0.54	18.5
2836高雄銀	9.6	4.62	4.84	0.22	提高	15.53	0.6	0.74	13.0
6125廣運	13	3.67	1.07	−2.6	下降	20.37	0.6	0.22	59.1
1616億泰	6.49	−11.44	15.48	26.92	提高	10.16	0.6	1.46	4.4

121

2011～2014年股東權益報酬率均低於10%的公司

（續）

股票名稱	收盤（元）=P (2015/05/29)	股東權益報酬率(%) 一2014年度 =R1	2014年Q2~2015年Q1 股東權益報酬率(%) =R2	2014年Q2~2015年Q1 股東權益報酬率增減 =R2-R1	2015年Q1 股東權益報酬趨勢	2015年Q1 每股淨值（元）=B	股價淨值比 =P/B	2014年Q2~2015年Q1 合計EPS（元）	2014年Q2~2015年Q1 獲利本益比（倍）
1471 首利	8.25	-2.96	-4.5	-1.54	下降	12.76	0.6	-0.58	-14.2
2481 強茂	12.4	-0.12	1.45	1.57	提高	18.71	0.7	0.27	45.9
8163 達方	18.55	0.89	2.72	1.83	提高	27.95	0.7	0.75	24.7
2492 華新科	14.6	4.14	5.17	1.03	提高	21.18	0.7	1.05	13.9
1905 華紙	10.15	0.06	1.29	1.23	提高	14.18	0.7	0.18	56.4
8925 偉盟	7.2	-1.4	-0.68	0.72	提高	10	0.7	-0.07	-102.9
1514 亞力	9.8	4.14	4	-0.14	下降	13.55	0.7	0.54	18.1
1217 愛之味	7.85	-6.47	-5.3	1.17	提高	10.78	0.7	-0.59	-13.3
3686 達能	10.3	-11.58	-11.14	0.44	提高	13.94	0.7	-1.67	-6.2
1449 佳和	6.76	-0.5	8.45	8.95	提高	9.14	0.7	0.46	14.7
5210 寶碩	9.01	2.63	1.85	-0.78	下降	12	0.8	0.22	41.0
6182 合晶	12.05	-12.21	-10.37	1.84	提高	15.91	0.8	-1.82	-6.6
1457 且進	10.9	2.43	5.05	2.62	提高	14.3	0.8	0.72	15.1
2607 榮運	16.7	3.29	3.63	0.34	提高	19.86	0.8	0.7	23.9
5498 凱崴	9.37	1.35	1.55	0.2	提高	11.13	0.8	0.17	55.1
3561 昇陽科	18.3	1.97	-1.83	-3.8	下降	21.63	0.8	-0.41	-44.6
2353 宏碁	18.35	3.06	3.23	0.17	提高	20.97	0.9	0.7	26.2

2011～2014年股東權益報酬率均低於10%的公司 （續）

股票名稱	收盤（元）=P (2015/05/29)	股東權益報酬率(%) 一2014年度 =R1	2014年Q2~2015年Q1 股東權益報酬率(%) =R2	2014年Q2~2015年Q1 股東權益報酬率增減率平滑消減 =R2-R1	2015年Q1 股東權益報酬報酬率趨勢	2015年Q1 每股淨值（元）=B	股價淨值比 =P/B	2014年Q2~2015年Q1 合計EPS（元）	2014年Q2~2015年Q1 獲利本益比（倍）
9919 康那香	13.85	-0.14	1.61	1.75	提高	15.59	0.9	0.25	55.4
3519 綠能	15.85	-24.69	-29.71	-5.02	下降	17.67	0.9	-6.18	-2.6
2448 晶電	49.5	3.32	6.6	3.28	提高	53.77	0.9	3.6	13.8
6022 大眾證	12	4.2	2.24	-1.96	下降	12.93	0.9	0.29	41.4
3494 誠研	12.75	3.17	2.78	-0.39	下降	13.66	0.9	0.38	33.6
5521 工信	10.9	-3.8	-3.58	0.22	提高	11.62	0.9	-0.43	-25.3
2614 東森	9.12	-38.46	-32.07	6.39	提高	9.46	1.0	-3.71	-2.5
2413 環科	15.05	2.81	4.29	1.48	提高	15.57	1.0	0.66	22.8
2603 長榮	17.65	3.29	7.36	4.07	提高	18.09	1.0	1.26	14.0
1110 東泥	15.3	1.62	1.24	-0.38	下降	15.65	1.0	0.19	80.5
1802 台玻	19.25	-0.63	0.55	1.18	提高	19.65	1.0	0.11	175.0
3059 華晶科	35.2	2.82	1.99	-0.83	下降	36.43	1.0	0.58	60.7
3576 新日光	24.15	1.19	-3.25	-4.44	下降	24.23	1.0	-0.82	-29.5
2609 陽明	12.45	1.55	6.83	5.28	提高	11.88	1.0	0.69	18.0
6127 九豪	14.15	0.41	2.7	2.29	提高	13.42	1.1	0.35	40.4
3019 亞光	41.35	-1.33	-1.99	-0.66	下降	38.95	1.1	-0.77	-53.7
1440 南紡	16.65	1.47	2.2	0.73	提高	15.31	1.1	0.34	49.0

2011～2014年股東權益報酬率均低於10%的公司

股票名稱	收盤（元）=P (2015/05/29)	股東權益報酬率(%) ~2014年度 =R1	2014年Q2~2015年Q1股東權益報酬率(%) =R2	2014年Q2~2015年Q1股東權益報酬率平滑增減 =R2-R1	2015年Q1股東權益報酬率趨勢	2015年Q1每股淨值（元）=B	股價淨值比 =P/B	2014年Q2~2015年Q1合計EPS（元）	2014年Q2~2015年Q1獲利本益比（倍）
3031 佰鴻	15.5	0.53	3.65	3.12	提高	14.15	1.1	0.51	30.4
4944 兆遠	20.1	1.23	-2.96	-4.19	下降	18	1.1	-0.54	-37.2
2014 中鴻	6.28	2.31	-16.4	-18.71	下降	5.29	1.2	-0.94	-6.7
6244 茂迪	36.4	-7.73	-12.59	-4.86	下降	28.53	1.3	-3.87	-9.4
8085 福華	10.2	0.86	-0.93	-1.79	下降	7.71	1.3	-0.07	-145.7
6235 華孚	10.8	-15.13	-12.57	2.56	提高	7.65	1.4	-1.01	-10.7
1732 毛寶	15.25	-2.25	-3.24	-0.99	下降	10.61	1.4	-0.35	-43.6
8033 雷虎	11.5	-20	-21.63	-1.63	下降	7.88	1.5	-1.81	-6.4
3452 益通	14.1	-10.37	-11.45	-1.08	下降	9.53	1.5	-1.16	-12.2
3499 環天科	17.15	-6.48	-2.12	4.36	提高	11.56	1.5	-0.25	-68.6
1566 捷邦	26.75	1.29	4.56	3.27	提高	17.95	1.5	0.87	30.7
4142 國光生	26.1	-16.04	-16.75	-0.71	下降	17.42	1.5	-2.93	-8.9
1463 強盛	18.3	2.8	6	3.2	提高	12.05	1.5	0.72	25.4
2610 華航	15	-1.16	7.61	8.77	提高	9.77	1.5	0.73	20.5

資料來源：Money DJ

　　第120頁的表中所列公司的ROE都是連續四年以上達20%的高獲利公司，股價除聚鼎低於百元外，其餘均高於100元以上，其中大立光更高達3420元，表列公司的股價淨值比也都高於3倍以上。當股東權益報酬率趨勢處於提高之際，其股價相對偏向樂觀預期。此顯示，當公司的股東權益報酬率越高，則其股價淨值比絕大部分就會較高，股價自然也可以較高。

　　而第121～124頁表中所列公司的ROE都是在10%以下的低獲利公司，股價絕大部分都屬於低價股，而其股價淨值比更不乏低於一倍以下的公司。此顯示，當公司的股東權益報酬率越低，則其股價淨值比就會較低，股價自然也無法有很好的表現。

　　這些公司的股價要有所表現只有兩種思考，第一，公司營運有無轉機可能？第二，公司的清算價值或賣斷價值是否可以高於目前的股票總市價？如果答案都是否定的，想要長期投資的投資人最好遠離這些公司。

　　（3）股價營收比法：

$$股價營收比 = \frac{股價}{每股營收}$$

$$股價 = 股價營收比 \times 每股營收$$

　　每股營收指的是在特定期間內（通常為一年），公司的總營業收入除以發行流通在外的股數。從這個數字可以看出一家公司在特定期間內，其本業營運動能的強弱；每股營收越高的公司，表示其營運動能越強，反之，則較弱。

　　但是每股營收越高，並不代表公司的獲利一定會越高，因此，每股營收的高低，有時與股價的高低並無法存在穩定的正向關係。在西元2000年前後，美國就有相當多所謂「達康（.com）」的網路公司，因在營運初

期，並無法產生正的現金流入或會計盈餘，但股價卻老早就漲翻天，這使得以本益比為首的相關股票評價觀念毫無用武之地。因此，當時市場的證券分析師就習慣以每股營收的高低來衡量股價的合理性；但是，在美國科技泡沫破滅後，網路公司股價一路狂跌，市場才真正發現，一家可以產生高額營收的公司，並不是公司獲利的保證，更不會成為股價漲跌的唯一重要條件。營收的高低只是評價公司營運基本面的起點，起點相當重要應無疑問，但能安全到達目的地顯然更是重要。

　　第125頁的表所列的公司是台股中每股營收排名在前26名的公司，每股營收都高達150元以上，甚至超過300元，但每股營收排名前十名的公司之中，就有四家每股股價是不到50元的低價股，本益比超過15倍、股價淨值比超過二倍的公司，在十家之中亦僅有大立光、雄獅等二家。顯然，每股營收的高低並無法證明公司的股價就會有不錯的表現，在每股營收的背後，公司營收所能創造來自營運的淨現金流入，才是真正決定股價高低的重要因素。有關公司營收變化分析與股價的關連性，將在損益表分析重點中再詳細說明。

自由現金流量折現法

自由現金流量（FCF）＝來自營運活動之現金流量－必要之資本支出

公司價值＝$\sum_{t=1} \dfrac{FCF(t)}{(1+WACC)^t}$　　　WACC：公司資金的加權平均成本

股東權益價值＝公司價值－負債價值

普通股每股價值＝$\dfrac{股東權益價值}{普通股流通在外股數}$

　　自由現金流量（Free Cash Flow）的觀念，乃指一家公司在營運的過程中，其從本業為主的營運活動中所產生的現金流入，經扣除維持正常營

台股每股年營收達150元以上的公司

股票名稱	收盤 (2015/05/29)	每股營收（元） （2014年5月～ 2015年4月）	每股營收 排名	2015年Q1 每股淨值 （元）(B)	股價 淨值比 （倍）	本益比 （倍）
2357 華碩	302	642.7	1	233.4	1.3	11.94
4938 和碩	91.6	429.7	2	55.34	1.7	13.1
3048 益登	28.55	396.5	3	16.72	1.7	10.2
3008 大立光	3420	377.1	4	376.97	9.1	22.01
3673F–TPK	204	371.8	5	132.76	1.5	N/A
2317 鴻海	99.1	297.6	6	63.96	1.5	10.37
2905 三商	20.05	293	7	19.8	1.0	6.8
3036 文曄	47.25	281.5	8	41.19	1.1	9.72
3702 大聯大	39.55	277.7	9	27.68	1.4	11.27
2731 雄獅	162	271.5	10	31.62	5.1	26.05
3231 緯創	25.2	251.6	11	28.11	0.9	15.75
8044 網家	448	242.9	12	26.81	16.7	53.59
2382 廣達	77.9	235.8	13	35.17	2.2	16.79
8070 長華	101.5	226.8	14	64.33	1.6	17.26
2498 宏達電	103	226.8	15	96.24	1.1	22.89
6121 新普	141.5	207	16	68.25	2.1	12.88
8112 至上	15.6	203.3	17	17.67	0.9	15
2347 聯強	45.55	202.9	18	28.27	1.6	13.93
2912 統一超	222	200.4	19	27.47	8.1	28.07
2324 仁寶	25.4	196.3	20	23.35	1.1	9.84
3691 碩禾	577	179.8	21	86.97	6.6	23.58
2392 正崴	61.1	176.3	22	50.44	1.2	17.71
8299 群聯	297	172.3	23	99.26	3.0	17.68
3211 順達	73.5	163	24	52.41	1.4	13.64
9921 巨大	261	161.4	25	52.83	4.9	24.48
2514 龍邦	23.8	152.2	26	13.92	1.7	17.63

資料來源：Money DJ　　資料整理：鉅豐財經資訊

運所需的資本支出後，可以積存在公司內部的資金。投資人之所以願意花錢買入一家公司的股票當一位股票投資人，無非期待公司在營運獲利後，能將部分的盈餘以股利方式回饋給出錢投資的股東。

　　但是，一家公司是否有能力配發現金股利給股東，往往並不是決定於公司的會計帳是否有盈餘產生，而是決定於公司在營運過程中，是否能真正產生穩定的現金流入；一家可以產生會計盈餘的公司並不一定有正向的現金流入，在扣除維持營運的資本支出後，甚至可能變成一家長期營運資金短缺的公司，若遇到產業景氣循環下滑的階段，最後甚至可能成為財務結構惡化的地雷公司。

　　從長期現金流量的觀點來看，一家公司的真正價值來自其在未來營運年度中，可以替股東創造出來的現金流量，此現金流量經以運用資產於營運活動的資金成本為折現因子（類似使用資金所應負擔的資金成本），所折現出來的現值，代表一家公司的目前價值。即公司所可創造出的未來自由現金流量的折現值。

　　一家公司所可運用的總資產，按本書第二篇所提的「機會成本」觀念，可以將總資產來源區分為兩大類，第一類資產來為股東自有資金部分（即股東權益部分），第二類資產為來自外部融資部分。第一類資產的機會成本含自有資金投入直接金融市場的「無風險利率」（k1），再加上「風險貼水」（k2），即 K 值，第二類資產的機會成本則以外部融資的實際成本計算，如銀行借款成本（舉債利率）。

$$WACC = \frac{股東權益總額}{總資產} \times K + \frac{負債總額}{總資產} \times R(d)$$

WACC：公司資金的加權平均成本

R（d）：外部融資利率

以加權平均資金成本為折現因子，算出公司的總價值，再扣掉公司的負債後，就變成公司的股東權益價值，也就可以算出普通股的每股價值。

自由現金流量折現評價法雖是更嚴謹的股票評價方法，但其仍存一些問題：

第一、公司的未來自由現金流量要如何估算，對專業的證券分析者已屬不易，更遑論是一般的投資人。

第二、股東權益的資金成本，即投資人最低要求報酬率（K），並非一個標準定數，仍必須由總體經濟環境與個別標的物條件優劣，進行解析，方能找出較客觀的標準。

2009～2013年高負債比率且低自由現金流量公司

股票名稱	收盤(2015/03/06)	2009-2013年平均現金股利（元）	2014年Q3負債比率（%）	2006~2013年合併報表來自營運活動現金流量正（負）數	2006~2013年合併報表自由現金流量正（負）數	股本來自現金增資比率（%）
1613台一	5.39	0	88.00%	負數	負數	56.94%
1718中纖	10.8	0	91.38%	正數	負數	63.67%
2030彰源	13.2	0	70.92%	負數	負數	31.58%
2312金寶	14.9	0.06	64.18%	正數	負數	10.72%
2368金像電	21.15	0.03	69.91%	正數	負數	23.76%
2371大同	8.65	0	69.08%	正數	負數	36.62%
2408南亞科	78.9	0	67.29%	負數	負數	97.12%
3095及成	16.65	0	82.22%	正數	負數	59.66%
4729熒茂	22	0	79.14%	負數	負數	88.78%
6107華美	102.5	0	64.04%	負數	負數	53.60%
6259百徽	24.6	0	63.64%	負數	負數	84.23%
8085福華	11.3	0	65.65%	正數	負數	48.19%
8101華冠	12.5	0.06	74.94%	正數	負數	74.10%
8215明基材	31.95	0.07	64.68%	正數	負數	54.14%

資料來源：Money DJ　資料整理：鉅豐財經資訊

自由現金流量折現評價法，在實務運應上雖不是相當簡便，但它卻引導出一個重要觀念，即公司的真實價值來自公司創造自由現金流量的能力。這個創造自由現金流量的能力，又與本書即將提到的現金流量表、公司盈餘品質分析有高度關連性，在股票價值評價過程中，其重要性更是不言可諭。

第129頁的表所列公司都是自2006年至2013年累計五年無法產生自由現金流量的公司，這些公司的財務結構若不是逐年轉弱，便是不斷向股東進行資本性增資，或是進行股本減資再增資。因此，其負債比率呈現逐年上升、自有資本比率則逐年下降，或是股本形成中，來自現金增資的比率持續逐年提高。投資人若長期持有這類公司，可能無法分配到任何公司股利，甚至可能要不斷掏出口袋裡的現金幫公司解困。聰明的投資人，最好避開此類公司。

股東權益報酬率與股價淨值比綜合評價法

由篩選股票投資標的五大關鍵因素，到學理上對股票價值評價的各種模型的解析，相信大家對影響股票價值的因素及評價方法已有完整的認識。但是，對非證券投資及財務管理領域的投資人而言，在各種影響因素及評價方法中，可能仍希望有更簡潔且完整的方法，可以提供合乎嚴謹投資思考邏輯，但又不失簡單明瞭的分析評價方法。接下來，就從財務分析的路徑，帶大家以化繁為簡的方法，解開股票價值評價的層層枷鎖。

前面內容已提過，從五大篩選股票關鍵因素涵蓋的細部範圍，我們也可以將其簡化為三大面向：第一個面向，人的因素，如經營者的操守與能力、投資人的資訊解讀能力與投資紀律；第二個面向，投資標的客觀條件因素，如經營成果的呈現與產業展望；第三個面向，市場的因素，如股價高低與市場氣氛及相關題材變化。

　　這其中決定是否買進股票的最後決定因素是股價！只可惜，股價卻是由市場供需力量隨機所決定出來的，我們只能被動地在某種價位上，選擇買或賣、或是站在一旁觀望。而當市場發生變化，並到達預定的價位時，正確與否的投資決策便決定事後的投資績效。對市場而言，我們對股市的態度，應是等它如何變化？而不是猜測它會如何變化？甚至以為自己可以掌握股市的變化。說得明白一點，對待股市是一種「以靜制動」的哲學。在買賣動作之外，看似靜態的等待時間中，投資贏家正致力於收集及分析影響投資標的物的各種因素及條件，俟市場時機成熟，便以勇敢果決、意志堅定的信仰，領先市場一般投資人展開投資布局。投資輸家花費絕大部分時間，在觀察市場細微末節變動，並進行頻繁的買賣交易；贏家則傾全力並專注精神於準備與耐心等待。

追根究柢解構股東權益報酬率

　　在第二篇理，我們已從市場多空循環波動過程的各種交易心理變動起伏、總體經濟景氣冷熱、公司盈餘成長率高低等因素，說明投資人要求的預期報酬率（K），對應股票投資相對合理的投入資本，即股價，得到一個公司內含價值線的簡單計算式：

$$\frac{\text{會計 ROE}}{(P/B)} = K = 外部股東實質報酬率 = 要求的預期報酬率$$

$$\frac{ROE}{K} = \frac{P}{B}$$

$$P = \frac{ROE}{K} \times B$$

P：股票市價

$$B：每股淨值 = \frac{股東權益總額}{股票發行總股數}$$

在投資人對要求的預期報酬率（K）已具獨立的判斷能力與認知後，在本書後面有關財務三大報表的重點解析中，仍將續對影響風險貼水（k2）的重點因素進行說明。為讓投資人通盤了解完整的公司內含價值線是如何形成的，接下來，將對股東權益報酬率（ROE）進行細部解構，以讓大家從不同面向，完整探究形成公司內含價值線的財務因子面貌。

（1）股東權益報酬率及其內涵

在證券投資分析上，最重要的財務分析指標莫過於股東權益報酬率了，也就是大家常說的ROE，因為ROE在本質上結合了一家公司的主要財務結構、經營效率及獲力能利力等三大面向指標。一家有優異股東權益報酬率的公司，其償債能力也會較強。因此，若能深入了解ROE構成的元素及其彼此之邏輯關係，一般投資人也可以成為財務投資行家，使自己的投資選股功力大幅提升。

$$股東權益報酬率（ROE）=\frac{稅後純益}{股東權益}$$

這裡所講的股東權益就是資產負債表中，總資產減掉總負債後之餘額，也就是一家公司的淨值。在學理上，它是原始股東投資的會計成本，其除以發行在外股數便是每股淨值；因此，當我們用兩倍的每股淨值買進一家公司的股票時，也就是用俗稱的兩倍股價淨值比買進一家公司股票，我們投資這一家公司的成本便是原始股東成本的兩倍。

何以我們願意用比原始股東成本高出兩倍或更高的成本買進公司的股票呢？除非該公司目前或未來股東權益報酬率，可以等於或高於我們要求的投資報酬率兩倍或更高，否則，我們便不應以兩倍的股價淨值比買進公司的股票！

股東權益報酬率由下列三大項目所組成：

股東權益報酬率

$$= \frac{稅後純益}{營業收入} \times \frac{營業收入}{資產總額} \times \frac{資產總額}{股東權益}$$

1. 銷售利潤邊際 $= \dfrac{稅後純益}{營業收入}$

其代表每增加一元之營業收入，可以產生多少的稅後純益？銷售利潤邊際當然越高越好，因為它代表一家公司的本業及營業外之獲利能力。銷售利潤率受兩大因素影響，一個是代表公司本業獲利能力之營業利益率，另一個是公司本業以外之獲利能力；因此，我們除了要觀察一家公司本業產品的毛利率是否穩定或遞增，也要看公司的營業外收支是否穩定。若一家公司銷售利潤邊際突然因一次性、非常態性營業外收入，如賣土地、處理閒置資產等因素，則應將此部分收入自稅後純益中減除，以求得財務分析之完整全貌。當然，若是常態性之轉投資事業收益，則不應排除，應視為公司重要之獲利來源，近年國內企業海外投資事業日益增加，因此，轉投資收入往往已成為公司相當重要之收益來源。（此部分在本書中的損益表分析重點相關章節，將再配合實例深入說明）

2. 總資產週轉率 $= \dfrac{營業收入}{資產總額}$

其代表一家公司運用公司資源（總資產）創造營業收入之能力，也是公司經營效率之衡量指標，此比率當然也是越高越好。若是一家公司的總資產週轉率逐漸下降，往往也代表其未來獲利能力亦將隨之下降；因此，在選股上，最好能選擇總資產週轉率穩定或上揚中之公司，急速下降之公司則應排除在外。

總資產週轉率下降代表兩大可能的警訊：第一，本業的商品需求正下滑減弱中，產業的景氣循環，可能已進入或即將面臨趨緩或收縮期。第二，內部營運管理（含業務面及有形或無形資產管理）的資源使用效率正惡化中，例如各項資源浪費、投資決策失當等。

$$3.\ 權益乘數 = \frac{資產總額}{股東權益總額}$$

權益乘數即總資產為股東權益之倍數，代表公司除自有資金外向外舉債的倍數，若資產運用收益大於利息費用，則可提高股東權益報酬率，然而必須注意的是，若經營者在景氣高峰時擴大權益乘數，短期內雖然可以提高股東權益報酬率，但長期下來，恐怕會造成公司負面的影響。而且過高的負債額將使公司財務結構轉差，徒然增加可用資金和盈餘的不穩定性。民國80年代以後，相當多的建設公司於景氣高峰時，極度擴大權益乘數，於是當景氣一轉差，便紛紛產生財務危機。

一家公司的股東權益報酬率若來自業外收入太高或因權益乘數過高，均要探究真正原因，千萬不要因短期股東權益報酬率上揚，就給予過高的股價淨值倍數，高估了股價、低估了投風險。

（2）股東權益報酬率高低與股價波動實例

股東權益報酬率連續3年成長之公司

股票名稱	收盤價(P)～2015/03/09（元）	2014年Q3股東權益報酬率(%)	股東權益報酬率(%)＝Y（2013年度）	2013年Q4～2014年Q3股東權益報酬率(%)=ROE=Q	每股淨值(B)（元）	四季外部股東實質報酬率(%)=ROE/(P/B)	近4季股東權益報酬率(ROE%)增減=Q–Y
9910豐泰	139.5	9.23	23.77	29.22	16.63	3.48	5.45
2439美律	103.5	7.44	21	26.88	30.61	7.95	5.88
3034聯詠	174.5	8.31	19.85	25.47	42.99	6.27	5.62
5871F–中租	77.4	6.11	22.39	23.05	29.08	8.66	0.66
3257虹冠電	80.2	6.33	19.93	22.59	26.1	7.35	2.66
2379瑞昱	101	7.59	16.31	20.52	40.97	8.32	4.21
6202盛群	58.1	5.59	19.58	20.25	16.78	5.85	0.67

註：近四季為2013年Q4~2014年Q3　　資料來源：Money DJ

案例：豐泰（9910）

由次頁第一個圖表之年度合併財務報表數據，可以清楚看到，豐泰自2012年開始，其股東權益報酬率（ROE）呈現連續性的升高趨勢，尤其是2013年及2014年更是明顯。從圖中，發現其構成ROE三大面向中的純益率及總資產週轉率均明顯提高，權益乘數則在2014年也出現提高現象。從ROE變動的趨勢圖可知，2012年至2014年，其獲利能力及內部管理效率均明顯提高。

再從該公司季度合併財務報表數據，其股東權益報酬率（ROE）在2014年第三季創下表中單季最高，其構成股東權益報酬率之三大面向財務指標同時走高，是推升股東權益報酬率大幅上升的主因。

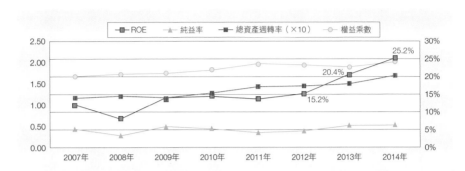

豐泰股東權益報酬率細部分析（合併–年）

註：2014年數據為2013年第四季至2014年第三季。
資料來源：公開資訊觀測站

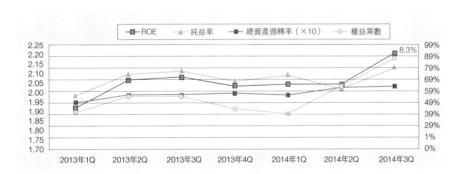

豐泰股東權益報酬率細部分析（合併–季）

註：總資產週轉率（×10）表示表格中的數據必須乘10，才是真正的總資產週轉率
資料來源：公開資訊觀測站

　　投資人若在2012年至2014年間買進該公司的股票，就可以享有不錯的投資報酬率。接著來看一下它最近幾年的股價走勢圖。

　　經還原除權值後的股價K線圖，該公司股價於2011年至2014年各年度收盤價分別為20.54元、29.98元、66.13元、96.2元。在三年期間，該

豐泰（9910）股價還原權息月K線圖

資料來源：XQ全球贏家

公司股價漲幅達3.68倍，相當驚人！其真正的起漲時間在2012年6月，投資人若能從此三年的財務報表中，發現其營運持續好轉，就可領先市場大部分投資人做出買進的動作，並深具信心當一個長期投資贏家。當然，這必須平常就做足研究分析的準備工作，並在買進股票後，持續對其營運最新變化進行建檔追蹤，以增強長期持股的信心。

　　大家要記住，是否賣出獲利中的股票，其決定因素在於公司的最新營運數字與股價的漲幅是否相稱（這部分將於本書後續內容持續說明），而不是最新股價高於自己買進股票的成本是否已經超過某特定成數。

案例：聯詠（3034）

　　由上面之年度合併財務報表數據，可以清楚看到，聯詠股東權益報酬率在2011年落底後，從2012開始連續三年上升，尤其是2014年更為明顯，代表獲利能力的純益率創2009年後最高，代表企業經營效率的總資產周轉率連續三年走高，隱含市場對該公司產品需求轉強。

　　從該公司單季合併財務報表數據，其股東權益報酬率（ROE）在

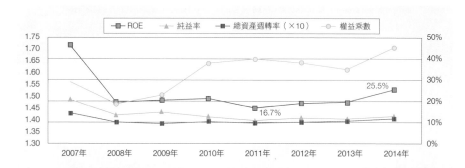

聯詠股東權益報酬率細部分析（合併–年）

資料來源：公開資訊觀測站

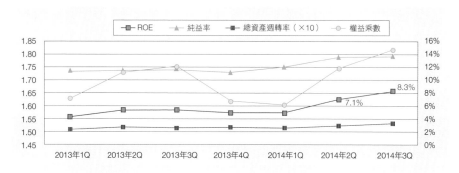

聯詠股東權益報酬率細部分析（合併–季）

資料來源：公開資訊觀測站

2014年第二季及第三季連續兩季明顯走高，構成股東權益報酬率三大面向財務指標同時走高，是推升其股東權益報酬率大幅上升的主因。2014年第三季純益率創八季新高，顯示公司獲利能力自2014年第一季開始好轉，至第三季仍持續轉強之中，配合總資產周轉率上升及權益乘數提高，使其股東權益報酬率連續兩季大幅走高。

　　從還原權息的股價月K線圖來看，聯詠股價起漲點落剛好在2012年

聯詠（3034）股價還原權息月K線圖

聯詠(3034) 還原月線圖 2015/06/01 開 168.50 高 169.00 低 163.00 收 167.50 s 元 量 4959 張 0.00 (0.00%)
SMA3 165.33↑　SMA6 167.08↓　SMA12 163.72↑　SMA24 144.85↑

成交量　成交量:4959↓張　MA2 50625↓張　MA5 74180↓張

資料來源：XQ全球贏家

1月，2013年下半年因營收成長動能一度轉弱（營收成長動能分析將在本篇損益表中的營業收入變動趨勢分析中詳細說明），導致股價在2013年6月至10月出現回檔，但隨著該公司2014年營收成長動能轉強，帶動總資產周轉率提高，搭配代表獲利能力的純益率也同時轉強，股價漲幅從2013年的8.8%上升至51.7%。投資人若能在年度股東權益持續好轉之下，搭配2014年上半年該公司營收成長動能趨勢觀察，就可在2014年獲得不錯的投資報酬率。

案例：瑞昱（2379）

　　瑞昱股東權益報率從2012開始連續三年上升，尤其是2014年更為明顯，代表獲利能力的純益率創表中八年最高，投資人進一步觀察該公司的季合併財務數據，發現該公司2014年第三季純益率從第二季的12.6%上升至18.1%，但真正代表本業獲利能力、排除本業以外收益的營業利益率（將在損益表分析中詳述），卻從第二季的11.2%下降至8.44%，這顯示2014年第三季純益率上升的主要原因極可能為營業外收益大幅增加所致。

資料來源：公開資訊觀測站

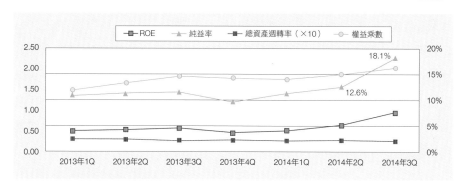

資料來源：公開資訊觀測站

　　經查該公司2014年第三季損益表，果真在「處分投資利得」中出現高達8.34億的營業外收入，佔該公司稅前淨利金額比率高達49.4%，而此筆投資利得主要為處分轉投資事業股票的利得，並非公司常態性收入。因此，投資人必須在觀察股東權益報酬率時，將這些非常態性收入扣除，以免在評估股票投資價值時產生誤判。經扣除該筆「處分投資利得」後，股東權益報酬率從原來的7.6%下修至4.3%，已低於2013年第三季的4.5%，

瑞昱（2379）股價還原權息月K線圖

資料來源：XQ全球贏家

這對投資人而言，是嚴重的投資警訊，若營收成長動能同步停滯或轉弱，更應提高警戒。

經還原除權值後的股價K線圖，該公司股價於2011年至2014年各年度收盤價分別為37.96元、55.17元、76.36元、106元。在101年至2014年的三年期間，該公司股價漲幅分別為45.3%、38.4%、38.8%，累計漲幅達179.2%，報酬率並不低。但該公司在2014年9月時股價出現明顯波段高點121.5元，剛好落在單季代表本業獲利能力轉弱、業外投資收益利多題材揭露之際，投資人若無法明辨業外處分投資利得為非常態性收益，對股價往往僅具短期刺激效應，就極可能買在股價波段最高點，面臨階段性投資套牢窘境。

一家營運轉好中的公司，其股價的長期上漲潛力，並不會因市場媒體、一干半調子分析師，或市場名嘴忽視它，而受到長期不公平的對待。只要勤於事前的分析與準備，再加上鍥而不捨地對公司營運數據持續進行深入追蹤，就可以讓我們在等待中，堅持信念，不會任意跟隨外在環境起舞，因而喪失獲利良機，或高檔套牢。

股東權益報酬率連續3年衰退的公司

股票名稱	收盤價(P)～2015/03/12（元）	2014年Q3股東權益報酬率(%)	股東權益報酬率(%)＝Y（2013年度）	2013年Q4～2014年Q3股東權益報酬率(%)=ROE=Q	每股淨值(B)（元）	四季外部股東實質報酬率(%)＝ROE/(P/B)	近4季股東權益報酬率(ROE%)增減=Q–Y
3311閎暉	25.5	−23.85	4.2	−25.58	24.6	−24.68	−29.78
3622洋華	21.6	−6.09	−14.78	−25.63	50.07	−59.41	−10.85
5259清惠	19.15	−4.14	−6.69	−16.18	12.8	−10.81	−9.49
3083網龍	60.8	−3.55	−1.97	−9.7	18.4	−2.94	−7.73
3682亞太電	14.25	0.1	5.22	1.57	11.77	1.30	−3.65
6213聯茂	24.55	1.47	11.88	8.34	20.87	7.09	−3.54
6120輔祥	19.2	−3.82	−8.17	−10.9	21.33	−12.11	−2.73
2332友訊	17.9	−0.88	4.96	2.47	20.29	2.80	−2.49
1714和桐	10.05	−0.93	2.16	1.2	11.93	1.42	−0.96
2601益航	16.65	−1.94	1.5	0.75	24.69	1.11	−0.75
2417圓剛	13.3	−1.23	−4.63	−4.66	17.1	−5.99	−0.03

註：近四季為2013年Q4~2014年Q3　　　資料來源：Money DJ

案例：閎暉（3311）

　　閎暉股東權益報率從2011年即開始連續性下降，且幅度越來越大，這對該公司股票投資者是明確且嚴重的警訊。代表獲利能力的純益率在2011年即已由前一年度的10.6%下降至9.8%，2013年更下降至只剩3.9%，2013年第四季至2014年第三季的股東權益報酬率更轉為負29.2%。代表內部經營管理效率之總資產周轉率則隨營收成長動能走弱，從2012年開始加速下降。當投資者看到年度股東權益報酬率呈現此種趨勢時，應盡可能避免在此期間買進該公司股票。

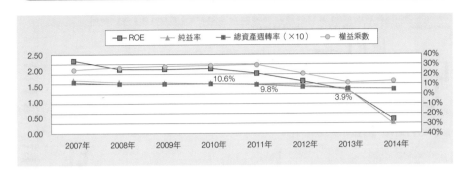

閎暉股東權益報酬率細部分析（合併−年）

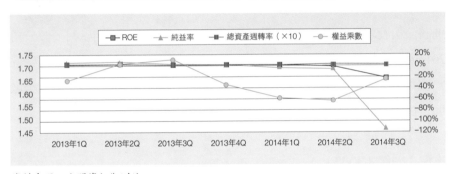

閎暉股東權益報酬率細部分析（合併−季）

資料來源：公開資訊觀測站

　　從該公司單季合併財務報表數據，其股東權益報酬率（ROE）在 2014年第三季出現相當負面的訊息：代表獲利能力的純益率下降至負 113.9%，而代表財務結構穩健度的權益乘數卻轉向攀高，極可能為本業 營運持續惡化，對財務結構造成負面效應。

　　經還原除權值後的股價K線圖，閎暉股價於2011年至2014年各年度 收盤價分別為55.26元、44.47元、34.2元、23.25元。在2012年至2014年 的三年期間，該公司股價跌幅分別為–19.5%、–23.1%、–32%，累計跌幅 達57.9%，相較同期間尚未還原上市公司息值的台股指數上漲31.6%，買

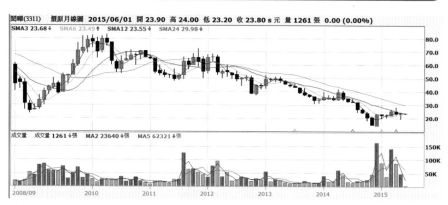

閎暉（3311）股價還原權息月K線圖

閎暉(3311) 還原月線圖 2015/06/01 開 23.90 高 24.00 低 23.20 收 23.80 s 元 量 1261 張 0.00 (0.00%)
SMA3 23.68↓ SMA6 23.49↑ SMA12 23.55↓ SMA24 29.98↓

資料來源：XQ全球贏家

進該公司股票的投資人成為此期間的投資大輸家。至2015年3月，該公司2015年前2月累計營收仍較2014同期衰退23.4%，雖較2014年全年衰退幅度負34.4%縮小，但仍未脫離衰退趨勢，在該公司尚未扭轉營運劣勢之前，投資人仍應高度警戒，保守視之。

案例：網龍（3083）

從年度合併財務資料，該公司股東權益報酬率自2010年開始即已進入下降循環，至2013年甚至轉為負報酬率。再從季度合併財務數據，股東權益報酬率自2013年第三季至2014年第三季，已連續五季呈現負報酬率，主要為純益率大幅轉為負數，而純益率轉為負報酬的主要原因，乃因代表本業獲利能力的營業利益率轉為大幅負數所致，此顯示該公司本業營運已進入連續性的惡性循環，在此趨勢仍未改變之前，股票投資人絕不可因該公司股價長期跌幅已深，或是股價跌深出現短期反彈，就冒然買進股票，以規避投資風險。

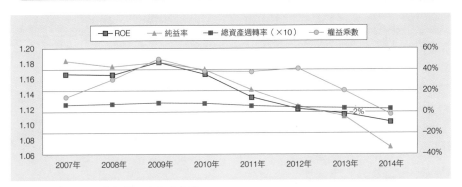

網龍股東權益報酬率細部分析（合併－年）

註：2014年採近四季數據做為年度數據

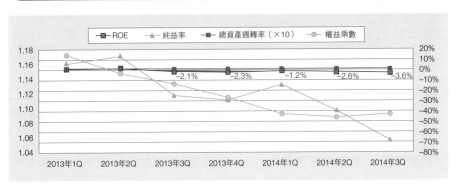

網龍股東權益報酬率細部分析（合併－季）

註：總資產週轉率（×10）表示表格中的數據必須乘10，才是真正的總資產週轉率
資料來源：公開資訊觀測站

　　在說明股價走勢之前，請容許筆者提前把將於本書損益表分析章節中詳細說明的營業毛利率、營業利益率、稅後淨利率（純益率）走勢呈現如下：

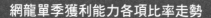

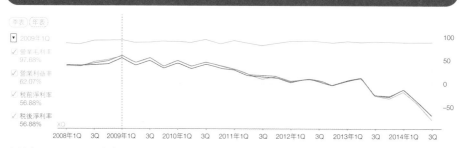

資料來源：XQ全球贏家

　　該公司營業利益率於2009年第一季攀高至62.07%最高峰後，隨即呈現震盪走低的趨勢，顯示該公司本業獲利能力高峰落在該季。而該公司還原權息股價月線圖之股價最高點為2009年7月的414.57元，並在接下來的半年內仍維持高檔來回震盪走勢，可惜，隨獲力能力指標震盪走低，股價在2010年1月以一根長黑K線、下跌高達21.22%，開啟連續四年的大幅空頭走勢。2014年雖出現股價跌深反彈，但其營業收入連續四年負成長，2014年全年營收年增率負成長高達42.94%，2015年前2月累計營收年增率仍負成長56.97%，顯示本業營運尚未出現轉機，投資者若於此時介入，仍將面對高度的投資風險。

　　經還原除權值後的股價K線圖，網龍股價於2011年至2014年各年度收盤價分別為55.26元、44.47元、34.2元、23.25元。在2012年至2014年的三年期間，該公司股價跌幅分別為-19.5%、-23.1%、-32%，累計跌幅達57.9%，相較同期間尚未還原上市公司息值的台股指數上漲31.6%，買進該公司股票的投資人成為此期間的投資大輸家。至2015年3月，該公司2015年前2月累計營收仍較103同期衰退23.4%，雖較2014年全年衰退幅度負34.4%縮小，但仍未脫離衰退趨勢，在該公司尚未扭轉營運劣勢之前，投資人仍應高度警戒，保守視之。

網龍（3083）股價還原權息月K線圖

資料來源：XQ全球贏家

財務分析與綜合評價法應用要領

經解構股東權益報酬率，投資人可以從三個不同面向來分析公司的營運變化，明瞭造成公司營運績效變化的主因。

構成股東權益報酬率的四個會計科目共有：稅後純益、營業收入、總資產、股東權益等四個會計科目。而財務會計裡有一個重要的會計紀錄原則，稱為「應計基礎」，即當公司的營運行為已實際發生後，無論是否產生實物或現金交易移轉、交割，均視此營運行為已實際發生，會計科目便應記錄此營運活動，及其對公司相關會計科目的增減變動情況；但是「應計基礎」與以現金實際收支觀念的「現金基礎」之間往往因種種不同因素而存有不少落差，投資人若無完整解讀相關財務報表資訊的能力，很容易誤用財務資訊，甚至遭不肖經營者訛騙而做出錯誤的投資決策而不資知。另外，財務比率數字分析，主要來自兩個不同會計科目的運算，投資人若只專注於單一絕對數字的高低，將無法清晰追蹤公司的營運變化軌跡，因而喪失掌握股票價格轉折的契機。

在應用股東權益報酬率與股價淨值比綜合評價法時，無論是財務數字

的分析，或是進行股票相對價值的最後評價時，投資人要注意下面的應用要領：

A.趨勢方向變化之重要性大於絕對數字短期之波動。

無論是營業收入、營業毛利率、營業利益率、總資產週轉率等獲利力或經營效率指標，對趨勢方向轉折觀察之重要性重於短期數字之波動。

以大家最關心之每月營收變化而言，應把重點放在其最近一季或最近半年之平均營收趨勢線是往下或往上，及其年度累積營收年增率是否逐月遞增；而不是只注意單月營收是否創新高，或單月營收與去年相較之年增率高或低。若是長期趨勢是往上走的，單月營收之下降而使股價非理性下跌，反而是買進股票之良機。（三大財務報表的分析重點，將於本篇後面章節緊接著以實例詳細說明）

B.部分指標在不同行業間存有明顯差異性。

部分行業的毛利率普遍性較高，例如IC設計、電信業等；而如電子通路商、百貨零售業等，其毛利率則普遍較低。而資本密集產業，如DRAM、TFT-LCD等，其總資產週轉率則普遍較低；又如銀行或營造業等，其權益乘數或負債比率普遍較其他行業為高。因此，在分析個別財務指標之前，應先初步了解產業特性。

C.股票價值評價前的盈餘品質與資本結構分析。

$$股東權益報酬率（ROE）=\frac{稅後純益}{股東權益}$$

a.分母（股東權益）的組成與形成過程。（這部分將於資產負債表分析重點中以實例進行說明）。

（1）組成資本的結構與比例。

（2）資本形成過程與趨勢變化。

　　b.分子的品質（這部分將於現金流量表分析重點及其邏輯分析中以實例進行說明）。

　　（1）會計盈餘與現金流量表邏輯及差異分析。

　　（2）盈餘品質分析。

　　D.員工分紅佔稅後盈餘之比例高低。

　　不要忘記從公司稅後純益中按最新市價扣除員工分紅及董監事酬勞以還原股東權益報酬率之真正面貌。任何非按原持股比分配給原來股東之公司對外給付（含員工認股權），就會計學理及投資實質而言，都應列入公司費用，因此應自稅後純益中扣除。為分析評價方便，一般投資人可以直接算出上述項目最新市價佔前年度稅後純益之比例，於評估公司股價後，直接以折扣方式算出相對合理投資價格。

　　下表裡的公司都是業績表現優異的所謂市場主流公司，但除了傳統產業的聚陽外，其2006年員工分紅配股，以市價計算，佔其該年度稅後盈餘的比率都相當高，投資人一定要注意這個事實。實證研究顯示，高員工分紅配股的公司，在公司盈餘高成長的階段，對股價將產生推波助瀾的效果；但當公司盈餘成長率趨緩或從高峰下滑時，其股價的修正將會十分驚人。

股票名稱	2007/10/29收盤價	員工分紅配股佔稅後盈餘比率（市價）
2498宏達電	681	36.24%
6286立錡	382.5	72.85%
3227原相	317	41.80%
3034聯詠	145	30.39%
8076伍豐	413	48.60%
2454聯發科	638	63.06%
8299群聯	297.5	55.64%
8081致新	271	63.32%
1477聚陽	88.8	9.64%
3008大立光	413	26.67%

員工分紅配股依市價列入公司營業費用制度已於2008年開始實施，以符合國際一般會計準則，過去造成台股上市櫃公司員工實質薪資費用外部化，造成公司稅後盈餘虛增對股票價值評價的誤導已明顯降低。

三大財務報表分析

一般投資人最關心的上市公司財務問題，不外乎公司每股稅後純益（EPS）高或低、本益比幾倍、現金股息殖利率有幾個百分點、公司財務結構好不好、營收有無創新高、毛利率升或降、甚至是公司有無接到某大廠的新訂單等等問題。這些都是很重要的問題沒錯，但若單獨切割成一個簡單答案，不論其形成的過程與原因，就拿來做為投資決策，將是十分危險的。

投資人大可不必把所有財務分析的方法都弄得滾瓜爛熟，並訓練自己像一位精於考試的商學系的高材生。其實，只要懂得掌握財務報表該注意的分析重點，並要求自己養成在做出投資決策前，先按標準分析流程做完準備工作。縱使是一位非商學領域的投資人，也可以成為證券投資領域，專業的財務分析師。

以下章節，將針對三大基本財務報表進行分析重點介紹，並配合實例，以拉近財務分析與市場實務面的距離。

資產負債表

資產負債表乃企業體在某特定時點有關資產、負債及業主權益的相關資訊及其相互間關係；資產負債表可以呈現一家企業所擁有之經濟資源（資產）、經濟負擔（負債）、業主剩餘請求權（業主權益）三者相互間關係及其結構。

台積電（2330）資產負債簡表（季表）

單位：百萬

期別	2012 4Q	2012 3Q	2012 2Q	2012 1Q	2011 4Q	2011 3Q	2011 2Q	2011 1Q
流動資產	207,815	171,455	206,363	197,779	158,563	142,576	180,852	183,979
長期投資	139,748	133,204	133,450	129,098	129,401	126,153	112,361	116,912
固定資產	586,603	547,773	514,193	475,524	454,374	437,380	448,842	411,321
其他資產	12,007	17,611	19,355	18,736	19,070	23,176	23,817	19,286
資產總額	946,173	870,043	873,361	821,137	761,408	729,285	765,873	731,498
流動負債	138,796	115,714	206,709	120,968	109,514	108,331	197,560	119,298
長期負債	80,054	75,654	35,054	35,000	18,000	18,000	0	0
其他負債及準備	4,126	4,132	4,133	4,237	4,300	4,326	4,363	4,526
負債總額	222,975	195,500	245,896	160,205	131,814	130,657	201,923	123,824
股東權益總額	723,198	674,543	627,465	660,932	629,594	598,628	563,950	607,674

台積電（2330）資產負債簡表（年表）

單位：百萬

期別	2014 4Q	2013	2012	2011	2010	2009	2008	2007
流動資產	370,949	257,624	207,815	158,563	192,234	185,832	179,849	174,299
長期投資	242,390	165,545	139,748	129,401	117,914	118,428	124,185	123,891
固定資產	796,684	770,443	586,603	454,374	366,854	254,752	219,283	234,565
其他資產	13,020	14,967	12,007	19,070	24,237	18,416	17,243	19,018
資產總額	1,423,044	1,208,579	946,173	761,408	701,240	577,427	540,559	551,773
流動負債	178,261	187,196	138,796	109,514	118,022	72,571	53,099	43,801
長期負債	166,200	166,200	80,054	18,000	4,500	4,916	5,431	14,001
其他負債及準備	33,035	7,675	4,126	4,300	4,572	4,856	5,651	6,879
負債總額	377,496	361,071	222,975	131,814	127,095	82,344	64,182	64,681
股東權益總額	1,045,549	847,508	723,198	629,594	574,145	495,083	476,377	487,091

資料來源：XQ全球贏家

總資產＝負債＋業主權益（股東權益）

總資產－負債＝業主權益（股東權益）

1. 自有資本比率（淨值比率）或權益乘數

$$自有資本比率（淨值比率）＝\frac{業主權益}{總資產}$$

「自有資本比率」代表公司總資產中有多少比率來自股東自有資金的投入。就財務的觀點而言，此比率越高代表公司的財務結構越紮實；但究竟要達到多少比率才是最佳狀況，並無標準定論。以證券投資的觀點而言，公司的自有資本比率若能因公司盈餘的提高，而使自有資本比率逐漸提高，並形成上升趨勢，將對股票價格產生正面激勵效果；反之，若趨勢往下，則代表公司承擔的財務風險正在提高之中。因此，在投資分析上，除要注意自有資本比率的絕對數高低，更應注意自有資本比率的趨勢變化。

$$負債比率＝1－自有資本比率＝\frac{負債}{總資產}$$

負債比率，代表公司的總產中有多少比例來自對外舉債、外部融資或廠商往來。負債比率是自有資本比率的反向關係財務比率。就財務觀點而言，此比率越高代表公司的財務結構越弱，尤其若是長、短期銀行借款或公司債務居高不下，更可能是公司營運上出現危機的先兆。但究竟多少比率才是最佳狀況，也一樣並無標準定論。對證券投資分析者而言，比率趨勢的變化分析之重要性遠大於絕對數的高低。

$$權益乘數＝\frac{總資產}{業主權益}$$

　　權益乘數，代表公司所有可供運用的總資產是業主權益的幾倍。權益乘數越大，代表公司向外融資的財務槓桿倍數也越大，公司將承擔較大的財務風險。但是，若公司營運狀況剛好處於向上趨勢中，較高的權益乘數反而可以創造更高的公司獲利，透過提高公司的股東權益報酬率，對公司的股票價值產生正面激勵效果。

案例：儒鴻（1476）

儒鴻財務結構指標（合併－年）

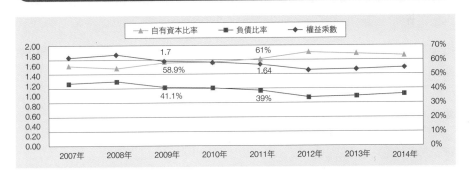

儒鴻財務結構指標（合併－季）

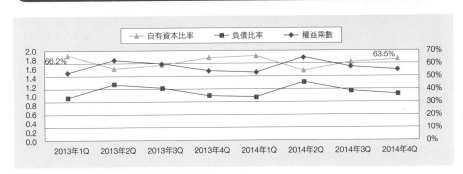

資料來源：公開資訊觀測站

由前頁圖可以看到，該公司自由資本比率從2009年開始持續提高，相對地，該公司的負債比率及權益乘數則持續下降，尤其2011年開始，財務結構隨公司獲利提高而轉佳。對儒鴻而言，其採取的財務營運策略屬較保守穩健的管理策略，因該公司的權益乘數隨本業成長而降低，並未藉機加速對外融資進行擴充，反而於2012年至2014年執行高股利政策，分別將每股現金股利提高至5元、7元及8元，稅後盈餘的現金配息率連續三年超過六成以上，更顯出該公司穩健的營運作風。

該公司的自有資本比率在2006年為53.5%，至2009年已拉高至58.9%，至2013年第一季最高攀高至66.2%，2011年以後，每年第二季為股東會現金股利決議並提撥期間，因該公司實施高現金股利政策，該季為每年自有資本比率的季節性低點。至2014年為止，該公司自有資本比率為63.5%，財務結構仍維持在相當穩健狀態。

當公司股東會通過現金股利分配案，其會計分錄如下：

借： 保留盈餘 ➡ 股東權益的減項

貸： 應付（現金）股利 ➡ 流動負債的加項

公司實際發放現金股利時，其會計分錄如下：

借： 應付（現金）股利 ➡ 流動負債的減項

貸： 現金或銀行存款 ➡ 流動資產的減項

儒鴻（1476）歷年股利政策

年度	現金股利	盈餘配股	公積配股	股票股利	合計	員工配股率(%)
2014	8	0	0	0	8	0.00
2013	7	0.4	0	0.4	7.4	0.00
2012	5	0.2	0	0.2	5.2	0.00
2011	3	0.7	0	0.7	3.7	0.00
2010	2	0.6	0	0.6	2.6	0.00
2009	1	0.3	0	0.3	1.3	0.00
2008	0.4	0.2	0	0.2	0.6	0.00
2007	1	0.3	0	0.3	1.3	0.00
2006	0.8	1.1	0	1.1	1.9	0.00
2005	0.8	1.1	0	1.1	1.9	0.00
2004	0.8	1.4	0	1.4	2.2	0.00
2003	0.8	0.5	0	0.5	1.3	0.00
2002	0.88	0	0	0	0.88	0.00
2001	0.7	0	0	0	0.7	0.00

資料來源：XQ全球贏家

儒鴻（1476）股價還原權息月K線圖

儒鴻(1476) 還原月線圖 2015/06/01 開 452.00 高 484.00 低 449.00 收 468.00 s 元 量 1618 張 +16.00 (+3.54%)
SMA3 444.00↑ SMA6 405.17↑ SMA12 350.04↑ SMA24 326.46↑

成交量　成交量 1618↓張　MA2 9783↓張　MA5 20551↓張

資料來源：XQ全球贏家

由上圖可以清楚看到該公司股價在2010年8月之前，長期呈現水波不興的沉悶走勢，但自2010年8月以後，即展開長期驚人的漲勢。總計自2011年初至2015年3月高點403.5元的的四年多期間，還原歷年權息的股價漲幅高達13.2倍，讓台股投資人見證長期投資營運基本面明顯好轉的績優個股的驚人投資回報率，再次證明：優選投資標的配合高度耐心的長期投資，是股票高投資報酬的重要關鍵因子。

案例：伸興（1558）

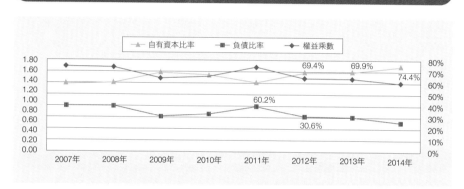

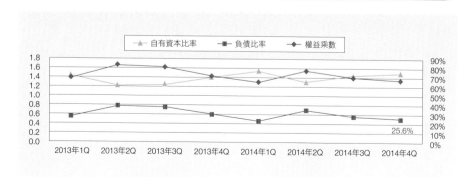

資料來源：公開資訊觀測站

　　由左圖可以看到，該公司自有資本比率在2011年時，下降至年度波段低點60.2%，但隨即於2012年起，連續三年提高，負債比率則連續下降。2013年至2014年的單季自有資本比率，則除了現金股利決議的每年第二季外，連續兩年走高，負債比率則從2012年的30.6%，下降至2014年第四季的25.6%。顯見該公司財務結構並未因為該公司長期實施高現金股利而影響其財務結構的穩健度。

伸興歷年現金股利配息率

期別	現金股利（元）	每股盈餘（元）	股利發放率(%)
2014	9	13.70	65.69
2013	9	13.05	68.97
2012	7.5	11.63	64.49
2011	8	12.64	63.29
2010	7.7	12.47	61.75
2009	7	11.28	62.06
2008	2.1993	3.39	64.88
2007	2.8	4.64	60.34
2006	4.2	6.20	67.74
2005	2.2	3.04	72.37
2004	3.5	7.25	48.28
2003	3	5.39	55.66
2002	2	5.59	35.78

資料來源：XQ全球贏家

　　該公司股價於2009年3月至2010年8月展開最高達9.3倍的上漲走勢，但自2010年8月觸及波段高點後，隨著負債比率提高，股價出現超過一年的回檔走勢，至2011年底股價回檔達39.8%，讓忽視營運轉折而冒然追高者面臨超過一年的套牢窘境。

隨著該公司獲利於2013年再創新高，股價當年度上漲幅度高達82.2%。總計自2009年3月至2015年3月最高點，股價累計漲幅高達16.1倍。

伸興（1558）股價還原權息月K線圖

資料來源：XQ全球贏家

案例：明基／佳世達（2352）

佳世達財務結構構造圖

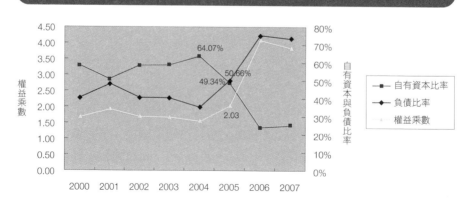

註：以期末財務數字為計算基準。2007年為前3季財務數字。

為加強讀者對財務結構變化對企業評價、股票價值的影響，本書修訂版特意將首版列舉的佳世達案例保留供讀者閱讀。

　　由左頁下圖可知，該公司的自由資本比率從2005年開始出現明顯下降，自有資本比率從前一年度的64.07%，下滑至49.34%，同時負債比率及權益乘數則同步上升。再對照其2005年股東權益報酬率（ROE）從2004年的16.12%，下滑至2005年的負11.18%，甚至2006年的負86.4%。便可知道，該公司早在2005年便已病兆敗露，這對該公司的股票投資者無疑地，是一大警訊。

　　但是，臺灣的股民不知是無知還是善良，該公司2005年整年度的股價，以未經除息權或減資還原的股價，最高為37.2元，最低為27.2元，大致還維持橫盤整理型。此顯示，市場投資人對僅握有該公司少數股權經營者之信任與高度期望。

　　可惜，事與願違，該公司的股價在2006年首季，終因錯誤的購併決策，而使其產生嚴重虧損，對原本羸弱不堪的財務結構產生致命的一擊。該公司股價從30元以上的價位，逆於股市大盤走勢，一路狂跌至最低點11.85元。後來甚至傳出公司部分經營者涉入內線交易，姑不論法律案件孰是孰非，此問題充分暴露出僅擁有少數股權的經營者，好大喜功、粗糙的財務購併決策，在公司治理上所產生的嚴重問題。投資人若無法詳細解讀公司財務資訊，就對經營者產生過度的信賴與幻想，都將使自己淪為人為刀俎、我為魚肉的下場！

　　對僅擁有少數股權的經營者而言，可能只是輝煌事業人生中的一段轉折，或插曲；但對投入大筆資金、甚至畢生積蓄的投資人而言，真是情何以堪呀！

　　投資人原本可以根據公開財務資訊，在2005年進行賣出動作，就可

避開2006年到2007年上半年的崩跌走勢，但為何很多投資人仍全程參與下跌的過程呢？原因無非：第一，對財務資訊視若無睹或無能力解讀。第二、股票套牢後，對該公司實際事實不願正視面對，反而對經營者產生不切實際的高度幻想與期待。最後，產生逃避心理，直到心理壓力對自己產生的懲罰作用，讓自己再也無法承受，便在股價接近最低點時，以最低價賣出持股。

經營者這回改開始玩起分家減資、改名掛牌的資本市場遊戲了，投資人總是善良又健忘的，這回股價先強勢反彈再講了，市場名嘴及證券分析師紛紛開始調高該公司的評等，就等投資人再進場買單了！

有為的政府及充滿憐憫心的上帝，或許會對無知、善良的人施以照護及施捨；但在股票市場，對於善良，但卻無知的投資人，卻常常愛莫能助呀！

接下來，讓我們再來看看該公司後來的財務結構及股價變化。

該公司自由資本比率在2006年降至最低點19.4%，經企業組織的重整後，自有資本比率一度緩步上升至2010年的29%，但2011開始後又轉為走低，顯見企業整體營運仍無法脫離困境。至2014年第三季止，該公司

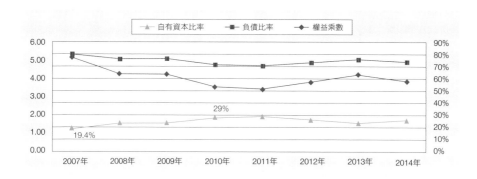

佳世達財務結構指標（合併–年）

佳世達財務結構指標（合併-季）

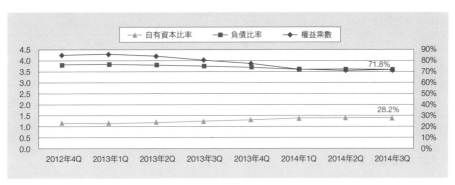

資料來源：公開資訊觀測站

自有資本比率仍僅28.2%，負債比率高達71.8%，高負債與營運始終無法明顯突破，企業營運尚未脫離惡性循環的漩渦。

　　該公司股價於2008年全球金融海嘯之後至今，雖曾隨大盤在2009年與2014年出現反彈，但股價始終仍在低價股之林。

佳世達（2352）股價還原權息月K線圖

資料來源：XQ全球贏家

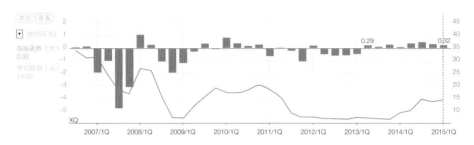

佳世達單季獲利能力

資料來源：XQ全球贏家

　　該公司自2013年第二季至2015年第一季，每股盈餘已連續八季轉為正數，代表本業獲利能力的營業利益率亦連續八季轉正，本業營運透露出些許曙光，值得讀者持續緊密追蹤。

案例：為升（2231）

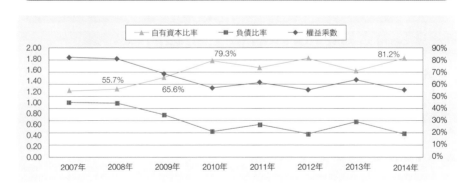

為升財務結構指標（合併－年）

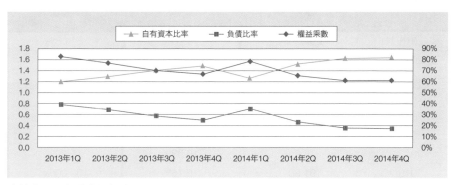

為升財務結構指標（合併－季）

資料來源：公開資訊觀測站

該公司的自由資本比率從2009年從前一年的55.7%上升至65.6%，2010年更進一步上升至79.3%，此後均維持在70%的高水準之上，至2014年更上升至81.2%，負債比率則因公司獲利連續高度成長而下降至僅18.8%。

該公司稅後淨利連續六季成長（見第164頁圖表），稅後淨利年增率更連續十二季正成長，2014年下半年更隨全球車市銷售量回升至金融海嘯前水準，且汽車產業與電子產業高度結合的趨勢，2014年稅後淨利年增率高達103.89%，後市成長動能依然值得期待。

該公司主要產品為車用電裝開關、車用感應器、胎壓感測器等汽車自動電子零件，隨著汽車操控駕駛自動化的提高，未來產業成長動能仍值得高度關注。

該公司2015年每股稅後淨利（EPS）為10.43元，稅後淨利成長率103.89%，2015年營收年增率46.08%，前四月累計營收年增率44.77%，營收維持高成長，但累計營收年增率略為出現高檔停滯現象。依產業展望及營運狀況，該公司獲利若能維持高度成長，將可降低股價本益比偏高的投資風險。

為升單季稅後淨利成長率

期別	稅後淨利（百萬）	季增率	年增率
2015/1Q	257.84	5.28%	81.68%
2014/4Q	244.90	25.07%	106.66%
2014/3Q	195.82	20.42%	158.20%
2014/2Q	162.62	14.59%	78.12%
2014/1Q	141.92	19.75%	81.48%
2013/4Q	118.51	56.26%	73.91%
2013/3Q	75.84	−16.93%	15.39%
2013/2Q	91.30	16.75%	30.00%
2013/1Q	78.20	14.76%	73.92%
2012/4Q	68.14	3.68%	209.73%
2012/3Q	65.72	−6.41%	33.71%
2012/2Q	70.23	56.19%	428.97%
2012/1Q	44.96	104.37%	−3.78%
2011/4Q	22.00	−55.24%	−56.26%

資料來源：公開資訊觀測站

為升年度稅後淨利成長率

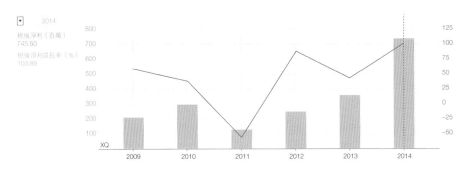

資料來源：公開資訊觀測站

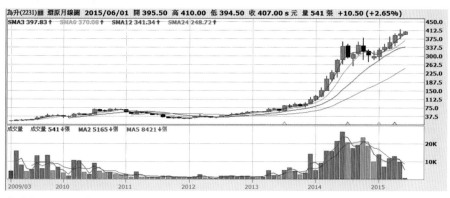

為升（2231）股價還原權息月K線圖

為升(2231)還 還原月線圖 2015/06/01 開 395.50 高 410.00 低 394.50 收 407.00 s元 量 541 張 +10.50 (+2.65%)
SMA3 397.83↑ SMA6 370.08↑ SMA12 341.34↑ SMA24 248.72↑

成交量 成交量 541↓張 MA2 5165↓張 MA5 8421↓張

資料來源：公開資訊觀測站

2. 流動比率及速動比率

$$流動比率 = \frac{流動資產}{流動負債}$$

　　其主要係衡量公司之短期性流動性資產是否大於短期性流動負債，用以說明公司短期資金調度及短期償債能力。一般而言，此項比率若能大於2，表示公司資產流動性佳並足以應付短期資金需求。但是並非每家公司都能達到2的高標準，因此，我們通常要求此比率最低必需大於1以上，且同時速動比率也必須大於1以上；換句話說，流動比率並非以大於1以上為滿足條件，而是速動比率必須大於1以上。

$$速動比率 = \frac{速動資產}{流動負債}$$

速動資產＝現金＋短期投資＋應收帳款淨額
　　　　＝流動資產－存貨－預付費用

流動資產中扣除流動性及變現性較差之存貨，並將已從現金帳戶流出之預付費用扣除，所呈現之高度變現性資產，即為速動資產。因扣除存貨部分，因此一般而言，公司之速動比率若大於1，則表示其流動性足夠支應短期性債務，對公司資金調度將偏向正面。

若一家公司之流動比率大於1，但速動比率小於1，一定要探究其原因，若因存貨持續增加造成速動比率突然下降至1以下，應對公司存貨增加原因進行深入了解，若起因於短期因素造成，並可很快降低則尚可，倘若起因於下游景氣趨緩，則應提高警覺，盡量保守看待！

案例：華新（1605）

華新（1605）								
期別	2007 第3季	2007 第2季	2007 第1季	2006 第4季	2006 第3季	2006 第2季	2006 第1季	2005 第4季
流動比率（%）	180.11	168.25	274.88	300.63	185.98	185.59	138.39	156.24
速動比率（%）	91.28	89.63	160.32	193.33	86.02	97.30	70.24	77.89

該公司於2007年第二季，流動比率與速動比率同時下降，其中速動比率甚至下降至100%以下，顯示公司存貨部位應不低。發現這種情況，一定要了解資產負債表中，存貨增加的情況，若存貨過高，一方面遇到存貨市場價格波動，對公司營運恐怕造成不利影響；另一方面存貨過高也可能是下游市場需求轉弱前之警訊。

由流動資產分類明細表（見右頁上表）可知，該公司2007年第二季的存貨從前一季的105.21億，增加至130.44億，提高了25.23億。該公司的主要產品為電線電纜，因此，絕大部分的存貨應是原料庫存或是半成品，且與銅價有密切相關，若是銅價產生波動勢將對其損益造成影響。

流動資產的變化

單位：百萬元

	2007 第3季	2007 第2季	2007 第1季	2006 第4季	2006 第3季	2006 第2季	2006 第1季	2005 第4季	2005 第3季
現金（約當現金）	9,040	9,608	11,608	12,707	4,796	4,725	4,386	4,331	4,604
應收票據及帳款	2,471	3,306	2,472	2,599	3,396	2,621	1,888	1,584	1,794
應收票據及帳款—關係人	832	982	517	350	719	600	508	358	556
存貨	11,564	13,044	10,521	8,378	10,360	7,823	6,663	6,331	8,009
其他流動資產	882	506	227	426	214	380	81	142	225
流動資產	25,234	28,999	25,788	24,665	19,674	17,243	13,695	12,909	15,291

　　股票投資人購買公司股票，主要著眼於公司本業的營運及獲利能力，而非公司擁有多少大宗物資原材料存貨的價格是否上漲。公司倘若長期存在存貨過高的問題，對一家正常營運的公司絕不是好事，投資人若想長期進行股票投資，應儘可能避開此類公司。

華新（1605）股價還原權息月K線圖

資料來源：XQ全球贏家

案例：科橋（6156）

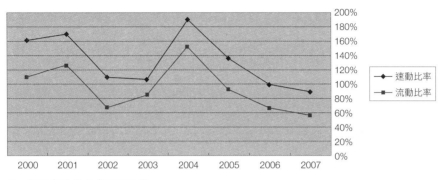

科橋流動比率與速動比率

- 速動比率
- 流動比率

註：2007年為前三季財務數字。

　　由上圖可知，該公司流動比率與速動比率自2004年就出現明顯下滑走勢，到2006年更同步掉入100%以下，這對公司的營運及短期償債能力而言，都是嚴重的警訊。此顯示，該公司短期流動性資產可能無法支應短期性流動性負債的資金需求，同時因速動比率遠低於100%以下，這又透露出該公司的存貨過高的事實。如果不是市場需求轉弱，就是該公司在同業間的競爭力正處於劣勢當中。除非兩種流動性比率的趨勢轉為回升，否則對股票投資人而言，絕非好事。

3. 股本形成過程及比率

　　一家公司的股本主要來自三大類資金來源。第一類是現金增資補充股本；第二類是盈餘轉增資為股本；第三類為各類公積轉增資為股本。這其中，第二類及第三類股本來源，為公司營運期間所累積出來的營運成果，代表公司價值的提升來自實際的經營效益，而不是由股東持續進行資金的挹注；第一類股本來源，則為股東出資額，也就是由股東自己所擁有的資金投入，並非由公司經營成果所轉換而來。一家已經營運相當時間的公司，若其股本形成仍主要來自股東的現金增資出資所轉換，往往代表其盈

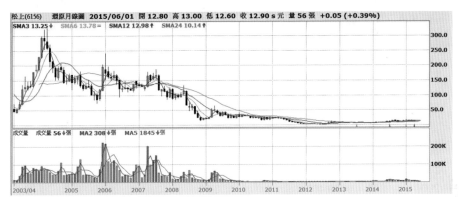

松上（6156）股價還原權息月K線圖

註：科橋自2011年6月更名為松上。

資料來源：公開資訊觀測站

餘及現金創造能力偏弱，或是其產業長期投資風險偏高。（現金流量表分析將於本書後面章節詳述）

對於長期股本形成中，現金增資比率長期偏高，或是比率持續出現走高跡象的公司，投資人在投資時，應慎選切入時機。因這些公司普遍較欠缺產業或經營能力的優勢，並不適合進行長期性投資。

案例：冠華（8077）

該公司股本在2006年以前，幾乎全部來自股東的現金增資出資額，2006年開始進行減資，但盈餘轉增資佔股本比重竟然始終為零；由此股本形成過成分析，便可知道該公司每年的營運恐怕凶多吉少。我們把它2000年至2007年的簡易損益表找出來，如次頁下表。

由此表就可以知道，該公司幾乎是年年虧損的公司，為了維持公司繼續營運，只好不斷地向原來股東伸手要錢（現金增資）。買進這種公司的股東，不斷長期無法享有股利的分配權利，若不願跟這種公司劃清界線，恐怕不僅將血本無歸，甚至可能不斷擴大投資損失。

冠華的股本形成

年度	現金增資（億元）	比重	盈餘轉增資（億元）	比重	公積及其他	比重	總股本（億元）
2015	4.37	86.96%	0.00	0.00%	0.66	13.04%	5.03
2014	4.37	86.96%	0.00	0.00%	0.66	13.04%	5.03
2013	4.77	71.94%	0.00	0.00%	1.86	28.06%	6.63
2012	3.85	67.42%	0.00	0.00%	1.86	32.58%	5.71
2011	3.85	67.42%	0.00	0.00%	1.86	32.58%	5.71
2010	3.85	67.42%	0.00	0.00%	1.86	32.58%	5.71
2009	1.88	50.89%	0.00	0.00%	1.82	49.11%	3.70
2008	1.88	99.40%	0.00	0.00%	0.01	0.60%	1.89
2007	5.30	99.40%	0.00	0.00%	0.03	0.60%	5.33
2006	5.11	99.38%	0.00	0.00%	0.03	0.62%	5.14
2005	13.39	99.34%	0.00	0.00%	0.09	0.66%	13.48
2004	13.24	99.34%	0.00	0.00%	0.09	0.66%	13.33

資料來源：XQ全球贏家

冠華簡易損易表

單位：百萬元

期別	2007年	2006年	2005年	2004年	2003年	2002年	2001年	2000年
營業收入淨額	470	482	385	405	286	155	171	120
營業成本	460	548	601	261	301	138	187	135
營業毛利	10	−66	−216	144	−15	17	−15	−15
營業費用	85	116	83	85	91	107	100	70
營業利益	−76	−182	−298	59	−106	−90	−115	−85
營業外收入合計	3	8	3	8	6	21	15	19
營業外支出合計	25	50	292	44	63	122	49	15
稅前淨利	−98	−224	−586	23	−164	−191	−150	−81
所得稅費用	0	13	27	0		−14	−33	−22
本期稅後淨利	−97	−237	−613	23	−164	−177	−116	−60
每股盈餘（元）	−1.88	−4.74	−4.59	0.19	−1.77	−2.27	−2.05	−1.65

註：2007年為至9月30日資料。

冠華（8077）股價還原權息月K線圖

資料來源：XQ全球贏家

案例：彩晶（6116）

　　該公司創立於1998年6月，說長不長、說短又不短。但從上表可知，該公司至2005年，其股本共計有605億中，有96.39%來自股東的現金增資，只有3.60%來自盈餘轉增資、資本公積等。此顯示，該公司長期損益狀況、自由現金流量的創造能力可能均欠佳。這種公司可能因產業景氣循環波動狀況而成為市場短期注目焦點，而刺激股價產生短期向上波動，但對長期投資人而言，卻不是理想的投資標的。

　　回顧2000年至2007年，其大部分營運紀錄呈現大虧小盈局面，最近10年來，更未曾發放過任何現金股利。我們從它的現金流量表，就可一窺究竟。

　　該公司歷年的自由現金流量，至2007年上半年為止，只有在2006年出現過正數，除2007年或可轉正外，其餘年度全部為負數。若以簡單算術累計歷年自由現金流量，竟然為負650.94億，真是叫人驚嘆！

彩晶的股本形成

年度	現金增資（億元）	比重	盈餘轉增資（億元）	比重	公積及其他	比重	總股本（億元）
2015	260.49	78.91%	65.58	19.87%	4.05	1.23%	330.12
2014	260.49	78.91%	65.58	19.87%	4.05	1.23%	330.12
2013	260.49	88.84%	28.68	9.78%	4.05	1.38%	293.21
2012	260.49	88.93%	28.68	9.79%	3.76	1.28%	292.92
2011	520.97	88.93%	57.35	9.79%	7.52	1.28%	585.85
2010	457.57	87.58%	57.35	10.98%	7.52	1.44%	522.44
2009	457.57	87.58%	57.35	10.98%	7.52	1.44%	522.44
2008	457.57	87.58%	57.35	10.98%	7.52	1.44%	522.44
2007	483.48	95.06%	18.05	3.55%	7.08	1.39%	508.61
2006	583.43	96.39%	21.80	3.60%	0.04	0.01%	605.27
2005	583.43	96.39%	21.80	3.60%	0.04	0.01%	605.27
2004	503.69	100.00%	0.00	0.00%	0.00	0.00%	503.69
2003	401.13	100.00%	0.00	0.00%	0.00	0.00%	401.13
2002	320.00	100.00%	0.00	0.00%	0.00	0.00%	320.00

資料來源：XQ全球贏家

彩晶簡明損益表

單位：百萬元

期別	2007年	2006年	2005年	2004年	2003年	2002年	2001年	2000年
營業收入淨額	37,181	64,816	62,370	38,758	32,952	30,317	15,316	7,080
營業成本	35,286	65,674	66,426	32,757	28,404	26,717	19,349	7,646
營業毛利	1,894	−858	−4,055	6,001	4,550	3,598	−4,034	−566
營業費用	2,030	3,819	3,081	3,375	3,596	2,665	1,516	1,001
營業利益	−136	−4,677	−7,137	2,626	954	933	−5,549	−1,567
營業外收入合計	327	3,414	787	730	501	260	266	585
營業外支出合計	1,091	3,613	3,293	855	603	1,057	1,123	511
稅前淨利	−899	−4,877	−9,642	2,500	852	136	−6,407	−1,494
所得稅費用	0	0	0	0		−750		−1,550
本期稅後淨利	−899	−4,867	−9,642	2,500	852	886	−6,407	56
每股盈餘（元）	−0.15	−0.8	−1.63	0.49	0.24	0.34	−3.08	0.03

註：2007年為至6月30日資料。

彩晶現金流量年報表（母公司）

單位：百萬元

期別	歷年合計	2007年	2006年	2005年	2004年	2003年	2002年	2001年	2000年
來自營運之現金流量	38,999	1,810	11,569	12,064	3,608	8,367	4,200	−3,150	531
投資活動之現金流量	−104,093	−1,884	−2,866	−13,597	−35,840	−21,709	−8,303	−6,031	−13,863
自由現金流量	−65,094	−74	8,703	−1,533	−32,232	−13,342	−4,103	−9,181	−13,332
理財活動之現金流量	61,981	−854	−14,482	549	23,545	24,181	10,833	7,860	10,349
本期產生現金流量	−3,114	−928	−5,779	−984	−8,687	10,839	6,730	−1,322	−2,983

投資人在股市中總是健忘的，況且大家總認為，反正短期有題材、股價會漲就好了，管它過去如何有又如何？打心底，從不認為自己可能會是最後一隻老鼠，況且，大家心中也一向認為：「這次會是不一樣的！」，縱使，事後證明，長期事實的呈現鮮少有所不同。

讓我們看一下該公司2005年至2014年的十年之中，該公司的經營績效如何？

該公司在上表十年之中，仍屬虧多賺少的狀態，顯見營運尚無法出現穩定趨勢。再觀察該公司2007年至2014年歷年的自由現金流量，累計自由現金流量為僅為76億，但稅後淨利則虧損達195億。

該公司在上表十年之中，僅有2007年及2014年配發小額現金股利，其餘年度全部為零。主要原因除了該公司仍屬虧多賺少的公司外，長期創造自由現金淨流入能力偏弱，為最大原因。

彩晶經營績效表

期別	加權平均股本（百萬）	營業收入（百萬）	稅前淨利（百萬）	稅後淨利（百萬）	每股營收（元）	稅前每股盈餘（元）	稅後每股盈餘（元）
2014	33,012	23,675	572	541	7.17	0.17	0.16
2013	29,308	31,422	6,177	6,177	10.72	2.11	2.11
2012	29,292	35,784	−2,651	−1,641	12.22	−0.91	−0.56
2011	58,116	45,138	−8,898	−7,441	7.70	−1.53	−1.28
2010	52,244	57,669	−8,303	−7,611	11.04	−1.59	−1.46
2009	52,244	50,855	−13,973	−13,430	9.73	−2.67	−2.57
2008	54,443	60,468	−3,889	−6,722	11.57	−0.71	−1.23
2007	50,232	78,410	9,089	14,379	15.41	1.81	2.86
2006	60,527	65,278	−4,801	−4,867	10.78	−0.79	−0.80
2005	57,896	62,366	−9,601	−9,642	10.30	−1.66	−1.67

資料來源：XQ全球贏家

彩晶合併現金流量統計表

單位：百萬元

期別	2014	2013	2012	2011	2010	2009	2008	2007	歷年合計
來自營運之現金流量	7,181	5,831	2,112	4,039	1,727	9,113	10,340	9,689	50,032
稅後純益	541	6,177	(2,651)	(8,939)	(8,315)	(13,992)	(6,750)	14,429	(19,500)
營運活動現金佔稅後純益比率	1327.4%	94.4%	−79.7%	−45.2%	−20.8%	−65.1%	−153.2%	67.1%	−256.6%
投資活動之現金流量	(6,628)	(6,672)	(4,751)	(15,085)	(5,799)	(1,474)	(3,695)	1,718	(42,386)
自由現金流量	553	(841)	(2,639)	(11,046)	(4,072)	7,639	6,645	11,407	7,646
自由現金流量佔稅後純益比率	102.22%	−13.62%	99.55%	123.57%	48.97%	−54.60%	−98.44%	79.06%	−39.21%
理財活動之現金流量	(1,304)	(5,442)	4,518	10,255	(219)	2,735	(8,770)	(7,338)	(5,565)
匯率影響數	(2)	49	(143)	256	(207)	(59)	23	25	(58)
本期產生之現金流量	(754)	(6,233)	1,737	(536)	(4,499)	10,316	(2,101)	4,094	2,024

資料來源：公開資訊觀測站

彩晶股利政策表

年度	現金股利	盈餘配股	公積配股	股票股利	合計	員工配股率(%)
2014	0	0	0	0	0	0.00
2013	0.15	1.15	0	1.15	1.3	1.09
2012	0	0	0	0	0	0.00
2011	0	0	0	0	0	0.00
2010	0	0	0	0	0	0.00
2009	0	0	0	0	0	0.00
2008	0	0	0	0	0	0.00
2007	0.75	0.75	0	0.75	1.4999	0.85
2006	0	0	0	0	0	0.00
2005	0	0	0	0	0	N/A

資料來源：XQ全球贏家

彩晶（6116）股價還原權息月K線圖

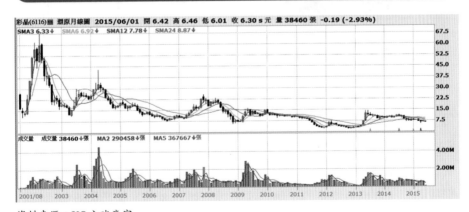

資料來源：XQ全球贏家

案例：台塑（1301）

台塑的股本形成

單位：億元

年度	現金增資	比重	盈餘轉增資	比重	公積及其他	比重
1993	0	0.00%	114.64	96.81%	3.78	3.19%
1994	0	0.00%	128.46	97.14%	3.78	2.86%
1995	0	0.00%	148.98	97.53%	3.78	2.47%
1996	0	0.00%	169.69	97.82%	3.78	2.18%
1997	0	0.00%	190.2	98.05%	3.78	1.95%
1998	0	0.00%	224.96	98.35%	3.78	1.65%
1999	47.26	15.80%	244.78	81.83%	7.08	2.37%
2000	47.26	14.28%	265.99	80.37%	17.69	5.35%
2001	47.26	12.79%	292.96	79.29%	29.25	7.92%
2002	47.26	11.84%	322.63	80.83%	29.25	7.33%
2003	47.26	11.08%	336.23	78.86%	42.86	10.05%
2004	47.26	10.38%	350.65	77.03%	57.28	12.58%
2005	47.26	9.43%	396.51	79.14%	57.28	11.43%
2006	47.26	9.13%	413.17	79.81%	57.28	11.06%
2007	47.26	9.13%	413.17	79.81%	57.28	11.06%

　　該公司創立於1954年10月，已超過50年，至2007年，股本為572億。從上表可知，該公司的股本形成中，來自股東的現金增資比例為9.13%，且正逐年下降當中。如果您夠細心，就會發現，該公司的現金增資比例在1999年前為零，1999年突然現金增資了47.26億，才又使其股本形成中，來自現金增資的比例一次性提高到15.80%。此乃因該集團於該時期，大力擴充麥寮六輕廠區的轉投資新事業，使其集團各公司資金需求轉為股切所致。過了資本支出大力擴充、資金需求的高峰期後，該公司股本形成中，現金增資所佔比例又逐年下降，若非現金股利比例提高，相信其下降速度會更快。

　　由左表就可清楚看到，台塑的股本形成，幾乎全部來自盈餘轉增資，若非有1990年代的六輕投資，台塑企業原始股東的持股成本，早就是零成本了。就產業特性而言，台塑也算是高資本密集的產業，然而，是否不斷進行資本擴充的企業，就無法創造穩定的長期自由現金流量？

　　讓我們來看看台塑的現金流量簡表。

　　由表可知，台塑自1990年代的六輕投資帶動的資本支出高峰過後，隨著其投資進入回收期，集團高營運績效帶動逐年成長的高額營運活動現金流入，使其自由現金流量持續向上擴增，投資活動的資金流出，對其自由現金流量，看不出有太大的影響。

　　由此可見，具備長期競爭優勢的公司，其股本形成中，來自現金增資的比例大部分呈現降趨勢，而自由現金流量則呈現穩定的擴增。這與高資本支出，但卻也同時隱藏高景氣循環風險的產業，顯不相同。

台塑簡明現金流量表

單位：百萬元

期別	2007年	2006年	2005年	2004年	2003年	2002年	2001年	2000年
來自營運之現金流量	34,799	35,530	32,937	26,594	17,427	11,399	6,004	5,339
投資活動之現金流量	−4,935	−21,131	−23,556	−16,827	−9,115	−8,226	−5,653	−10,811
自由現金流量	29,864	14,399	9,381	9,767	8,312	3,173	351	−5,472
理財活動之現金流量	−29,508	−16,930	−10,837	−6,235	−7,814	−3,836	−1,304	7,456
本期產生現金流量	343	−2,534	−1,515	3,498	497	−662	−951	1,958

註：2007年為至9月30日資料。

177

接下來，讓我們也來看看台塑的損益狀況及其股價表現。

台塑歷年簡明損益表

單位：百萬元

期別	2007年	2006年	2005年	2004年	2003年	2002年	2001年	2000年
營業收入淨額	132,235	147,458	135,718	121,939	84,469	65,711	59,814	51,773
營業成本	112,089	129,346	113,359	94,826	69,561	54,323	49,597	41,544
營業毛利	20,150	18,136	22,410	27,082	14,893	11,353	10,217	10,230
營業費用	6,210	7,180	7,356	6,737	5,769	5,385	6,148	5,902
營業利益	13,940	10,956	15,054	20,345	9,124	5,968	4,069	4,328
營業外收入合計	26,167	23,010	24,289	20,221	10,869	8,631	5,898	9,252
營業外支出合計	1,219	1,856	1,585	2,145	3,314	2,884	4,416	3,005
稅前淨利	38,888	32,110	37,758	38,421	16,679	11,715	5,551	10,574
所得稅費用	2,094	991	3,635	2,071	73	1,816	−1,155	−2,323
本期稅後淨利	36,794	30,889	33,186	36,350	16,606	9,898	6,706	12,897
每股盈餘（元）	6.43	5.4	5.8	6.54	3.26	2.06	1.48	3.04

註：2007年為至第三季財務資料。

該公司自2004年即進入轉投資事業的快速回收期，這使它的轉投資收益（列為營業外收入），快速攀升。2007年更因原油、石化原物料價格不斷攀高，而使集團旗下各公司收益同步增加，每年每股稅後純益居高不下，2007年每股稅後淨利達8.36元。

該公司每股稅後淨利雖因國際原油價格自2011年後，呈現下跌走勢，影響集團其他公司獲利，造成每股稅後淨利走低。但因穩定的自由現金流量創造能力，讓該公司現金配息率維持在穩定水平，股價亦不致因產業景氣波動而出現大幅的下跌。

台塑2006～2015年股本形成

年度	現金增資（億元）	比重	盈餘轉增資（億元）	比重	公積及其他	比重	總股本（億元）
2015	101.60	15.96%	477.70	75.04%	57.28	9.00%	636.57
2014	101.60	15.96%	477.70	75.04%	57.28	9.00%	636.57
2013	101.60	15.96%	477.70	75.04%	57.28	9.00%	636.57
2012	101.60	16.60%	453.21	74.04%	57.28	9.36%	612.09
2011	101.60	16.60%	453.21	74.04%	57.28	9.36%	612.09
2010	101.60	16.60%	453.21	74.04%	57.28	9.36%	612.09
2009	101.60	16.60%	453.21	74.04%	57.28	9.36%	612.09
2008	101.60	17.76%	413.17	72.23%	57.28	10.01%	572.05
2007	101.60	17.76%	413.17	72.23%	57.28	10.01%	572.05
2006	101.60	17.76%	413.17	72.23%	57.28	10.01%	572.05

資料來源：XQ全球贏家

台塑經營績效表

期別	加權平均股本（百萬）	營業收入（百萬）	稅前淨利（百萬）	稅後淨利（百萬）	每股營收（元）	稅前每股盈餘（元）	稅後每股盈餘（元）
2014	63,657	216,589	20,552	17,993	34.02	3.23	2.83
2013	63,657	215.425	23,164	20,716	33.84	3.64	3.25
2012	61,209	196,879	16.809	14,663	32.17	2.75	2.40
2011	61,209	217,037	40,939	35,724	35.46	6.69	5.84
2010	61,209	225,320	51,608	45,546	36.81	8.43	7.44
2009	61,209	180,075	29,638	27,533	29.42	4.84	4.50
2008	57,205	200,178	18,136	19,709	34.99	3.17	3.45
2007	57,205	193,583	50.689	47,811	33.84	8.86	8.36
2006	57,205	155,323	32,110	30,889	27.15	5.61	5.40
2005	55,539	158,596	39,465	33,186	28.56	7.11	5.98

資料來源：XQ全球贏家

台塑股利政策表

年度	現金股利	盈餘配股	公積配股	股票股利	合計	員工配股率(%)
2014	1.7	0	0	0	1.7	0.00
2013	1.9	0	0	0	1.9	0.00
2012	1.2	0.4	0	0.4	1.6	0.00
2011	4	0	0	0	4	0.00
2010	6.8	0	0	0	6.8	0.00
2009	4	0	0	0	4	0.00
2008	1.8	0.7	0	0.7	2.5	0.00
2007	6.7	0	0	0	6.7	0.00
2006	4.4	0	0	0	4.4	0.00
2005	4.1	0.3	0	0.3	4.4	0.00

資料來源：XQ全球贏家

台塑（1301）股價月K線圖

資料來源：XQ全球贏家

案例：鴻海（2317）

鴻海的股本形成

單位：億元

年度	現金增資	比重	盈餘轉增資	比重	公積及其他	比重
1993	2.98	27.54%	5.89	54.44%	1.95	18.02%
1994	2.98	23.71%	7.08	56.32%	2.51	19.97%
1995	6.98	31.26%	11.53	51.63%	3.82	17.11%
1996	6.98	19.75%	24.54	69.44%	3.82	10.81%
1997	6.98	13.76%	35.63	70.25%	8.11	15.99%
1998	6.98	9.56%	53.81	73.71%	12.21	16.73%
1999	11.98	10.94%	85.35	77.92%	12.21	11.15%
2000	11.98	8.27%	120.64	83.30%	12.21	8.43%
2001	11.98	6.79%	152.23	86.29%	12.21	6.92%
2002	11.98	5.81%	181.84	88.26%	12.21	5.93%
2003	11.98	4.76%	227.27	90.38%	12.21	4.86%
2004	11.98	3.71%	274.65	85.13%	36.01	11.16%
2005	26.44	6.47%	346.52	84.73%	36.01	8.81%
2006	27.01	5.23%	435.51	84.34%	53.83	10.43%
2007	27.01	4.30%	547.78	87.14%	53.83	8.56%

　　該公司創立於1974年2月，至今已超過40年，至2007年股本為629億元。從上表可知，該公司的股本形成中，來自股東的現金增資比例只佔4.30%，也就是代表，1974年以現金出資的股東，至2007年，每持有一股面額10元的鴻海股票，其成本已下降到只剩4.3角。由此可知，鴻海的原始股東（郭台銘家族）何以曾躍升為臺灣首富的原因。

　　相較於股本形成中，現金增資比率的下降；由公司歷年盈餘所累積出來的盈餘轉增資比重，卻逐年提高，至2007年止，已接近九成。該公司股利政策，轉向稍提高現金股利發放率，否則盈餘轉增資為股本的比重恐怕早已超過九成了。

該公司在上表列15年，僅小幅現金增資4次，總額為24.03億，佔其目前股本629億中的3.81%。由此可見，該公司經營者不願輕易向股東伸手要錢的經營能力。近幾年來，鴻海已演化成國內最大的三C電子跨國控股集團。規模版圖不斷透過轉投資與購併而持續擴大，是否將稀釋其原本就不高的純益率，使其股東權益報酬率持續下降（至2007年止，已出現連續四年下滑），值得後續追蹤觀察。

鴻海近年簡易現金流量表（母公司）

單位：百萬元

期別	歷年合計	2007年	2006年	2005年	2004年	2003年	2002年	2001年	2000年
來自營運之現金流量	52,176	3,313	10,564	12,552	−2,594	−729	16,064	17,076	−4,070
投資活動之現金流量	−81,857	−24,340	−11,237	−10,898	4,329	−9,552	−13,620	−7,865	−8,674
自由現金流量	−29,681	−21,027	−673	1,654	1,735	−10,281	2,444	9,211	−12,744
理財活動之現金流量	41,765	28,195	5,295	4,026	−4,045	10,285	−3,332	−8,814	10,155
本期產生現金流量	12,132	7,169	4,622	5,680	−2,310	4	−888	397	−2,542

註：2007年為至9月30日資料。

接下來，讓我們來看看它的現金流量表情況如何？

由該公司母公司上表八年的現金流量表，我們意外發現其八年的累計自由現金流量，竟然呈現負數，金額為296.81億。這與原先的預期出現了明顯的落差，此部分於母公司及子母公司合併現金流量表統計表中，再進行細部解剖，探尋其在財務投資面向，尚待解開的密碼。

母公司長期自由現金流量偏弱，代表該公司若欲維持高現金股利政策，便有可能以對外融資或發行公司債來進行資金融通，這對母公司未來財務結構的穩定將是不利的發展。

接下來，讓我們也來檢視一下鴻海的損益狀況及其股價表現。

鴻海近年簡易損益表

單位：百萬元

期別	2007年	2006年	2005年	2004年	2003年	2002年	2001年	2000年
營業收入淨額	821,466	907,376	707,005	421,670	357,241	245,009	144,134	92,062
營業成本	780,193	857,778	665,156	394,154	332,799	228,530	130,154	81,046
營業毛利	41,273	49,598	41,848	27,508	24,452	16,465	14,243	11,081
營業費用	16,107	20,277	18,691	14,372	12,220	8,942	7,507	5,444
營業利益	25,167	29,321	23,158	13,136	12,232	7,523	6,735	5,637
營業外收入合計	37,800	44,347	27,282	21,272	16,469	12,009	8,940	6,732
營業外支出合計	3,460	2,995	1,552	684	884	355	586	515
稅前淨利	59,507	70,673	48,887	33,724	27,817	19,177	15,090	11,854
所得稅費用	8,373	10,810	6,528	3,967	2,666	2,291	2,009	1,523
本期稅後淨利	51,134	59,863	42,359	29,757	25,151	16,886	13,080	10,331
每股盈餘（元）	8.13	11.59	8.42	7.57	7.79	6.7	6.34	5.84

註：2007年資料為前三季資料。

如果只就該公司的損益表分析，將發現該公司無論本業的營業淨利，或業外的轉投資收益，均表現相當優異。這也使得其長期股價的表現相當出色。然而，稅後純益金額與來自營運現金流量的明顯落差，將是公司及投資人共同的隱憂。

由鴻海2005年至2014年共十年的合併現金流量表與母公司現金流量表比較，來自營運活動現金流量合計數分別佔稅後純益的133.29%及89.75%，表現都相當良好，但來自營運活動現金流量合計數，扣減投資活動現金流量合計數後的自由現金流量合計數，佔稅後淨利的比率，兩者就有不小的差異，前者48.98%，後者為9.52%，十年之間自由現金流量合計數，從4,002億下降至761億。

鴻海2005年至2014年合併現金流量統計表

單位：百萬元

年期	2014	2013	2012	2011	2010	2009	2008	2007	2006	2005	合計數
稅後淨利	132,482	107,346	91,787	81,935	75,473	76,380	56,690	84,688	66,276	43,971	817,028
來自營運之現金流量	190,676	172,752	179,805	101,208	62,456	99,965	63,421	105,478	70,522	42,707	1,088,990
來自營運之現金流量佔稅後淨利比率（％）	143.93%	160.93%	195.89%	123.52%	82.75%	130.88%	111.87%	124.55%	106.41%	97.13%	133.29%
投資活動之現金流量	-62,250	-33,906	-43,089	-86,170	-139,212	-35,614	-81,074	-101,004	-59,663	-46,791	-688,773
自由現金流量	128,426	138,846	136,716	15,038	-76,756	64,351	-17,653	4,474	10,859	-4,084	400,217
自由現金流量佔稅後淨利比率（％）	96.94%	129.34%	148.95%	18.35%	-101.70%	84.25%	-31.14%	5.28%	16.38%	-9.29%	48.98%
融資活動之現金流量	-158,218	31,696	64,390	47,260	171,684	16,446	-30,534	52,010	10,697	12,601	218,032
匯率影響數	14,803	17,959	-25,373	13,255	-18,230	-2,396	4,266	1,622	2,473	1,120	9,499
本期產生現金流量	-14,990	188,500	175,733	75,552	76,698	78,401	-43,922	58,106	24,029	9,636	627,743

資料來源：XQ全球贏家　　資料整理：鉅豐財經資訊

鴻海2005～2014年母公司現金流量統計表

單位：百萬元

年期	2005	2006	2007	2008	2009	2010	2011	2012	2013	2014	合計數
稅後淨利	40,785	59,863	77,690	55,133	75,685	77,155	81,591	94,762	106,697	130,535	799,896
來自營運之現金流量	12,082	10,564	-7,668	60,243	55,709	114,804	-7,431	110,039	48,814	320,754	717,910
來自營運之現金流量佔稅後淨利比率（％）	29.62%	17.65%	-9.87%	109.27%	73.61%	148.80%	-9.11%	116.12%	45.75%	245.72%	89.75%
投資活動之現金流量	-10,576	-11,237	-21,054	-21,168	-41,780	-122,775	-18,881	-98,481	-37,849	-257,960	-641,761
自由現金流量	1,506	-673	-28,722	39,075	13,929	-7,971	-26,312	11,558	10,965	62,794	76,149
自由現金流量佔稅後淨利比率（％）	3.69%	-1.12%	-36.97%	70.87%	18.40%	-10.33%	-32.25%	12.20%	10.28%	48.11%	9.52%
融資活動之現金流量	5,801	5,295	19,205	-29,276	3,165	36,666	39,333	-13,587	-20,073	9,035	55,564
匯率影響數	0	0	54	257	41	-1,563	-279	-602	526	4,764	3,198
本期產生現金流量	7,307	4,622	-9,464	10,055	17,135	27,131	12,741	-2,632	-8,582	76,593	134,906

資料來源：XQ全球贏家　資料整理：鉅豐財經資訊

該公司合併現金流量表與母公司現金流量表的自由現金流量合計數之所以產生如此大的差異，最主要原因為該公司在十年之間，認列來自「權益法的投資收益」達5,475億，但實際來自「權益法現金股利收入」的現金流入僅145億，亦即來自權益法認列的投資收益，實際有現金股利流入的比率僅約佔認列的投資收益的2.7%。這是造成該公司合併現金流量與母公司現金流量差異的最主要原因，恐怕也是台股上市櫃公司有大額海外投資者，但卻無法挹注母公司現金流量的共同問題。

　　該公司在上表十年之間，臺灣母公司共配發1,480億現金股利（2004年～2013年現金股利在2005年～2014年配發），但同期間母公司產生的自由現金流量僅761億，此部分現金流量缺口極可能以公司的融資、理財活動向金融機構融資或是發行公司債，或以其他有價證券發行以取得資金，可能造成母公司長期負債比率的提高，成為股票評價的負面因子。該公司母公司負債比率自2005年的46.88%提高至62.11%，合併財報負債比率則從57.28%提高至60.02%，均可見該公司整體財務結構中的負債比率，其實並不低，倘若該公司所處產業景氣產生劇烈變動，或是全球利率

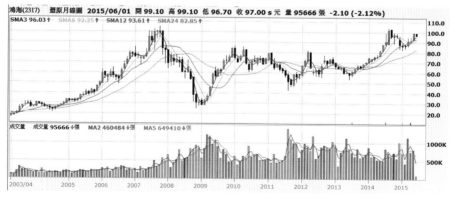

鴻海（2317）股價月K線圖

資料來源：XQ全球贏家

趨勢由下降轉向回升，均將造成該公司整體營運風險。

案例：大豐（6184）

大豐的股本形成

單位：億元

年度	現金增資	比重	盈餘轉增資	比重	公積及其他	比重
1996	3	100.00%	0	0.00%	0	0.00%
1998	3.75	100.00%	0	0.00%	0	0.00%
2001	4.2	100.00%	0	0.00%	0	0.00%
2002	4.2	100.00%	0	0.00%	0	0.00%
2003	4.2	100.00%	0	0.00%	0	0.00%
2004	5.57	89.84%	0.63	10.16%	0	0.00%
2005	5.57	89.84%	0.63	10.16%	0	0.00%
2006	5.57	89.84%	0.63	10.16%	0	0.00%
2007	5.57	89.84%	0.63	10.16%	0	0.00%

　　該公司創立於1996年3月，2007年股本僅為6.2億。從上表可知，該公司的股本形成中，來自股東的現金增資比例高達89.84%，乍看之下，相當驚人，很容易讓人以為該公司是否不斷向股伸手要錢。但細看，發現該公司自2004年開始，股本便不曾再有所增減，一直維持在6.2億。而其現金增資的比例也不曾再出現變動，直至2011年因連續三年的盈餘轉增資，及2014年的公積轉增資，股本至2014年才提高至13.96億。

　　由此股本形成過程觀察，我們就可以合理猜測，該公司應該是屬於營運穩定但成熟型產業，以致其股本擴充在上表列的期間進入停滯期。對成熟型產業的股票評價，因其產業的成長性較弱，因此，在進入股票價值評價之前，有必要同時對其現金流量及損益狀況，進行初步評估，以確認產業趨勢是否即將進入獲利衰退期。成熟型產業若跨過產業景氣高原期後，往往伴隨營運及獲利同時衰退，此時股價下修的壓力將會非常大。

大豐簡明現金流量表

單位：百萬元

期別	歷年合計	2007年	2006年	2005年	2004年	2003年	2002年	2001年	2000年
來自營運之現金流量	1,727	227	309	279	274	214	158	157	109
投資活動之現金流量	−1,050	−41	−125	−254	−72	−149	−173	−199	−37
自由現金流量	677	186	184	25	202	65	−15	−42	72
理財活動之現金流量	−467	−187	−194	−204	185	−84	−48	81	−16
本期產生現金流量	210	−2	−10	−179	388	−19	−62	39	55

註：2007年為至9月30日資料

　　由簡易的現金流量表可知，該公司自2003年開始，其營運活動及自由現金流量均為正數。此顯示，其股本擴充雖然出現停滯，但投資活動仍每年進行中，並未同時停滯，且其創造現金流量的能力並未受到影響。而代表對外融資或股東權益增減的理財活動，則長期呈現負數，此代表該公司，持續在進行降低對外負債總額或配發現金股利的動作（現金流量表三大面向邏輯分析，將於本書後續章節說明）

　　由簡明的損益表可知，該公司自2002年開始，其每年每股稅後純益均超過3元，且其營運活動現金流量的現金流入都在稅後純益之上，顯示其盈餘品質良好，且公司歷年獲利相當穩定。這讓該公司每年的股利發放政策，在最近幾年均維持高現金股利發放水準。

　　由下表可以看到，該公司從2001年～2006年，共計發放現金股利高達15.3元，歷年現金股利的發放早於超過原始股東的出資額。這等於對原始創史股東而言，目前持有該公司股票的成本早就是零成本了。

大豐簡明損益表

單位：百萬元

期別	2007 年	2006 年	2005 年	2004 年	2003 年	2002 年	2001 年	2000 年
營業收入淨額	475	582	574	537	505	477	435	386
營業成本	221	266	256	240	240	227	238	233
營業毛利	254	315	318	297	265	250	197	153
營業費用	82	95	82	76	79	92	75	85
營業利益	172	221	236	221	186	157	122	68
營業外收入合計	89	76	43	35	30	16	7	2
營業外支出合計	0	0	1	1	3	1	3	4
稅前淨利	260	297	278	255	213	173	126	66
所得稅費用	46	57	62	58	45	40	34	18
本期稅後淨利	215	240	216	197	169	132	93	48
每股盈餘（元）	3.46	3.87	3.49	3.85	3.49	3.15	2.35	1.28

註：2007 年資料為前三季資料。

　　對一般投資機構或人而言，該公司的股本過小、每日股票成交量過小，使其不願意買進該公司股票。但對一般長期投資贏家而言，股票是否為熱門主流股、成交量較小、大部分的媒體不關注，可不決定投資報酬率的主要因素。讓我們來看看該公司罪近幾年的股價走勢圖如何？

　　該公司於2002年5月上櫃，至2015年6月3日收盤價52.8元，還原權息後，股價約上漲4.28倍，其長期投資報酬率與獲利高成長的電子科技公司相較，毫不遜色。

　　在股票市場中，縱使短期股價由各種市場供需因素所影響；但是，長期股票價格卻是受公司創造盈餘及現金流入的能力所左右。

年度	現金股利	盈餘配股	公積配股	股票股利	合計	員工配股率(%)
2014	2	0	0	0	2	0.00
2013	2.5	0	0	0	2.5	0.00
2012	2	1	0	1	3	0.00
2011	2.8	1	0	1	3.8	0.00
2010	2.5	1.3	0	1.3	3.8	0.00
2009	3.5	0	0	0	3.5	0.00
2008	3	0	0	0	3	0.00
2007	3.3	0	0	0	3.3	0.00
2006	3	0	0	0	3	0.00
2005	3	0	0	0	3	0.00
2004	3	0	0	0	3	0.00
2003	1.5	1.5	0	1.5	3	0.00
2002	2.8	0	0	0	2.8	0.00
2001	2	0	0	0	2	0.00

大豐電2001～2014年股利政策

資料來源：XQ全球贏家

　　就產業面而言，該公司絕非所謂的高科技、高成長公司；就股票市場流行主流而言，它更從未與所謂的主流沾不上一點邊；在就公司經營者而言，恐怕也不是市場喜愛的風雲人物。但該公司股票價格在大盤幾次回檔中，卻總是不動聲色、輕輕帶過，然後在一路穩健向上挺進。

　　彼得‧林區曾說過下面這段話，可以一針見血地點出，投資人一昧追逐所謂市場主流，而忽視公司真正賺取現金收入的能力，他說：「我喜歡買連猴子都可以經營的公司，因為有一天這些公司搞不好真的會由猴子來經營。」很多投資人以為自己不清楚或越難懂的行業才是所謂「高科技」產業，因此，常常也就對其股價充滿高度幻想。就像一般人對自己喜歡的演藝明星般的崇拜心理，往往起因於對其高度的完美幻想，孰知，越不清楚、透明的事物，您越不可能看清楚其真正的全貌。

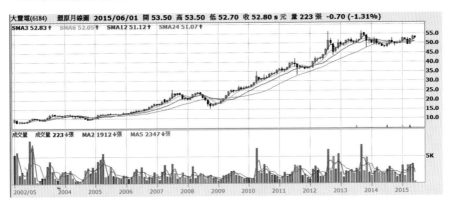

資料來源：XQ全球贏家

　　在股票市場中到處充滿半調子分析師，總喜歡透過各種途徑大談產業願景，並鼓動一般投資人對股票投資應充滿高度想像力，這是一種不負責任的江湖郎中作法。對內部經營者而言，他可以侃侃而談公司永續經營願景；但對外部投資人而言，則應講求實際，關心企業目前及未來的獲利及賺取現金的能力。除非您已是公司及大股東的同路人，否則公司經營者的願景不會是您的願景，高度的想像力往往會成為黃粱一夢！

　　因此，選擇投資標的不一定要「充滿興奮活水」，也不見得經營者要在眾人面前刻意經營所謂「低調作風」，更不用選擇連產業分析師或市場「半調子赤腳大師」等名嘴自己都不清楚的產業或公司。永遠要記得，您要買的公司越透明、越能持續賺到現金者，才是好的投資標的；反之，故弄神秘，並且與市場有心人士牽涉或密集上媒體版面的公司，您都應該盡量避開！

　　做為一個外部投資人，一定要永遠記得，公司是否能賺錢，而且是現金，才是我們應該關心的；如果經營者想要自己公司的股價反應更高的價值，請拿出成績來，其他任何手法操弄，免談！

4. 長期投資佔總資產比率

$$長期投資佔總資產比率 = \frac{長期投資}{總資產}$$

在解釋此比率在證券投資分析上所代表的意涵之前，讓我們先引用鄭丁旺博士在其所著《中級會計學》一書中，對長期投資的完整說明：「長期投資包括以獲取財務上或營業上的利益為目的，非供營業直接使用，而擬長期持有的投資，及為供特定用途所累積或提撥的基金。例如為獲取利息收入而購買公債或公司債並長期持有，為控制某公司，以獲取營業上的配合，而長期持有該公司的股票……。」

由這段說明，就可以知道，長期投資主要目的，並非供營業直接使用，雖以獲取被投資標的財務或營業上利益為目的，但往往透過控制被投資標的，以得到其在營業上的配合。所以，長期投資項目往往並非與本業營運直接相關，當公司經營者將公司主要資源配置在長期投資項目中時，公司能夠運用資源於本業的營運動能自然減弱。除非公司已轉換為投資控股母公司，否則，長期投資佔公司總資產的比例過高，將使公司無法專注於本業的營運管理，徒增公司整體營運風險。

列入長期投資的資產項目，常因其適用法令與母公司相較，寬鬆標準不一，導致財務報表晦暗難懂，或因多層次轉投資，且因遠在海外導致外部會計師等專業人員簽核不易，這些都常常成為財務報表透明度嚴重不足的地方。不肖的經營者，便得以藉此浮編資產以行掏空公司行徑、虛灌業外投資收益炒作股價、藉此高價出脫本身持股以坑殺外部投資人等等違法作為。

當所投資的公司，其長期投資佔總資產比例過高，且其長期自由現金

流量（來自營運活動現金流量減投資活動現金流出量）為負數時，投資人便應提高警覺。除應深入了解其現金流向外，也要弄清楚所投資的長期投資項目，其財務資訊是否充分透明，對子母公司合併財務報表應以高度懷疑態度看待，在投資態度上更應以保守心態來看待這類公司。下表所列公司，均為至2007年第三季止，從其子母公司合併會計報表，以下列條件為篩選條件，所篩選出的個股：

A. 長期投資／總資產＞40%
B. 四季ROE、2006年Q4至2007年Q3股東權益報酬率＜10%
C. 2003年至2007年Q2自由現金流量為負數。

代號	名稱	四季RoE	5年自由現金流量（百萬）
1104	環球水泥股	2.93	−2,323.15
1203	味王股份有	−2.45	−555.61
1333	恩得利工業	0.6	−1,125.61
1605	華新麗華股	4.52	−5,134.78
1714	和桐化學股	4.75	−3,069.26
1906	寶隆國際股	2.75	−123.33
2022	聚亨企業股	−4.88	−3,553.74
2371	大同股份有	−2.47	−51,012.51
2381	華宇電腦股	−30	−12,472.64
2438	英誌企業股	5.88	−837.41
3207	耀勝電子股	6.81	−204.32
3701	大眾全球投	−18.26	−1,914.65
4707	磐亞股份有	5.29	−19,195.35
5014	建錩實業股	6.18	−1,819.50
5607	遠雄自貿港	−5.94	−4,414.60
6226	光鼎電子股	6.31	−178.57
6235	華孚科技股	−1.09	−1,401.18
6276	名鐘科技股	−7.76	−81.77

註：財務資料至2007年第三季為止。

上列這些公司，不僅其長期投資佔總資產比例超過40%，且其長期自由現金流量（營運活動現金流量減投資活動現金流量）為負數，以及四季股東權益報酬率低於10%以下。此顯示，這些公司很容易讓人懷疑，不僅資金去向並非投入本業營運，且長期呈現淨流出，會計盈餘也表現不佳。對這類公司，我不敢說一定會是潛在地雷公司，但就風險性而言，這些公司都是高投資風險的族群並不為過。

再來，長期投資的資產項目，可以從公債、公司債、上市櫃公司股票、公開或未公開發行公司的股票、預購廠房或建廠土地、公司債償債基金、員工退休基金、墊付子公司或關係企業款項、人壽保險解約金等等，可以說琳瑯滿目。其中通常以上市櫃公司股票、公開或未公開發行公司股票兩項佔最大比例。但在現行會計評價技術及法令下，不少以長期投資名義持有的子公司或聯屬公司股票，不僅無法取得足以信賴的財務資訊，甚至可能因台海兩岸上無會計簽核相關協定，而使在台股中，不少所謂的中國概念股的財務資訊變得晦澀難辨。

公司資產中，長期投資比例部位偏高的所謂中國概念公司，若其會計盈餘因按權益法承認的業外投資收益，長期高於來自營運活動現金流量的實際現金流入，加上長期自由現金流量呈現負數，更使台股投資人的投資保障變得日益薄弱。投資人在閱讀財務報表時，一定要對照損益表與現金流量表的差異，才能使自己免於買入資產可能被掏空的空殼公司。

下面節錄上市櫃公司會計師出具的財務報告書標準範本，讓大家明瞭臺灣會計師，如何處理上市櫃公司的長期投資在其財務報告書中的表達。部分內容如下：

「大飛科技（假設名稱）股份有限公司民國九十五年及九十四年十二月三十一日之資產負債表，暨民國九十五年及九十四年一月一日至十二月三十一日之損益表、股東權益變動表及現金流量表，業經本會計師查核竣事。上開財務報表之編製係管理階層之責任，本會計師之責任則為根據查

核結果對上開財務報表表示意見。貴公司民國九十五年及九十四年度採權益法評價之部分長期股權投資暨其於附註十九所揭露相關被投資公司資訊，係依各該公司所委任會計師查核之財務報表評價而得，本會計師並未查核該等財務報表。民國九十五年及九十四年度依據其他會計師查核之財務報表所認列之投資收益分別為××××仟元及××××仟元，截至民國九十五年及九十四年十二月三十一日止，其相關之長期股權投資餘額分別為××××仟元及××××仟元；另如第五段所述，貴公司因於民國九十五年十一月五日合併普普通通科技股份有限公司（以下簡稱「普通公司」）而追溯重編民國九十四年度之財務報表，列入重編後民國九十四年度財務報表之普通公司，其財務報表未經本會計師查核，而係由其他會計師查核。」

　　由上面陳述內容，我們就可以知道，上市櫃公司在臺灣的簽證會計師出具的財務報告書中，已明白陳述，未經其查核的項目包括有：「採權益法評價之部分長期股權、相關被投資公司資訊、長期投資收益、長期股權投資餘額」，這些項目都未經臺灣簽證會計師，實地查核並簽證，而是由轉投資子公司，或聯屬公司所委任的會計師簽證。看了這些財務報告書，相信大家就會明白，何以不肖經營者，喜歡將資金投資在與營業項目相關性極低的長期投資項目中，或是不斷地進行異業購併動作了。

　　長期投資問題不止這些，列為長期投資的股票價值的評價往往也對投資人的投資損益造成不小的影響。接下來，就來談這個問題。

5. 長短期股權投資評價

　　在2006年以前，國內會計準則僅以簡單的「短期投資」與「長期投資」來區分各類金融資產，並分別列入資產負債表中的不同項目裡。不僅資產項目不同，當市場價格發生波動時，公司經營者往往為掩蓋已產生實質損失的實況，或為提高會計盈餘炒作股價，透過長、短期投資會計科目的轉換，達到掩蓋財務真相、窗飾美化會計盈餘的目的。

主管機關為杜絕此種歪風，並考量國內會計準則應逐漸與國際接軌的精神，遂頒訂34號會計公報，將相關金融資產種類分為下列幾大類：

（1）以交易為目的的金融資產：市價變動列入當期損益的金融資產。

（2）備供出售的金融資產：市價變動列入當期股東權益增減項目。

（3）持有到期金融資產：按持有成本進行折溢價攤提，市價變動不影響當期損益及股東權益損益的金融資產。

（4）長短期股權投資資產：市價變動及會計處理原則，按下表所列處理：

由上可知，當一家公司持有短期股票投資部位時，仍然可能透過調整「交易目的證券投資」與「備供出售證券投資」資產項目，來調整當期損益，這種情形在保險公司或金融控股公司最為普遍，因此，當一家公司持有高部位的「備供出售證券投資」資產項目時，投資人一定要對照資產負債表中的股東權益項下的會計科目，是否有增列金融資產價格波動的增減項目，才能了解公司持有股票投資部位，到底是賺錢或賠錢狀態。

長、短期股權投資會計相關處理原則彙總表

轉投資持股	會計科目分類	會計處理原則	當年投資收入認定	現金股利認定原則	年底帳列投資餘額	對損益表的影響
<20%	交易目的證券投資	成本法加年底市價比較評價	現金股利收入	當期股利收入	市價	* 現金股利收入 * 市價波動影響當期損益
	備供出售證券投資	成本法加年底市價比較評價	現金股利收入	當期股利收入	市價（市價波動影響股東權益）	* 現金股利收入
20%~50%	長期股權投資	權益法	被投資公司當期損益×持股比例	視為長期投資的成本的減項	初期投資餘額＋本期投資損益－現金股利	* 按照權益法投資收益
>50%	長期股權投資	權益法＋合併報表	被投資公司當期損益×持股比例	視為長期投資成本的減項	初期投資餘額＋本期投資損益－現金股利	* 按照權益法投資收益

真正對財務透明度造成最大傷害的，並不是短期金融投資項目，而是前面提過的「長期投資項目」。很多列為長期投資的股權資產，其背後的發行公司，未在國內股票市場申請上市櫃交易，甚至股票尚未申請公開發行，以致於導致其財務報表無法按正常程序迅速取得，或因法令並未強制要求，在此情況下，被列為長期投資的股票發行公司，亦常藉故不願對外透露任何公司相關訊息。遇到這種情形，除非投資人拒絕成為該上市櫃母公司的股票投資人，否則，若是經營者操守不正，投資人將淪為「人為刀俎、我為魚肉」的下場。

再者，從台海兩岸經貿往來變為更加緊密，不少臺灣上市櫃公司，透過第三地的免稅天堂，設立多層次轉投資子公司，再進行對中國的轉投資。在此情況下，臺灣投資人對上市櫃公司在海外的財務資訊，經過多層次控股架構下，早已無法清楚了解。這讓經營者更容易透過海外投資管道，上下其手，假營運國際化之名，行五鬼搬運、掏空公司資產之實。投資人對於積極進行海外長期投資的公司，但長期下來，來自營運活動現金流量卻遠遠落後於會計盈餘，加上長年資金流向長期投資項目，使自由現金流量累積負數不斷擴增的公司，都應提高警覺，少碰為妙！

損益表

企業體在「某會計期間」內經營成果的財務報表，其說明企業體各項收入及費用或成本支出之去處，並以應計基礎，彙報整理損益發生原因及其對股東權益增減變化之影響過程。損益表是動態的流量財務報表，這是它與資產負債表呈現的「特定時點」報表，最大的不同之處。

標準的簡易損益表編列方式如第199至200頁表（以台積電為例）。

營業毛利＝營業收入淨額－營業成本

營業利益＝營業毛利－營業費用

稅前淨利＝營業利益＋營業外收入－營業外支出

基本每股盈餘（元）＝ $\dfrac{稅後純益}{加權平均發行流通在外股數}$

營業收入淨額，乃企業體在會計期間內，因營業行為所產生執行業務所得，它的標的客體可以是實體商品買賣（例如製造及買賣業），也可以是無形的勞務提供（如個種服務業）。

在執行業務完成的特定時點，公司會計帳便應記錄營業收入的產生，無論該營業行為是否產生現金的實際交割或移動。這也就是財務會計準則適用中，極為重要的「應計基礎」假設，也稱為權責發生基礎。在鄭丁旺博士所著的「中級會計學」中簡要地定義何謂權責發生基礎，他說：「所謂權責發生基礎（又稱應計基礎），係指交易及其他事項的影響（即所產生的資產、負債及收益和費損）應於發生時（而非於現金收付時）認列。」此即認定會計帳於交易發生時，便應詳實記載，而非於現金收付時才記錄。此精神原先主在客觀表達營運實況，但往往也成為在財務報表編列過程中，遭有心人士的操弄，成為財務報表透明度不足，或虛偽造假的合法掩護衣。因此，在介紹完損益表分析重點後，本書將針對如何破解財務報表重大盲點，持續帶大家了解現金流量表，及盈餘品質分析等重大課題。

營業毛利乃指公司的營業收入淨額，扣掉可直接歸屬於生產商品，或提供勞務所需的直接原物料或人工成本，所得淨額稱為營業毛利，代表公司生產該產品的毛利高低。

台積電合併損益表（年）

期別	2014	2013	2012	2011	2010	2009	2008	2007	2006	2005
營業收入淨額	762,806	597,024	506,249	427,081	419,538	295,742	333,158	322,631	317,407	266,565
營業成本	385,101	316,058	262,629	232,937	212,484	166,414	191,408	180,280	161,597	148,362
營業毛利	377,706	280,966	243,620	194,143	207,054	129,329	141,750	142,350	155,810	118,203
聯屬公司間未實現銷貨	29	-21	-25	-74	0	0	0	0	0	0
營業費用	81,844	71,516	62,538	52,512	47,878	37,367	37,314	30,628	28,545	27,234
營業利益	295,890	209,429	181,057	141,557	159,175	91,962	104,435	111,722	127,265	90,969
利息收入	2,731	1,836	1,645	1,480	1,665	2,601	5,374	5,652	4,542	3,069
投資收入／股利收入	4,599	4,478	2,029	898	2,298	46	702	2,508	2,347	1,433
處分投資利得	2,391	1,605	541	233	737	16	721	875	0	0
投資跌價損失回轉	0	1,187	0	507	321	595	0	63	0	0
處分資產利得	0	0	0	0	0	0	101	91	421	343
存貨跌價損失回轉	0	0	0	0	0	0	0	0	0	0
兌換盈益	2,111	285	582	0	0	0	1,228	81	0	0
其他收入	357	1,294	1,985	2,241	8,115	2,396	2,697	2,664	2,395	2,222
營業外收入合計	22,278	15,954	6,782	5,359	13,136	5,654	10,821	11,934	9,706	7,067
利息支出	3,236	2,647	1,020	627	425	391	615	842	891	2,662
投資損失	0	0	0	0	0	0	0	0	0	0
處分投資損失	0	0	0	0	0	0	0	0	799	0
投資跌價損失	211	1,539	4,232	266	160	913	2,641	54	1,093	466
處分資產損失	0	0	32	201	849	0	0	6	241	60
兌換損失	0	0	0	186	99	627	0	0	401	0

台積電合併損益表（年）

（續）

期別	2014	2013	2012	2011	2010	2009	2008	2007	2006	2005
資產評價損失	0	0	0	0	0	0	0	0	0	0
其他損失	156	107	557	392	507	221	318	1,111	140	584
營業外支出合計	16,071	9,896	6,285	1,768	2,041	2,153	3,785	2,014	3,608	3,773
稅前淨利	302,098	215,487	181,554	145,148	170,270	95,463	111,472	121,642	133,362	94,263
所得稅費用	38,317	27,468	15,590	10,694	7,988	5,996	10,949	11,710	7,774	631
經常利益	263,781	188,019	165,964	134,453	162,282	89,466	100,523	109,932	125,588	93,633
停業部門損益	0	0	0	0	0	0	0	0	0	0
非常項目	0	0	0	0	0	0	0	0	0	0
累計影響數	0	0	0	0	0	0	0	0	1,607	0
本期稅後淨利	263,899	188,147	166,159	134,201	161,605	89,218	99,933	109,177	127,010	93,575
每股盈餘（元）	10.18	7.26	6.41	5.18	6.24	3.45	3.86	4.14	4.93	3.79
加權平均股本	259,293	259,278	259,207	259,141	259,058	258,358	259,096	263,466	257,886	246,799
當季特別股息負債	0	0	0	0	0	0	0	0	0	0
少數股權前稅後淨利	263,781	188,019	165,964	134,453	162,282	89,466	100,523	109,932	127,195	93,633
歸得多數股權前淨利										
少數股權淨利	-118	-128	-195	252	677	248	590	755	186	58
子公司董監酬勞	0	0	0	0	0	0	0	0	0	0

資料來源：XQ全球贏家

從營業毛利中，再扣掉企業從事營業活動所產生的營業費用，含產品的推銷費用、公司內部管理費用、機器廠房等固定產的折舊費用、新商品的研究發展費用等等，得出因本業營業所獲得的淨額，便是營業利益，代表公司因本業經營的實際獲利。

營業利益再加入非因本業營運所產生的利得（如利息收入、投資收益、股利收入、處分各項資產利得、資產減損回沖等），並扣掉非因本業產生的損失或費用（如利息費用、投資損失、處分投資損失、處分固定資產損失、存貨跌價及呆滯損失等），所得出的淨額，便是稅前淨利。稅前淨利扣除營利事業所得稅後，就成為稅後淨利。

稅後淨利除以公司發行流通在外的普通股股數，就是一般所稱的每股稅後純益，在學理上又稱「基本每股盈餘」。若考量公司發行流通在外的潛在股權膨脹因素，則可算出「稀釋每股盈餘」，當衍生性股權工具發行額度越高，公司「基本每股盈餘」在股票價值評價上的說服力，便越顯薄弱。因此，關心公司每股稅後盈餘的同時，也應同時留意公司發行流通在外的可轉換公司債、可轉換特別股、員工認股權、附認股權特別股等等衍生性股權的多寡。因為，這些東西往往將原來股東的權益稀釋於無形，甚至因不肖內部人，結合利害關係人居中操弄，使外部投人誤買公司股票，使投資血本無歸。

緊接著介紹在股票投資上，應注意的損益表分析重點。

營業收入變動趨勢

投資人應該都知道，一到每月的10日的當周，證券專業媒體便不斷配合上市櫃公司上個月營收的公布，大聲對市場放送最新營收的相關訊息，諸如「彩色科季營收再創新高」、「冥鴨電子營收連續三個月創新高」、「超賺建設單季營收創下歷史新高」、「明牌航運單月營收相較去年同期成長超過五成」等，標題之聳動、聲音之激昂，讓投資人一聽，滿腦子就充塞買進股票的衝動。

媒體只負責包裝及放送上市櫃公司所公布的訊息，為刺激讀者的閱讀慾望，進而花錢消費媒體商品，它總是設法以最辛辣直接的標題來吸引讀者的注意；但是，媒體卻不負責對投資市場所報導的相關資訊，有客觀、超然、正確的解讀義務。因此，投資人就像抽煙成癮的人一樣，長此以往的經驗一再警告他，依據媒體浮面報導的投資結果，常常以大賠收場，但仍樂此不疲。會產生如此情況的原因，其實只因為，投資人在充滿人性貪婪、恐懼、畏縮、狐疑的投資市場中，無法培養自己對資訊的解「毒（讀）」能力，以致容易被市場氣氛所影響，不由自主、慢慢踏入股票市場的投資陷阱。

　　前面已說過，營業收入淨額，乃企業體在會計期間內，因營業行為所產生執行業務的所得，它也是公司創造營業活動現金流入的重要源頭。既是業務所得，直覺當然是越高越好，這個邏輯雖說的通。但營業收入連續創新高，或單月營收成長率達到多少、成長率遠高於同業，是否就代表公司的股票價格在營收消息公布後，一定會反應上漲。那可未必！

　　反應股票價格的資訊，錯縱複雜、前後雜踏，姑且不論一般投資人對營收的解讀能力是否足夠，在資訊傳遞上，外部投資人亦常處於不對等的地位上。當公司內部人同時成為股票市場短期投機交易者時，投資人將很難從每月的立即營收資訊，討到太多便宜。

　　我們能做的是，第一，先弄清楚如何在股票市場解讀上市櫃公司每月營收資訊。第二，透過營收趨勢的解讀，並對牽動損益表中的各項獲利指標，產生通盤的深入解析能力。第三，以嚴謹的股票價值評價思考邏輯及方法，根據自我對風險的承受能力，對股價及股票價值之間的相對合理性，建立買賣股票的客觀判斷標準，以避免隨市場氣氛產生追高殺低的不理性投資行為。若能做到如此，辛苦收集而來的上市櫃公司每月營業收入資料，才能對自己的投資產生正面的幫助。

營業收入變動趨勢對股票價格影響的分析重點有下面幾點：

（1）營收變動趨勢重於短期營收的絕對數高低。

（2）累積營收年增率對於股價的敏感度大於單月營收年增率。

（3）長、短期平均線的融合分析可幫助了解景氣的整體榮枯。

財經媒體總是喜歡報導，某某公司營收創新高或成長多少，但卻鮮少告訴我們公司的營收趨勢如何。為什麼要探討營收趨勢呢？因為趨勢是一段時間的統計軌跡，但短期營收的變化卻極可能因少數客戶下單量劇烈波動、或特殊季節因素，使單月營收出現變化。因此，追蹤觀察公司的營收變化，必須掌握營收變動趨勢重於短期營收的絕對數高低的重要原則。在市場實證上，單月營收或許可造成極短期的價格波動，但若無法扭轉早已形成的長期營收變動趨勢，就可能緊接著出現更大幅度、反方向的股價波動，修正原來極短期的價格波動。

案例：聯發科（2454）

由每月營收資料及平均營收趨勢圖，發現該公司單月營收在2014年10月創下單月歷史新高，且12個月平均營收趨勢線仍維持向上揚升。若單從每月營收數字，投資者應該不會懷疑該公司營收成能依舊保持強勁成長，股價理應持續上漲，但股價是否真如單月營收數據反應的預期？

由該公司權息還原股價月K線圖，發現股價最高點在2014年7月的533元，時間上比單月營收創新高月分，還提早三個月。2014年10月單月營收雖創歷史新高，但股價在9月卻領先大跌9.81%，10月最低點甚至持續重挫接近12%，2014年11月至2015年1月，股價雖出現反彈，但仍無法越過高點。何以如此？

聯發科每月營業收入

單位：億元

年月	營業收入	月成長率 MoM(%)	去年同期單月營收	去年同期 YoY(%)	今年以來累計營收	去年同期累計營收	累計營收 YoY(%)
2015/05	153.1	1.33%	193.3	−20.77%	779.6	844.3	−7.66%
2015/04	151.1	−25.92%	191.0	−20.86%	626.5	651.0	−3.77%
2015/03	204.0	110.95%	174.3	17.05%	475.4	460.1	3.33%
2015/02	96.7	−44.62%	157.3	−38.52%	271.3	285.8	−5.04%
2015/01	174.6	2.28%	128.4	35.97%	174.6	128.4	35.97%
2014/12	170.7	1.80%	130.9	30.46%	2,130.6	1,360.6	56.60%
2014/11	167.7	−22.36%	128.2	30.82%	1,959.9	1,229.7	59.38%
2014/10	216.0	16.49%	138.9	55.56%	1,792.1	1,101.5	62.71%
2014/09	185.5	−5.65%	130.4	42.20%	1,576.1	962.6	63.74%
2014/08	196.6	2.00%	127.5	54.19%	1,390.6	832.2	67.11%
2014/07	192.7	22.69%	132.2	45.79%	1,194.1	704.7	69.45%
2014/06	157.1	−18.75%	97.7	60.71%	1,001.4	572.5	74.91%
2014/05	193.3	1.22%	109.3	76.83%	844.3	474.8	77.84%
2014/04	191.0	9.57%	125.7	51.90%	651.0	365.5	78.14%
2014/03	174.3	10.79%	94.3	84.84%	460.1	239.7	91.89%
2014/02	157.3	22.48%	60.9	158.23%	285.8	145.4	96.47%
2014/01	128.4	−1.87%	84.5	51.95%	128.4	84.5	51.95%
2013/12	130.9	2.07%	75.8	72.60%	1,360.6	992.6	37.07%
2013/11	128.2	−7.67%	86.5	48.17%	1,229.7	916.8	34.13%
2013/10	138.9	6.49%	105.0	32.29%	1,101.5	830.2	32.67%
2013/09	130.4	2.30%	110.1	18.48%	962.6	725.3	32.72%
2013/08	127.5	−3.56%	92.2	38.31%	832.2	615.2	35.27%
2013/07	132.2	35.25%	92.5	42.96%	704.7	523.0	34.74%
2013/06	97.7	−10.59%	78.5	24.57%	572.5	430.6	32.97%
2013/05	109.3	−13.05%	76.5	42.84%	474.8	352.1	34.84%

聯發科長、短期合併營收統計表

單位：億元

年月	3個月 平均營收	前後期 差額	12個月 平均營收	前後期 差額	長短期 差額
2015/05	169.4	18.8	172.2	(3.3)	(2.7)
2015/04	150.6	(7.8)	175.5	(3.3)	(24.9)
2015/03	158.5	11.1	178.8	2.5	(20.4)
2015/02	147.4	(23.7)	176.4	(5.1)	(29.0)
2015/01	171.0	(13.8)	181.4	3.8	(10.4)
2014/12	184.8	(4.9)	177.6	3.3	7.3
2014/11	189.7	(9.6)	174.2	3.3	15.5
2014/10	199.4	7.8	170.9	6.4	28.4
2014/09	191.6	9.5	164.5	4.6	27.1
2014/08	182.1	1.1	159.9	5.8	22.2
2014/07	181.0	0.6	154.2	5.0	26.9
2014/06	180.4	(5.7)	149.1	4.9	31.3
2014/05	186.2	12.0	144.2	7.0	42.0
2014/04	174.2	20.8	137.2	5.4	37.0
2014/03	153.4	14.5	131.7	6.7	21.6
2014/02	138.9	9.7	125.1	8.0	13.8
2014/01	129.2		117.0		12.1

　　從該公司累計營收年增率變動圖，發現累計營收年增率最高點在2014年2月即已出現，縱使考慮農曆春節因素，可以發現該公司營收成長動能在2014年可能已經進入頂峰，接下來，若累計營收年增率持續下降，投資者務必高度警戒，對持股進行減碼或逢高出脫，千萬不可因單月營收持續走高，就對股票進行追價買進動作，極可能在樂觀的氛圍中，成為股票投資的套牢族。

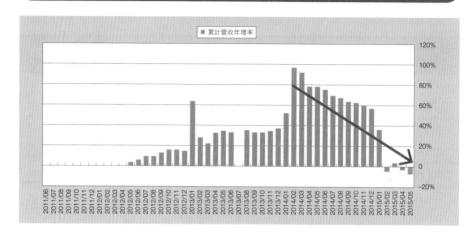

（圖97）聯發科合併營收累計年增率變動圖

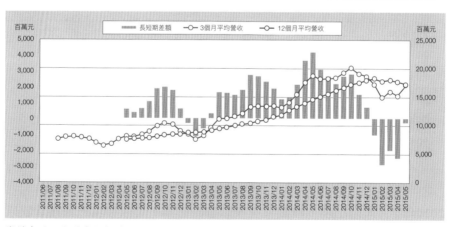

聯發科長、短期合併營收趨勢變動圖

資料來源：公開資訊觀測站

聯發科每月合併營收與去年同期年增率變動圖

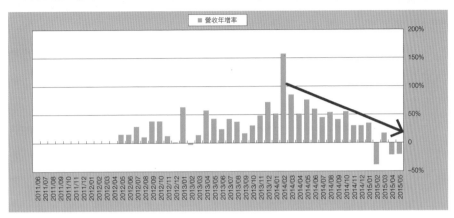

資料來源：公開資訊觀測站

聯發科（2454）股價走勢月K線圖

資料來源：XQ全球贏家

長、短其營收趨勢變動圖中有兩條平均趨勢線，一條是3個營收平均線，另一條則是12個月營收平均線。透過兩條平均線的波動，我們可以對該公司的營收動能得出清楚的輪廓：

（1）當12月平均線趨勢仍處於上升軌道，代表該公司長期營運仍處於成長期；反之，若12月平均線趨勢下滑，則代表該公司長期營運已進入衰退期。

（2）當3月平均線處於上升軌道，且位於12月平均線之上時，代表該公司短期營運動能增強；反之，若3月平均線趨勢下滑，且位於12月平均線之下時，則代表該公司短期營運動能已轉弱。

（3）當3月營收平均線趨勢向上，但12月營收平均線轉平或下滑，代表該公司短期營運動能轉強，但長期營運動能仍未全面轉強。

3月及12月營收平均線變化如何應用在股票投資決策呢？

（1）當3月營收平均線及12個月營收平均線同處於上升軌道，且3月營收平均線的上升仰角度（斜率）高於12月營收平均線時，代表該公司營運不僅處於成長期，且短期營運動能持續轉強中。此時，風險承受能力強者，無論3月營收平均線是否位於12個月之下，均應買進股票、或持續持有已買進的股票；較穩健的投資人，則在3月營收平均線由下方向上穿越12月營收時，才進行積極的買進動作。

（2）當12個月平均線處於上升軌道，但3月平均線卻從高峰反轉而下，代表該公短期營運動能初步轉弱。應先局部賣出該公司股票，觀察3個月營收平均線下滑是否為短期現象，等到出現（1）的情況，再重新加碼買進該公司的股票。

（3）當3月平均線從高峰反轉而下，且跌破12月營收平均線，若12月營收平均線上升的仰角度（斜率）開始轉為下降，或趨勢也出現與3月營收平均線同樣的下滑情況，則應斷然出清股票，等到出現（1）的情況，再重新買進該公司的股票。

　　透過上面的說明，我們可以看到該公司營收成長動能在2014年首季即已見高點，隨後累計營收年增率逐月下降，敏銳專業的投資者發現此情況出現，即應著手減碼該公司持股，在短期營收趨勢線於2014年11月正式下彎之時，更不可因股價短線反彈而進行買進動作。短期營收趨勢連續下滑，在2015年1月跌落長期營收趨勢線之下，終導致長期營收趨勢線於2月也跟著下彎，至此，該公司累計營收年增率已轉為負成長，投資者務必以高度耐心等待營收成長動能再度轉強，千萬不可冒然進場買進股票。

　　對營收動能趨勢分析有上述基本認知後，是否就代表此時可以馬上進入股票市場進行股票投資？還不夠！因為營收動能趨勢的研判只幫我們提供了產業的趨勢現況，尚無法對公司財務報告（不要忘了，營收只是財務報告中營運面的起頭）內容的真偽及盈餘品質，提供完整的研判資料，也尚未涉及股票相對合理價值的評價，而決定投資股票成敗的重要因素，除了產業面、經營者能力的考量外，其實，買進價位的相對合理性才是最重要的因素。這部分，本書後面內容將循序漸進地進行補足，以讓讀者對決定股票投資決策的面向，有更完整、正確的切入點。

案例：新日興（3376）

　　單從每月營業收入變動圖，看不出該公司營收成長動能有明顯變化，但從累計營收年增率觀察，該公司2014年營收年成長率1.78%，2015年前月累計營收年增率提高至9.52%，每月營收年增率則連續5個月正成長，為2013年初以來首次出現的情況，這顯示該公司2015年前5個月營收成長動能出現轉強徵兆。

　　從3個月平均營收趨勢線發現該公司每年的第一季為季節性淡季，但從12個平均營收趨勢線觀察，2015年前4個月，12個月平均趨勢線出現連續4個月緩步上揚，這可能是長期營收成長動能轉強的現象。

新日興每月營業收入

單位：億元

年月	營業收入	月成長率 MoM(%)	去年同期單月營收	去年同期 YoY(%)	今年以來累計營收	去年同期累計營收	累計營收 YoY(%)
2015/05	6.8	−0.46%	6.5	4.18%	33.4	30.5	9.52%
2015/04	6.8	4.85%	6.1	11.85%	26.6	24.0	10.98%
2015/03	6.5	6.46%	6.1	6.99%	19.7	17.8	10.68%
2015/02	6.1	−13.81%	4.9	25.34%	13.2	11.7	12.59%
2015/01	7.1	1.02%	6.9	3.51%	7.1	6.9	3.51%
2014/12	7.0	0.07%	7.3	−3.36%	79.1	77.7	1.78%
2014/11	7.0	−0.71%	6.2	13.68%	72.0	70.4	2.31%
2014/10	7.1	0.99%	6.3	12.30%	65.0	64.2	1.22%
2014/09	7.0	2.71%	6.4	8.67%	57.9	57.9	0.01%
2014/08	6.8	0.17%	7.5	−8.56%	50.9	51.5	−1.07%
2014/07	6.8	0.36%	7.4	−8.02%	44.1	44.0	0.20%
2014/06	6.8	3.94%	6.5	3.89%	37.3	36.6	1.86%
2014/05	6.5	6.87%	6.1	7.16%	30.5	30.1	1.42%
2014/04	6.1	0.30%	6.2	−1.37%	24.0	24.0	−0.03%
2014/03	6.1	24.72%	5.9	3.25%	17.8	17.8	0.43%
2014/02	4.9	−28.82%	5.2	−5.18%	11.7	11.9	−0.97%
2014/01	6.9	−5.68%	6.7	2.26%	6.9	6.7	2.26%
2013/12	7.3	17.71%	7.1	2.94%	77.7	81.3	−4.41%
2013/11	6.2	−1.92%	7.4	−15.92%	70.4	74.2	−5.11%
2013/10	6.3	−2.27%	7.3	−13.75%	64.2	66.8	−3.93%
2013/09	6.4	−13.58%	7.2	−10.37%	57.9	59.5	−2.72%
2013/08	7.5	0.76%	7.0	7.06%	51.5	52.3	−1.67%
2013/07	7.4	13.36%	7.1	5.02%	44.0	45.4	−3.01%
2013/06	6.5	7.21%	7.5	−12.97%	36.6	38.3	−4.49%
2013/05	6.1	−1.64%	7.1	−14.55%	30.1	30.8	−2.42%

新日興長、短期合併營收統計表

單位：億元

年月	3個月平均營收	前後期差額	12個月平均營收	前後期差額	長短期差額
2015/05	6.7	0.2	6.8	0.0	(0.1)
2015/04	6.5	(0.1)	6.8	0.1	(0.3)
2015/03	6.6	(0.2)	6.7	0.0	(0.2)
2015/02	6.8	(0.3)	6.7	0.1	0.0
2015/01	7.1	0.0	6.6	0.0	0.4
2014/12	7.0	0.0	6.6	(0.0)	0.5
2014/11	7.0	0.1	6.6	0.1	0.4
2014/10	7.0	0.1	6.5	0.1	0.4
2014/09	6.9	0.1	6.5	(0.0)	0.4
2014/08	6.8	0.1	6.4	(0.1)	0.4
2014/07	6.7	0.2	6.5	0.0	0.2
2014/06	6.5	0.2	6.5	0.0	(0.1)
2014/05	6.2	0.5	6.5	0.0	(0.3)
2014/04	5.7	(0.3)	6.5	(0.0)	(0.8)
2014/03	5.9	(0.4)	6.5	0.0	(0.5)
2014/02	6.3	(0.4)	6.5	(0.0)	(0.1)
2014/01	6.8		6.5		0.3

　　該公司累計營收年增率於2014年第四季開始微幅轉為正成長，至2015年第一季才擴大成長幅度。該公司股價在2014年12月開始出現穩健上漲走勢，各期平均線至2015年6月均已轉為多頭排列。

　　那請問，現在是否值得再進行買進呢？這是一般投資人最喜歡問、也最關心的老問題。一般投資人總是在特定股票的股價出現明顯上漲趨勢，或成為所謂的主流後，才對該檔股票產生興趣，而最感興趣，且最直覺的反應是，該公司的股價近期會不會繼續上漲？

新日興每月合併營業收入變動圖

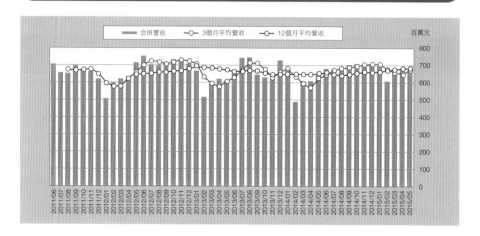

新日興合併營收累計年增率變動圖

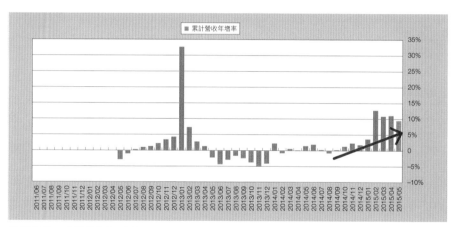

資料來源：公開資訊觀測站

新日興長、短期合併營收趨勢變動圖

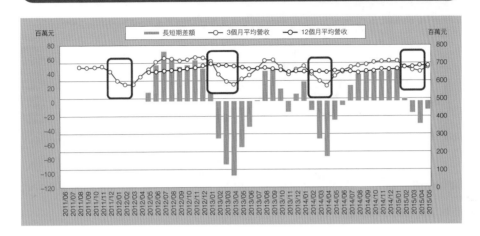

新日興每月合併營收與去年同期年增率變動圖

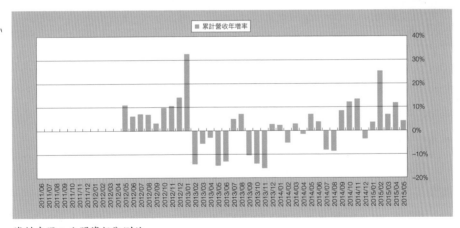

資料來源：公開資訊觀測站

新日興（3376）股價還原權息月 K 線圖

資料來源：XQ 全球贏家

　　短線股價會不會續漲，或是否即將出現漲多回檔，只有天知道。投資人其實應該關心，目前公司的最新營運數字及未來營運展望，與目前的股價對照比較後，該公司股價的相對合理性，再來決定是否買進公司股票，而不是任意猜測公司的短期股價到底會漲或會跌？

　　從營收面向切入分析，我們可以找到公司營運面的蛛絲馬跡，但我必須坦言，單從營收變化來分析股票價值的相對合理性與否，是一種非常危險的作法。因此，若您夠耐心且是細心的人，可以發現本書正持續以循序漸進並配合市場實例解說方式，牽引您進入更嚴謹的投資思考邏輯空間。

　　營收趨勢是否處於成長階段，只是股票投資的重要考慮因素之一，本書前面內容已不止一次述及。經過財務報告內容真實性及盈餘品質的檢驗後，最後，尚必須對其最新價格的相對合理性進行評估，才能決定以該公司目前的股價水準，是否值得買進。忽視股票買進價格高低的相對合理性，是投資失利的最大原因；而隱藏於其後的真正火種，則是人性的貪婪與對投資本質的無知！

案例：可成（2474）

可成每月營業收入

單位：億元

年月	營業收入	月成長率 MoM(%)	去年同期單月營收	去年同期 YoY(%)	今年以來累計營收	去年同期累計營收	累計營收 YoY(%)
2015/05	68.5	−3.30%	44.2	55.15%	313.4	191.0	64.05%
2015/04	70.9	2.24%	42.7	66.00%	244.9	146.9	66.75%
2015/03	69.3	53.87%	40.8	70.08%	174.0	104.2	67.05%
2015/02	45.1	−24.45%	27.6	63.09%	104.7	63.4	65.08%
2015/01	59.6	−1.34%	35.8	66.73%	59.6	35.8	66.73%
2014/12	60.4	8.89%	39.1	54.74%	552.8	432.5	27.82%
2014/11	55.5	2.61%	46.5	19.34%	492.3	393.4	25.15%
2014/10	54.1	10.86%	45.5	18.81%	436.7	346.8	25.92%
2014/09	48.8	−2.49%	38.1	28.09%	382.6	301.3	26.99%
2014/08	50.0	7.76%	32.3	55.12%	333.8	263.1	26.87%
2014/07	46.4	0.32%	34.0	36.80%	283.8	230.9	22.92%
2014/06	46.3	4.80%	33.5	38.17%	237.3	196.9	20.53%
2014/05	44.2	3.46%	34.9	26.46%	191.0	163.4	16.91%
2014/04	42.7	4.76%	36.2	18.11%	146.9	128.5	14.31%
2014/03	40.8	47.54%	38.8	5.08%	104.2	92.3	12.82%
2014/02	27.6	−22.77%	20.5	34.56%	63.4	53.6	18.40%
2014/01	35.8	−8.43%	33.0	8.45%	35.8	33.0	8.45%
2013/12	39.1	−16.02%	37.6	4.01%	432.5	370.3	16.79%
2013/11	46.5	2.15%	31.0	49.89%	393.4	332.7	18.22%
2013/10	45.5	19.52%	30.5	49.11%	346.8	301.7	14.96%
2013/09	38.1	18.09%	30.1	26.76%	301.3	271.2	11.11%
2013/08	32.3	−4.97%	27.1	19.00%	263.1	241.1	9.15%
2013/07	34.0	1.32%	31.0	9.68%	230.9	214.0	7.90%
2013/06	33.5	−4.08%	33.3	0.61%	196.9	183.0	7.60%
2013/05	34.9	−3.38%	32.9	6.07%	163.4	149.7	9.13%

可成長、短期合併營收統計表

單位：億元

年月	3個月 平均營收	前後期 差額	12個月 平均營收	前後期 差額	長短期 差額
2015/05	69.6	7.8	56.3	2.0	13.3
2015/04	61.8	3.7	54.2	2.3	7.5
2015/03	58.0	3.0	51.9	2.4	6.1
2015/02	55.0	(3.5)	49.5	1.5	5.5
2015/01	58.5	1.8	48.0	2.0	10.5
2014/12	56.7	3.9	46.1	1.8	10.6
2014/11	52.8	1.8	44.3	0.7	8.5
2014/10	51.0	2.6	43.5	0.7	7.5
2014/09	48.4	0.8	42.8	0.9	5.6
2014/08	47.6	2.0	41.9	1.5	5.7
2014/07	45.6	1.2	40.4	1.0	5.2
2014/06	44.4	1.8	39.4	1.1	5.0
2014/05	42.5	5.5	38.3	0.8	4.2
2014/04	37.0	2.3	37.6	0.5	(0.5)
2014/03	34.7	0.6	37.0	0.2	(2.3)
2014/02	34.2	(6.3)	36.9	0.6	(2.7)
2014/01	40.4		36.3		4.2

　　從每月營業收入變動圖，看出該公司每月營收自2014年3月以後，呈現穩定向上遞增趨勢，在大部分的時間3個月平均營收趨勢線均在12個月平均營收趨勢線之上，且維持向上揚升趨勢，並帶動12個月平均營收趨勢線呈現穩健上揚趨勢。

　　從累計營收年增率變動圖觀察，該公司自2013年3月開始，累計營收年增率即形成逐月向上墊高的爬升型態。2013年累計營收年成長率16.79%，2014年累計營收年增率提高至27.82%，2015年前5月進一步提高至64.05%。這顯示該公司營收成長動能自2013年第一季即已出現轉強

徵兆，並且隨長、短期營收趨勢線維持多頭向上排列，累計營收年增率向上遞增，營收成長動能對帶動股價漲升將具正面效應。

可成每月合併營業收入變動圖

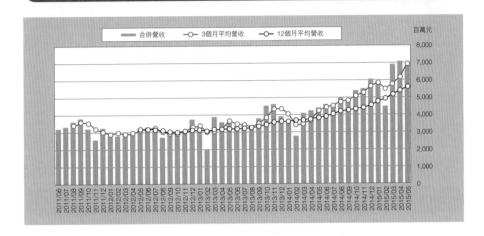

可成合併營收累計年增率變動圖

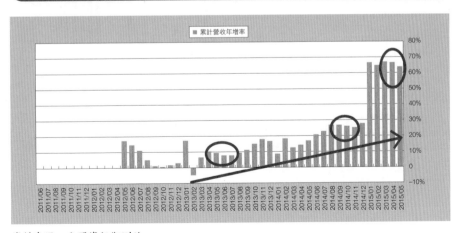

資料來源：公開資訊觀測站

可成長、短期合併營收趨勢變動圖

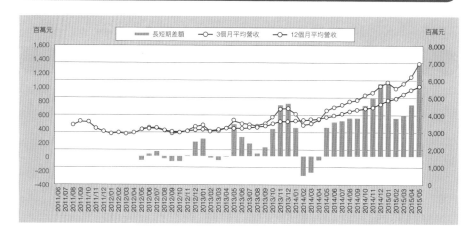

可成每月營收與去年同期年增率變動圖

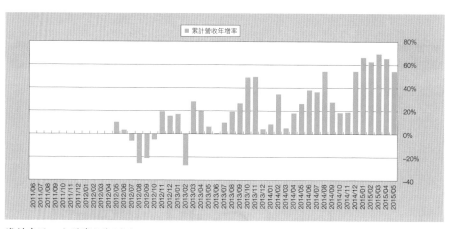

資料來源：公開資訊觀測站

可成（2474）股價還原權息月K線圖

可成(2474)▣ 還原月線圖 2015/06/01 開 358.00 高 369.50 低 333.50 收 365.00 ↑元 量 40465 張 +5.00 (+1.39%)
SMA3 361.67↑ SMA6 329.75↑ SMA12 297.22↑ SMA24 247.40↑

成交量　成交量 40465↓張　MA2 69798↓張　MA5 109083↓張

資料來源：XQ全球贏家

　　該公司股價自2013年第一季以後，隨累計營收年增率提高，開始出現連續上漲，過程中，曾三次因累計營收年增率出現停滯而出現漲多回檔波段，前兩次均在累計營收年增率順利向上墊高，化解股價由多頭循環反轉的危機。2015年前5月累計營收年增率64.05%，仍遠高於2014年的27.82%，顯示營收成長動能不弱，但累計營收年增率呈現高檔停滯將可能是股價危機，投資者應持續追蹤累計營收年增率的後續變化，若出現明顯遞減趨勢，則應對股價展望轉為保守視之。

案例：台積電（2330）

　　從每月營業收入變動圖，看出該公司長、短期平均營收趨勢線於2014年4月至11月，維持穩定的多頭排列，累計營收年增率亦呈現向上遞增形態，相對於2013年的緩步下滑，可見2014年營收成長動能明顯優於2013年。

台積電每月營業收入

單位：億元

年月	營業收入	月成長率 MoM(%)	去年同期 單月營收	去年同期 YoY(%)	今年以來 累計營收	去年同期 累計營收	累計營收 YoY(%)
2015/05	701.5	−6.87%	607.9	15.41%	3,675.2	2,708.9	35.67%
2015/04	753.3	4.23%	618.9	21.72%	2,973.6	2,101.0	41.53%
2015/03	722.7	15.36%	499.6	44.66%	2,220.3	1,482.2	49.81%
2015/02	626.5	−28.09%	468.3	33.77%	1,497.7	982.6	52.42%
2015/01	871.2	25.33%	514.3	69.40%	871.2	514.3	69.40%
2014/12	695.1	−3.82%	496.8	39.91%	7,628.1	5,970.2	27.77%
2014/11	722.7	−10.48%	443.3	63.04%	6,933.0	5,473.4	26.67%
2014/10	807.4	7.87%	517.9	55.88%	6,210.2	5,030.1	23.46%
2014/09	748.5	8.04%	553.8	35.14%	5,402.9	4,512.2	19.74%
2014/08	692.8	6.71%	550.9	25.75%	4,654.4	3,958.4	17.58%
2014/07	649.2	7.59%	521.0	24.61%	3,961.6	3,407.4	16.26%
2014/06	603.4	−0.73%	540.3	11.69%	3,312.4	2,886.4	14.76%
2014/05	607.9	−1.77%	517.9	17.38%	2,708.9	2,346.1	15.46%
2014/04	618.9	23.88%	500.7	23.60%	2,101.0	1,828.3	14.92%
2014/03	499.6	6.68%	441.3	13.19%	1,482.2	1,327.5	11.65%
2014/02	468.3	−8.95%	411.8	13.71%	982.6	886.2	10.88%
2014/01	514.3	3.52%	474.4	8.41%	514.3	474.4	8.41%
2013/12	496.8	12.07%	371.5	33.72%	5,970.2	5,067.5	17.82%
2013/11	443.3	−14.41%	443.0	0.08%	5,473.4	4,695.9	16.56%
2013/10	517.9	−6.48%	500.0	3.60%	5,030.1	4,253.0	18.27%
2013/09	553.8	0.53%	433.9	27.63%	4,512.2	3,753.0	20.23%
2013/08	550.9	5.73%	495.4	11.21%	3,958.4	3,319.1	19.26%
2013/07	521.0	−3.56%	485.7	7.28%	3,407.4	2,823.7	20.67%
2013/06	540.3	4.32%	434.7	24.30%	2,886.4	2,338.0	23.46%
2013/05	517.9	3.43%	441.8	17.23%	2,346.1	1,903.3	23.26%

台積電長、短期合併營收統計表

單位：億元

年月	3個月 平均營收	前後期 差額	12個月 平均營收	前後期 差額	長短期 差額
2015/05	725.8	25.0	716.2	7.8	9.6
2015/04	700.8	(39.3)	708.4	11.2	(7.6)
2015/03	740.1	9.2	697.2	18.6	42.9
2015/02	730.9	(32.1)	678.6	13.2	52.3
2015/01	763.0	21.3	665.4	29.7	97.6
2014/12	741.7	(17.8)	635.7	16.5	106.1
2014/11	759.5	10.0	619.1	23.3	140.4
2014/10	749.5	52.7	595.9	24.1	153.7
2014/09	696.8	48.3	571.7	16.2	125.1
2014/08	648.5	28.3	555.5	11.8	93.0
2014/07	620.2	10.1	543.7	10.7	76.5
2014/06	610.1	34.6	533.0	5.3	77.1
2014/05	575.4	46.5	527.8	7.5	47.7
2014/04	528.9	34.9	520.3	9.8	8.7
2014/03	494.1	0.9	510.4	4.9	(16.4)
2014/02	493.1	8.3	505.6	4.7	(12.4)
2014/01	484.8		500.8		(16.0)

　　該公司2011年營收成長率1.8%，2012年營收成長率18.7%，2013年營收成長率17.8%，2014年營收成長率27.8%。該公司股價在此四年的漲幅分別為6.76%、27.97%、8.76%、33.65%，在台積電股價維持上漲的多頭循環中，當營收成長率縮小或停滯，則當年股價漲幅即明顯縮小。因此，2015年的累計營收年增率若無法維持在2014年的27.8%之上，則對台積電股價將造成壓力；反之，若累計營收年增率在營收淡季之下，仍維持在27.8%之上，則股價的拉回整理幅度可能十分有限，甚或持續上漲。

台積電每月合併營業收入變動圖

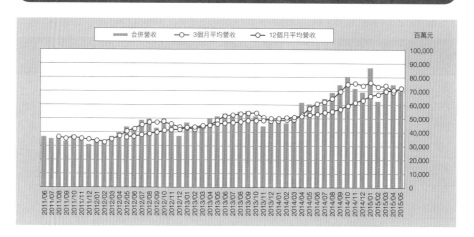

台積電合併營收累計年增率變動圖

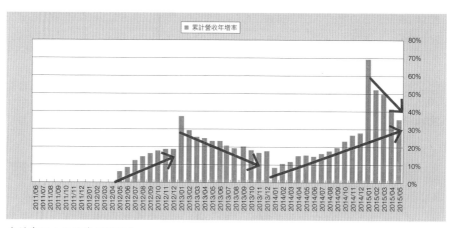

資料來源：公開資訊觀測站

台積電長、短期合併營收趨勢變動圖

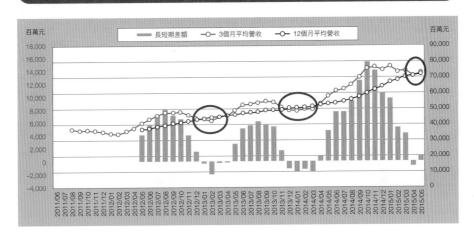

台積電每月營收與去年同期年增率變動圖

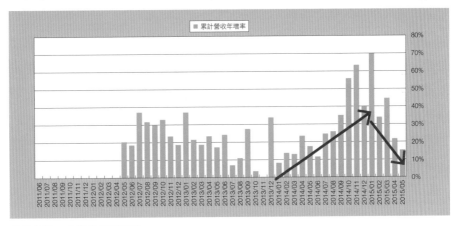

資料來源：公開資訊觀測站

台積電（2330）股價還原權息月K線圖

台積電(2330) 還原月線圖 2015/06/01 開 145.50 高 146.00 低 138.00 收 143.00 ↓元 量 347302 張 -3.00 (-2.05%)
SMA3 145.33↓ SMA6 145.50↑ SMA12 137.58↑ SMA24 122.56↑

成交量 成交量 347302↓張 MA2 447247↓張 MA5 726706↓張

資料來源：XQ全球贏家

　　從每月絕對營收柱狀圖，或許仍無法清楚看到上面所說的營收動能強弱軌跡，但該公司的每年各月累積營收年增率，可以幫助大家更容易看清楚公司營收動能的變化情形。

　　透過長、短期平均營收趨勢變動圖，以長、短期平均營收趨勢線融合分析，印證平均趨勢線在實務運用上的重要原則：「當3月營收平均線由下滑轉為上升，並從下而上，穿越上升中的12個月營收平均線時，此時往往是股票的買進先兆；且3月營收平均線的上升仰角度（斜率）越大於12月營收平均線的仰角度時，代表該公司營運不僅處於成長期，且短期營運動能持續快速轉強中，通常是另一次買進的最佳時機。」

案例：南帝（2108）

　　從每月營業收入變動圖，看出該公司長、短期平均營收趨勢線於2014年8月至11月，一度維持穩定的多頭排列，累計營收年增率衰退幅度亦縮小之中，2014年整年營收衰退幅度由第一季的負27.97%，至前四季縮減至負3.52%，由此可見該公司每月營收已進入擴底階段。

南帝每月營業收入

單位：億元

年月	營業收入	月成長率 MoM(%)	去年同期單月營收	去年同期 YoY(%)	今年以來累計營收	去年同期累計營收	累計營收 YoY(%)
2015/05	8.8	1.23%	6.5	36.78%	38.8	31.4	23.72%
2015/04	8.7	10.45%	7.4	18.06%	30.0	24.9	20.33%
2015/03	7.9	24.95%	7.1	10.96%	21.3	17.5	21.29%
2015/02	6.3	−10.38%	4.9	29.48%	13.4	10.4	28.35%
2015/01	7.1	−2.21%	5.5	27.36%	7.1	5.5	27.36%
2014/12	7.2	−5.13%	6.8	6.33%	82.1	85.1	−3.52%
2014/11	7.6	9.22%	5.7	33.75%	74.9	78.3	−4.38%
2014/10	7.0	−9.99%	6.8	2.76%	67.3	72.6	−7.36%
2014/09	7.7	5.28%	6.8	13.30%	60.3	65.8	−8.41%
2014/08	7.3	8.42%	7.1	4.06%	52.6	59.0	−10.92%
2014/07	6.8	−3.70%	5.7	18.92%	45.2	51.9	−12.96%
2014/06	7.0	8.96%	6.1	15.46%	38.4	46.2	−16.88%
2014/05	6.5	−12.63%	7.9	−18.60%	31.4	40.1	−21.80%
2014/04	7.4	3.81%	7.9	−5.86%	24.9	32.2	−22.58%
2014/03	7.1	45.81%	8.0	−10.90%	17.5	24.4	−27.97%
2014/02	4.9	−11.85%	7.1	−31.03%	10.4	16.4	−36.31%
2014/01	5.5	−18.35%	9.3	−40.34%	5.5	9.3	−40.34%
2013/12	6.8	19.34%	7.9	−14.55%	85.1	96.5	−11.85%
2013/11	5.7	−16.09%	6.7	−15.63%	78.3	88.6	−11.61%
2013/10	6.8	−0.76%	7.3	−7.36%	72.6	81.8	−11.28%
2013/09	6.8	−3.30%	8.3	−18.05%	65.8	74.5	−11.67%
2013/08	7.1	23.91%	8.0	−11.53%	59.0	66.2	−10.86%
2013/07	5.7	−6.50%	8.4	−31.82%	51.9	58.2	−10.77%
2013/06	6.1	−23.18%	7.8	−21.98%	46.2	49.9	−7.24%
2013/05	7.9	1.05%	8.5	−6.61%	40.1	42.0	−4.50%

南帝長、短期合併營收統計表

單位：億元

年月	3個月 平均營收	前後期 差額	12個月 平均營收	前後期 差額	長短期 差額
2015/05	8.5	0.8	7.5	0.2	1.0
2015/04	7.7	0.6	7.3	0.1	0.4
2015/03	7.1	0.2	7.2	0.1	(0.1)
2015/02	6.9	(0.4)	7.1	0.1	(0.2)
2015/01	7.3	0.0	7.0	0.1	0.3
2014/12	7.3	(0.2)	6.8	0.0	0.4
2014/11	7.4	0.1	6.8	0.2	0.6
2014/10	7.3	0.1	6.6	0.0	0.7
2014/09	7.3	0.2	6.6	0.1	0.7
2014/08	7.1	0.3	6.6	0.0	0.5
2014/07	6.8	(0.2)	6.5	0.1	0.2
2014/06	7.0	(0.0)	6.4	0.1	0.5
2014/05	7.0	0.5	6.4	(0.1)	0.6
2014/04	6.5	0.6	6.5	(0.0)	(0.0)
2014/03	5.8	0.1	6.5	(0.1)	(0.7)
2014/02	5.7	(0.3)	6.6	(0.2)	(0.9)
2014/01	6.0		6.8		(0.8)

　　2015年第一季營收年增率開始轉為成長21.29%，至5月，累計營收年增率進一步提高至23.72%，並帶動長、短期平均營收趨勢線於4月轉為多頭排列。相對於2014營收仍小幅衰退，2015年前5月營收已脫離谷底期，成長動能明顯轉強。

　　從股價月K線圖，讀者可以發現該公司在2014年的累計營收年增率衰退幅度雖逐月縮小，但股價走勢至2014年12月才出現由空翻多走勢，進入快速上漲期則自2015年第一季才展開。

南帝每月合併營業收入變動圖

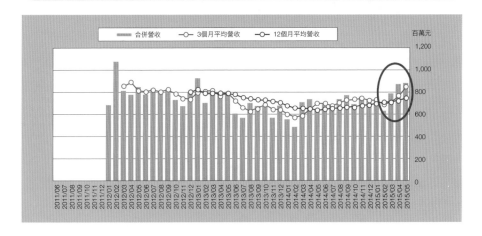

南帝合併營收累計年增率變動圖

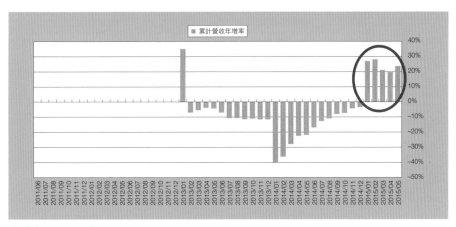

資料來源：公開資訊觀測站

南帝長、短期合併營收趨勢變動圖

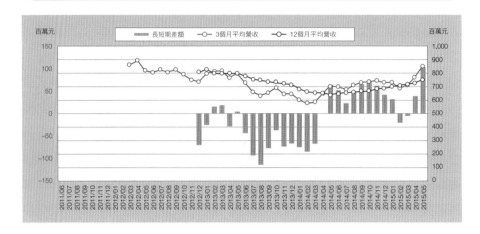

南帝每月營收與去年同期年增率變動圖

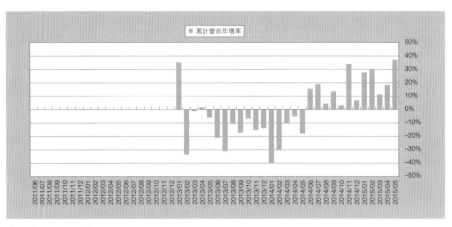

資料來源：公開資訊觀測站

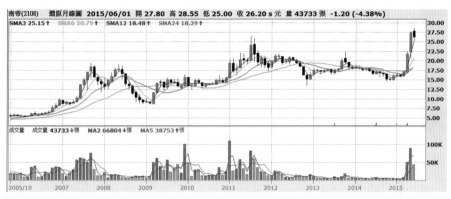

南帝（2108）股價還原權息月K線圖

資料來源：XQ全球贏家

　　對穩健的投資者而言，累計營收年增率衰退幅度的縮小雖是正面訊息，但他寧可持續追蹤觀察，並等累積營收年增率真正轉為正成長，才展開較積極的投資布局，以規避可能的潛在風險。

　　決定股票投資真正勝負的關鍵點，就像練兵打仗一樣，要能在戰場上取得優勢地位，勢必要靠平常勤於操兵演練、養精蓄銳，等時機成熟，傾全力出擊，獲勝機會自然提高。

案例：宏達電（2498）

　　為讓讀者了解一家公司單月營收連續創新高的訊息經過媒體報導，往往可能成為引誘無法深入解析營收成長動能內涵的投資者，成為股價高檔套牢的投資人，特意先將該公司營收資料期間放在2009年10月至2013年9月，以讓讀者看清營收創新高營造出的市場資訊樂觀氛圍效應，如何在股票市場坑殺專業能力不足的投資人。為讓讀者更容易深入了解營收資訊與股價的實務關係，讓我們也把該公司未經還原權息的股價K線圖找出來。

宏達電2009年10月～2013年9月每月營業收入

單位：億元

年月	合併營收	月成長率 MOM(%)	去年同期單月營收	去年同期 YOY(%)	當年以來累計營收	累計營收 YOY(%)	3個月平均營收 (A)	3個月前後期差額	12個月平均營收 (B)	12個月前後期差額	長短期差額 (A)-(B)
2013/09	181.51	37.84%	211.33	-14.11%	1,605.03	-29.91%	156.83	(13.08)	183.76	(2.48)	(26.94)
2013/08	131.68	-16.28%	240.19	-45.18%	1,423.52	-31.52%	169.91	(52.78)	186.25	(9.04)	(16.34)
2013/07	157.28	-28.75%	250.25	-37.15%	1,291.84	-29.74%	222.68	(12.88)	195.29	(7.75)	27.39
2013/06	220.75	-23.88%	300.04	-26.43%	1,134.55	-28.57%	235.56	20.64	203.04	(6.61)	32.52
2013/05	290.01	48.03%	300.04	-3.35%	913.80	-29.07%	214.91	58.77	209.65	(0.84)	5.27
2013/04	195.91	23.35%	310.32	-36.87%	623.79	-38.88%	156.14	13.52	210.48	(9.53)	(54.34)
2013/03	158.82	39.69%	308.80	-48.57%	427.89	-36.88%	142.63	(18.96)	220.02	(12.50)	(77.39)
2013/02	113.70	-26.82%	202.94	-43.98%	269.06	-27.10%	161.58	(32.87)	232.51	(7.44)	(70.93)
2013/01	155.36	-27.97%	166.15	-6.49%	155.36	-6.49%	194.45	(5.59)	239.95	(0.90)	(45.50)
2012/12	215.69	1.60%	263.63	-18.18%	2,890.20	-37.95%	200.04	1.46	240.85	(3.99)	(40.81)
2012/11	212.30	23.33%	309.42	-31.39%	2,674.51	-39.14%	198.59	(9.30)	244.84	(8.09)	(46.26)
2012/10	172.14	-18.55%	441.14	-60.98%	2462.21	-39.72%	207.89	(26.04)	252.94	(22.42)	(45.05)
2012/09	211.33	-12.02%	453.88	-53.44%	2,290.07	-37.15%	233.92	(29.57)	275.36	(20.21)	(41.43)
2012/08	240.19	-4.02%	453.22	-47.00%	2,078.75	-34.83%	263.49	(19.95)	295.57	(17.75)	(32.07)
2012/07	250.25	-16.60%	451.12	-44.53%	1,838.55	-32.82%	283.45	(20.02)	313.32	(16.74)	(29.87)
2012/06	300.04	0.00%	450.49	-33.40%	1,588.30	-30.51%	303.47	(2.92)	330.06	(12.54)	(26.59)

宏達電 2009 年 10 月～2013 年 9 月每月營業收入　（續）

年月	合併營收	月成長率 MOM(%)	去年同期單月營收	去年同期 YOY(%)	當年以來累計營收	累計營收 YOY(%)	3個月平均營收(A)	3個月前後期差額	12個月平均營收(B)	12個月前後期差額	長短期差額(A)-(B)
2012/05	300.04	-3.31%	406.21	-26.13%	1,288.26	-29.80%	306.39	32.37	342.60	(8.85)	(36.21)
2012/04	310.32	0.49%	387.29	-19.87%	988.22	-30.84%	274.02	48.06	351.44	(6.41)	(77.42)
2012/03	308.80	52.16%	370.36	-16.62%	677.90	-34.92%	225.97	15.06	357.86	(5.13)	(131.89)
2012/02	202.94	22.14%	321.06	-36.79%	369.10	-45.01%	210.91	(35.49)	362.99	(9.84)	(152.08)
2012/01	166.15	-36.97%	350.14	-52.55%	166.15	-52.55%	246.40	(91.66)	372.83	(15.33)	(126.43)
2011/12	263.63	-14.80%	330.87	-20.32%	4,657.95	67.09%	338.06	(63.42)	388.16	(5.60)	(50.10)
2011/11	309.42	-29.86%	384.84	-19.60%	4,394.32	78.87%	401.48	(47.93)	393.77	(6.28)	7.71
2011/10	441.14	-2.81%	324.34	36.01%	4,084.90	97.16%	449.41	(3.33)	400.05	9.73	49.36
2011/09	453.88	0.14%	270.58	67.74%	3,643.76	108.51%	452.74	1.13	390.32	15.27	62.42
2011/08	453.22	0.47%	241.79	87.44%	3,189.88	115.97%	451.61	15.67	375.04	17.62	76.56
2011/07	451.12	0.14%	246.11	83.29%	2,736.66	121.56%	435.94	21.28	357.42	17.08	78.51
2011/06	450.49	10.90%	239.91	87.77%	2,285.55	131.08%	414.66	26.71	340.34	17.55	74.32
2011/05	406.21	4.88%	188.22	115.82%	1,835.06	144.95%	387.95	28.38	322.79	18.17	65.16
2011/04	387.29	4.57%	181.47	113.41%	1,428.85	154.72%	359.57	12.38	304.63	17.15	54.94
2011/03	370.36	15.35%	164.96	124.51%	1,041.57	174.48%	347.19	13.16	287.48	17.12	59.71
2011/02	321.06	-8.31%	102.80	212.33%	671.21	212.91%	334.02	(21.26)	270.36	18.19	63.67
2011/01	350.14	5.83%	111.71	213.44%	350.14	213.44%	355.28	8.60	252.17	19.87	103.11

宏達電 2009 年 10 月～2013 年 9 月每月營業收入

（續）

年月	合併營收	月成長率 MOM(%)	去年同期單月營收	去年同期 YOY(%)	當年以來累計營收	累計營收 YOY(%)	3個月平均營收(A)	3個月前後期差額	12個月平均營收(B)	12個月前後期差額	長短期差額 (A)-(B)
2010/12	330.87	−14.03%	141.14	134.43%	2,787.61	92.92%	346.68	20.09	232.30	15.81	114.38
2010/11	384.84	18.65%	143.39	168.39%	2,456.75	88.43%	326.59	47.68	216.49	20.12	110.10
2010/10	324.34	19.87%	126.13	157.14%	2,071.90	78.55%	278.91	26.08	196.37	16.52	82.54
2010/09	270.58	11.91%	117.82	129.65%	1,747.56	68.97%	252.83	10.22	179.85	179.85	72.98
2010/08	241.79	−1.76%	0.00	0.00%	1,476.98	0.00%	242.61	17.86		0.00	
2010/07	246.11	2.58%	0.0	0.00%	1,235.19	0.00%	224.75	21.55		0.00	
2010/06	239.91	27.47%	0.0	0.00%	989.07	0.00%	203.20	24.98		0.00	
2010/05	188.22	3.72%	0.0	0.00%	749.16	0.00%	178.22	28.47		0.00	
2010/04	181.47	10.01%	0.0	0.00%	560.94	0.00%	149.74	23.25		0.00	
2010/03	164.96	60.48%	0.0	0.00%	379.47	0.00%	126.49	7.94		0.00	
2010/02	102.80	−7.98%	0.0	0.00%	214.51	0.00%	118.55	(13.53)		0.00	
2010/01	111.71	−20.85%	0.0	0.00%	111.71	0.00%	132.08	(4.81)		0.00	
2009/12	141.14	−1.57%	0.0	0.00%	1,444.93	0.00%	136.89	136.89		0.00	
2009/11	143.39	13.68%	0.0	0.00%	1,303.79	0.00%		0.00		0.00	
2009/10	126.13	7.05%	0.0	0.00%	1,160.40	0.00%		0.00		0.00	

該公司單月營收在2011年6月至9月，連續四個月創單月歷史新高，而該公司股價歷史最高價1,300元，卻早在4月即已出現，投資人若在該公司營收創新高的月分買進股票並長期持有，將成為股票市場的最大輸家。

從該公司2011年的各月累計營收年增率變動圖，很清楚看到從當年第一季開始，該公司的各月累計營收年增率即持續遞降，至年底，累計營收年增率下降至67.09%，甚至比2010年整年營收年增率92.92%低，並在2012年開始轉為負成長。在累計營收年增率形成明顯下降趨勢的過程，投資人以為股價將因單月營收創新高而重回漲勢，並可能再創新高點，不斷在股價下跌過程中，持續投入資金進行攤平動作，也是股票市場最常見的悲劇。

接下來，我們再看看該公司最新的營業收入變化情況，看該公司是否已具備起死回生的條件？

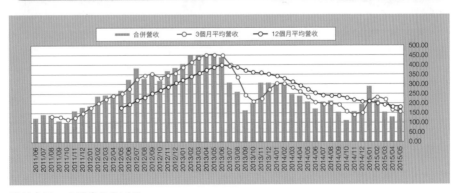

資料來源：公開資訊觀測站

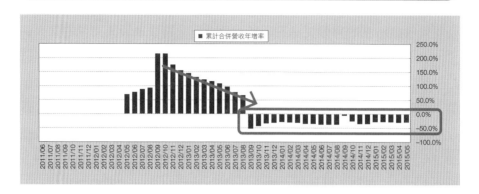

宏達電累計合併營收年增率變動圖

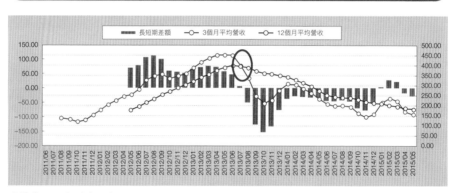

宏達電長、短期合併營收趨勢變動圖

資料來源：公開資訊觀測站

　　由累計營收年增率變動圖，看到該公司2014年各月累計營收年增率一度因2013年基期進入谷底盤整期，使2014年累計營收年增率衰退幅度收斂，但整年度營收仍小幅衰退7.62%。2015年前3個月營收年增率甚至一度轉為正成長，可惜，該公司4月及5月營收快速走低，導致1至5月累計營收年增率再度轉為負成長13.65%，一度走平、微幅上揚的12個月平均營收趨勢線，也再度轉為下滑，這顯示該公司營運狀況尚未走出谷底

234

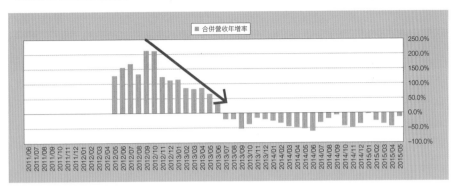

宏達電合併營收年增率變動圖

資料來源：公開資訊觀測站

宏達電（2498）股價月K線圖

資料來源：XQ全球贏家

期，甚至仍未脫離持續衰退危機。

　　該公司2015年第一季的營業利益率在營收略有起色之下，竟然只有0.05%，每股營業利益僅有0.02元，可以看出該公司本業獲利能力幾乎未見改善，這恐怕將造成股價回升的莫大壓力。

宏達電2013年5月～2015年5月每月營業收入

單位：億元

年月	營業收入	月成長率 MoM(%)	去年同期 單月營收	去年同期 YoY(%)	今年以來 累計營收	去年同期 累計營收	累計營收 YoY(%)
2015/05	107.9	−20.34%	210.6	−48.79%	658.5	762.6	−13.65%
2015/04	135.4	−32.37%	220.8	−38.66%	550.7	552.0	−0.24%
2015/03	200.2	117.02%	162.2	23.41%	415.2	331.2	25.37%
2015/02	92.3	−24.84%	72.3	27.70%	215.0	169.0	27.26%
2015/01	122.8	−19.16%	96.7	26.93%	122.8	96.7	26.93%
2014/12	151.9	−10.31%	124.3	22.13%	1,879.1	2,034.0	−7.62%
2014/11	169.3	7.49%	154.7	9.43%	1,727.3	1,909.7	−9.55%
2014/10	157.5	−5.79%	150.0	5.04%	1,558.0	1,755.0	−11.23%
2014/09	167.2	14.97%	181.5	−7.90%	1,400.5	1,605.0	−12.75%
2014/08	145.4	37.12%	131.7	10.43%	1,233.3	1,423.5	−13.36%
2014/07	106.0	−51.61%	157.3	−32.58%	1,087.9	1,291.8	−15.79%
2014/06	219.2	4.05%	220.8	−0.72%	981.8	1,134.6	−13.46%
2014/05	210.6	−4.59%	290.0	−27.37%	762.6	913.8	−16.54%
2014/04	220.8	36.08%	195.9	12.70%	552.0	623.8	−11.51%
2014/03	162.2	124.56%	158.8	2.16%	331.2	427.9	−22.59%
2014/02	72.3	−25.29%	113.7	−36.45%	169.0	269.1	−37.20%
2014/01	96.7	−22.21%	155.4	−37.75%	96.7	155.4	−37.75%
2013/12	124.3	−19.64%	215.7	−42.36%	2,034.0	2,890.2	−29.62%
2013/11	154.7	3.18%	212.3	−27.12%	1,909.7	2,674.5	−28.60%
2013/10	150.0	−17.39%	172.1	−12.89%	1,755.0	2,462.2	−28.72%
2013/09	181.5	37.84%	211.3	−14.11%	1,605.0	2,290.1	−29.91%
2013/08	131.7	−16.28%	240.2	−45.18%	1,423.5	2,078.7	−31.52%
2013/07	157.3	−28.75%	250.2	−37.15%	1,291.8	1,838.6	−29.74%
2013/06	220.8	−23.88%	300.0	−26.43%	1,134.6	1,588.3	−28.57%
2013/05	290.0	48.03%	300.0	−3.35%	913.8	1,288.3	−29.07%

宏達電長、短合併營收統計表

單位：億元

年月	3個月平均營收	前後期差額	12個月平均營收	前後期差額	長短期差額
2015/05	147.8	5.2	147.9	(8.6)	(0.1)
2015/04	142.6	4.2	156.5	(7.1)	(13.8)
2015/03	138.4	16.1	163.6	3.2	(25.2)
2015/02	122.3	(25.7)	160.4	1.7	(38.1)
2015/01	148.0	(11.6)	158.8	2.2	(10.8)
2014/12	159.6	(5.1)	156.6	2.3	3.0
2014/11	164.7	8.0	154.3	1.2	10.4
2014/10	156.7	17.2	153.1	0.6	3.6
2014/09	139.5	(17.3)	152.5	(1.2)	(12.9)
2014/08	156.9	(21.7)	153.6	1.1	3.2
2014/07	178.6	(38.2)	152.5	(4.3)	26.1
2014/06	216.9	19.0	156.8	(0.1)	60.1
2014/05	197.9	46.1	156.9	(6.6)	41.0
2014/04	151.8	41.4	163.5	2.1	(11.8)
2014/03	110.4	12.6	161.4	0.3	(51.0)
2014/02	97.8	(27.5)	161.2	(3.5)	(63.4)
2014/01	125.3		164.6		(39.4)

宏達電每月合併營業收入變動圖

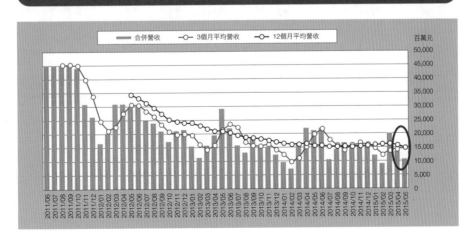

宏達電合併營收累計年增率變動圖

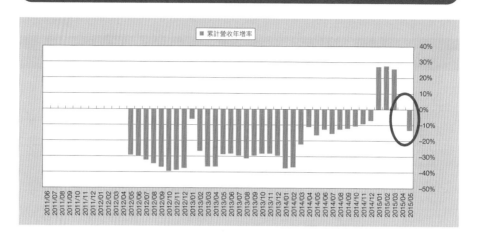

宏達電長、短期合併營收趨勢變動圖

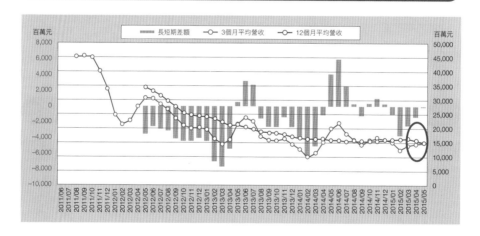

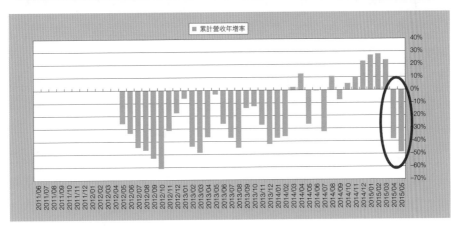

資料來源：公開資訊觀測站

毛利率、營業利益率及邊際利潤率（純益率）

如前所述，營業毛利乃指公司的營業收入淨額，扣掉可直接歸屬於生產商品，或提供勞務所需的直接原物料或人工成本，所得淨額稱為營業毛利，代表公司生產該產品的毛利高低。毛利率則是以公司營業毛利除以營業收入淨額所得出的獲利率高低指標。

$$毛利率＝\frac{營業毛利}{營業收入淨額}$$

毛利率代表公司與產品產銷直接產生活動關係的營業行為之獲利性優劣，它代表公司於產業中的直接競爭力。當公司產品的銷售量固定不變，公司欲提高毛利率有兩個途徑，第一，提高公司產品售價。第二，降低公司產品的直接產銷成本。倘若欲提高整體營業毛利總額，尚可藉提高銷售總量來達成。

由此可見，毛利率的高低至少有兩種意義。首先，它代表公司產品於市場中的訂價能力或競爭力。其次，它也隱含公司在生產過程中，對原物料的議價能力，及產品的生產效率優劣。當公司產品的毛利率出現提升的趨勢時，可能是產品的市場需求轉強、公司新產品開發有成並成功導入市場、生產成本降低及效率提升等等因素。毛利率出現上揚趨勢的公司，也隱含其盈餘極可能隨之提高，對股價將有正面助益。與營業收入的分析要領一樣，毛利率的趨勢分析，其重要性重於絕對數高低的分析。

從營業毛利中，扣掉企業從事營業活動所產生的營業費用，含產品的推銷費用、公司內部管理費用、機器廠房等固定產的折舊費用、新商品的研究發展費用等，得出因本業營業所獲得的淨額，便是營業利益，代表公司從生產到管理銷售各階段中，因本業經營的實際獲利。

$$營業利益率 = \frac{營業淨利}{營業收入淨額}$$

毛利率只考慮與產品直接相關的生產因素，營業利益率則將與本業相關的內部管理及銷售費用，均包括進來，營業利益率的高低，才是真正代表公司因經營本業所能創造出的獲利性高低。在同業間，毛利率高的公司不見得就一定有較高的營業利益率，因為，當公司內部管理失策、資源浪費、人員薪資浮濫等因素，均有可能使公司營業利益率變成低於同業水準。除非是產業特性（如零售通路），否則，持續下滑且過低的營業利益率，如果不是產業已處於高度競爭的成熟型產業，就可能代表公司的整體競爭力已明顯降低，對股價將造成嚴重的殺傷力。

營業利益加入非因本業營運所產生的利得（如利息收入、投資收益、股利收入、處分各項資產利得、資產減損回沖等），並扣掉非因本業產生的損失或費用（如利息費用、投資損失、處分投資損失、處分固定資產損

失、存貨跌價及呆滯損失等），所得出的淨額，便是稅前淨利。稅前淨利扣除營利事業所得稅後，就成為稅後淨利。稅後淨利除以營業收入淨額，便成為純益率，也稱為邊際利潤率。純益率越高，代表公司的稅後盈餘越高，盈餘的來源則可能是本業獲利，也可能是營業外收入所貢獻而來。

$$純益率 = \frac{稅後淨利}{營業收入淨額}$$

　　純益率已把不屬於公司本業營運所產生的利得或費用及損失，全部包括進來，其代表公司營運過程，所有可能產生收入或支出的項目（請記得

三大獲利指標連續三年提高且2015年第一季獲利持續成長公司

股票名稱	收盤（元）(2015/06/15)＝P	2015年第一季營業利益年成長率(YoY)(%)	2015年前5月累計營收成長率(YOY)(%)	2015年第一季稅後淨利年成長率(YoY)(%)	2014年Q2~2015年Q1合計EPS（元）＝E	四季EPS本益比（倍）＝P/E
2354鴻準	106	484.44	126.17	784.44	8.75	12.1
1707葡萄王	188	17.89	16.19	22.19	7.57	24.8
9910豐泰	160	34.1	18.55	27.77	5.65	28.3
5474聰泰	70.1	334.98	77.07	229.89	5.35	13.1
5349先豐	39.45	104.77	18.18	94.99	4.33	9.1
1702南僑	64.3	21.05	3.49	38.19	4.15	15.5
4974亞泰	47.55	14.94	21.63	3.25	4.1	11.6
4107邦特	97.3	37.84	15.11	15.08	3.53	27.6
1536和大	98.3	73.46	25.09	32.61	3.3	29.8
1539巨庭	43.4	230.78	9.83	81.84	2.33	18.6
2449京元電	27.25	23.09	11.85	39.08	2.29	11.9
1731美吾華	14.2	73.01	15.51	65.91	0.7	20.3

註：三年期間為2012年至2014年。　　資料來源：Money DJ　　資料整理：鉅豐財經資訊

是以「應計基礎」計算，不是現金收支基礎）均可能造成公司純益的變化，甚至可能因金額龐大，成為決定公司會計年度盈虧的主要因素，這其中又以營業外收支，在股票投資的財務分析上，扮演的角色最為吃重。但如前述，營業外收支並非其本業的營利所得，在公司永續經營、股東長期投資考量下，高營業外收入或支出，是否可成為股票價值評價的內含因素，恐怕不無疑問。

案例：鴻準（2354）

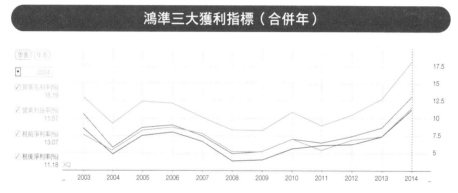

資料來源：XQ全球贏家

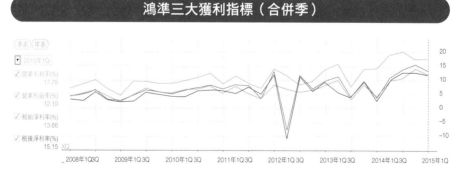

資料來源：XQ全球贏家

　　由該公司年度獲利能力指標走勢圖表，可知該公司獲利能力自2012年起，連續三年提高，且營業毛利率、營業利益率、稅後淨利率（純益率）等三大指標同步轉強，此顯示該公司獲利性的轉強，並非來自非常態性的營業外收入的增加，主要來自本業獲利性的轉強。

　　從單季的獲利能力指標走勢圖表，吾人發現該公司獲利指標中的營業利益率在2015年第一季下降，觀察其每月營業收入變動圖可知，每年的第一季為該公司營收淡季，營收下降，但屬於固定成本的營業管理費用並無法隨季節而調降。因此，就單季獲利性指標的實證分析上，建議讀者同時配合公司每月營業收入分析，才不會因季節性因素而產生誤判。

　　從三個月平均營收趨勢線於每年第一季都轉為下滑，即可知為季節性淡季效應，因此，投資者應更關心長期十二個月平均營收趨勢線的方向、累計營收年增率變動圖的消長。該公司12月平均營收趨勢線於2014年10月由原來的下滑轉為上揚，累計營收年增率衰退幅度則持續向上收斂，這顯示該公司營收成長動能可以已出現落底回生徵兆，至2015年第一季累

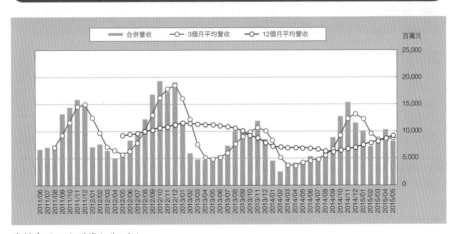

鴻準每月合併營業收入變動圖

資料來源：公開資訊觀測站

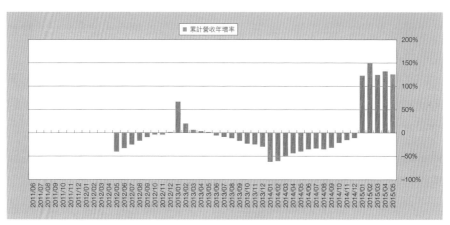

鴻準合併營收累計年增率變動圖

資料來源：公開資訊觀測站　　資料整理：鉅豐財經資訊

計營收年增率轉為正成長125.5%，1至5月累計營收年增率達126.2%，顯見該公司第一季營業利益率雖下降，但前5月營收成長動能已轉強，若累計營收年增率能維持高檔不墜，且獲利性指標再度回到上揚趨勢，股價展望就可以樂觀期待。

鴻準（2354）股價還原權息月K線圖

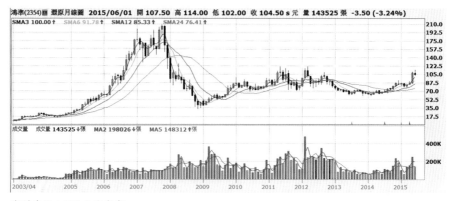

資料來源：XQ全球贏家

案例：先豐（5349）

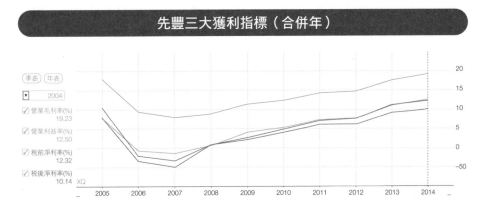

先豐三大獲利指標（合併年）

資料來源：XQ全球贏家

先豐三大獲利指標（合併季）

資料來源：XQ全球贏家

　　由該公司年度獲利能力指標走勢圖表，可知該公司獲利能力自2008年起，營業毛利率、營業利益率、稅後淨利率（純益率）等三大指標逐年提高，此顯示該公司獲利性正處於長期持續轉強之中，稅後淨利的成長，並非來自非常態性的營業外收入的挹注，主要來自本業獲利性的轉強。

如2013年及2014年第一季單季獲利能力指標均出現小幅回落，該公司獲利指標在2015年第一季亦出現小幅下降，但從該公司營業毛利年增率、營業利益年增率、稅後淨利年增率、每股稅後淨利年增率等成長力分析表，可以清楚看到該公司獲利能力仍在向上提高的軌道，並無改變。

觀察其每月營業收入變動圖可知，該公司3個月平均營收趨勢線因春節因素、單月營收下降而於2月轉為下滑，2015年3月雖再度回升，但4月及5月均呈現下滑，由此可見短期營收成長動能出現轉弱危機。

累計營收年增率則從2015年第一季的24.3%，連續兩個月下降，至1至5月累計營收年增率下降至18.2%，仍高於2014年整年的成長率5.69%，但若累計營收年增率逐月下降趨勢持續下去，將對股價展望造成壓力，投資者應密切追蹤後續營收成長動能變化趨勢。

先豐季營業毛利年增率表

期別	營業毛利（百萬）	季增率	年增率
2015/1Q	499.92	−1.48%	68.26%
2014/4Q	507.46	29.08%	54.83%
2014/3Q	393.13	4.55%	20.58%
2014/2Q	376.02	26.56%	1.42%
2014/1Q	297.11	−9.35%	−14.15%
2013/4Q	327.76	0.53%	−18.45%
2013/3Q	326.03	−12.06%	2.42%
2013/2Q	370.76	7.14%	95.30%
2013/1Q	346.07	−13.90%	58.64%
2012/4Q	401.92	26.26%	43.88%
2012/3Q	318.34	67.68%	14.08%
2012/2Q	189.84	−12.97%	−40.94%
2012/1Q	218.15	−21.91%	−8.47%

資料來源：XQ全球贏家

先豐季營業利益年增率表

期別	營業利益（百萬）	季增率	年增率
2015/1Q	342.90	−4.54%	104.77%
2014/4Q	359.19	42.53%	84.84%
2014/3Q	252.01	3.09%	19.81%
2014/2Q	244.45	45.98%	6.80%
2014/1Q	167.45	−13.83%	−23.59%
2013/4Q	194.32	−7.62%	−22.24%
2013/3Q	210.35	−8.10%	16.95%
2013/2Q	228.89	4.44%	221.22%
2013/1Q	219.15	−12.30%	118.48%
2012/4Q	249.89	38.93%	89.28%
2012/3Q	179.86	152.42%	29.94%
2012/2Q	71.26	−28.96%	−62.83%
2012/1Q	100.31	−24.02%	−10.38%

資料來源：XQ全球贏家

先豐季稅後淨利年增率表

期別	稅後淨利（百萬）	季增率	年增率
2015/1Q	267.46	0.55%	94.99%
2014/4Q	266.00	26.00%	66.23%
2014/3Q	211.12	16.45%	31.63%
2014/2Q	181.29	32.18%	4.69%
2014/1Q	137.16	−14.28%	−26.36%
2013/4Q	160.02	−0.23%	−4.66%
2013/3Q	160.39	−7.38%	15.02%
2013/2Q	173.17	−7.03%	215.86%
2013/1Q	186.27	10.97%	137.77%
2012/4Q	167.85	20.36%	63.76%
2012/3Q	139.45	154.35%	10.50%
2012/2Q	54.83	−30.02%	−60.92%
2012/1Q	78.34	−23.57%	−3.23%

資料來源：XQ全球贏家

先豐單季每股稅後淨利年增率表

期別	每股稅後淨利（元）	季增率	年增率
2015/1Q	1.25	0.00%	95.31%
2014/4Q	1.25	26.26%	66.67%
2014/3Q	0.99	16.47%	32.00%
2014/2Q	0.85	32.81%	4.94%
2014/1Q	0.64	−14.67%	−26.44%
2013/4Q	0.75	0.00%	−5.06%
2013/3Q	0.75	−7.41%	15.38%
2013/2Q	0.81	−6.90%	189.29%
2013/1Q	0.87	10.13%	117.50%
2012/4Q	0.79	21.54%	51.92%
2012/3Q	0.65	132.14%	1.56%
2012/2Q	0.28	−30.00%	−61.64%
2012/1Q	0.40	−23.08%	−4.76%

資料來源：XQ全球贏家

先豐每月合併營業收入變動圖

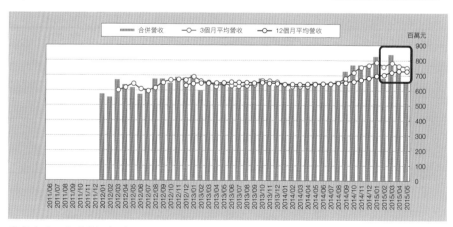

資料來源：公開資訊觀測站

先豐合併營收累計年增率變動圖

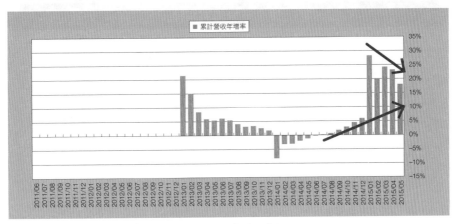

資料來源：公開資訊觀測站　　資料整理：鉅豐財經資訊

先豐（5349）股價還原權息月K線圖

資料來源：XQ全球贏家

案例：豐泰（9910）

（圖156）豐泰三大獲利指標（合併年）

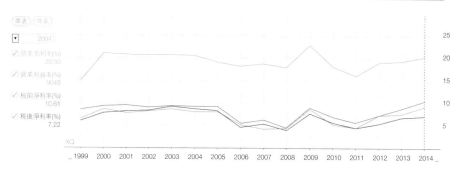

資料來源：XQ全球贏家

豐泰三大獲利指標（合併季）

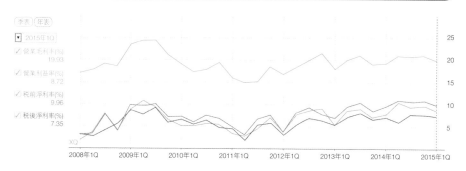

資料來源：XQ全球贏家

　　由該公司年度獲利能力指標走勢圖表，可知該公司獲利能力自2012年起，營業毛利率、營業利益率、稅後淨利率（純益率）等三大指標連續三年提高，代表本業獲利能力的營業利益率更已是2000年以來最高，此顯示該公司獲利性正處於長期持續轉強之中，稅後淨利的成長，並非來自非常態性的營業外收入，主要來自本業獲利的貢獻。

　　2015年第一季單季獲利能力指標均出現小幅回落，但幅度並不大。觀察該公司營業毛利年增率、營業利益年增率、稅後淨利年增率、每股稅後淨利年增率等成長力分析表，可以清楚看到該公司營業毛率、營業利益年增率連續五季正成長，顯示本業獲利成長性力仍強，投資人應同時追蹤目前及未來的營收成長動能，並搭配外部股東權益報酬率，以做為投資決策依據。

　　觀察其每月營業收入變動圖可知，該公司3個月平均營收趨勢線2015年因首季春節因素、單月營收於前2月下滑，2015年3月已再度回升，短期營收成長動能已重回上升軌道，12個月長期平均營收趨勢線則維持緩步上揚，顯示長期營運仍處於成長循環軌道。

豐泰季營業毛利年增率表

期別	營業毛利（百萬）	季增率	年增率
2015/1Q	2,454.74	−10.65%	24.48%
2014/4Q	2,747.19	6.98%	42.06%
2014/3Q	2,567.87	3.49%	27.78%
2014/2Q	2,481.27	25.82%	26.74%
2014/1Q	1,972.02	1.98%	28.11%
2013/4Q	1,933.81	−3.77%	−3.92%
2013/3Q	2,009.62	2.65%	9.44%
2013/2Q	1,957.77	27.19%	3.60%
2013/1Q	1,539.30	−23.52%	15.83%
2012/4Q	2,012.73	9.61%	12.78%
2012/3Q	1,836.32	−2.83%	21.61%
2012/2Q	1,889.81	42.20%	53.12%
2012/1Q	1,328.94	−25.53%	7.41%

資料來源：XQ全球贏家

豐泰季營業利益年增率表

期別	營業利益（百萬）	季增率	年增率
2015/1Q	1,074.20	−16.10%	34.10%
2014/4Q	1,280.34	9.19%	75.01%
2014/3Q	1,172.56	−5.97%	35.15%
2014/2Q	1,246.97	55.67%	48.47%
2014/1Q	801.04	9.50%	71.85%
2013/4Q	731.57	−15.68%	−14.42%
2013/3Q	867.59	3.30%	8.39%
2013/2Q	839.88	80.18%	5.24%
2013/1Q	466.14	−45.47%	54.66%
2012/4Q	854.86	6.80%	23.98%
2012/3Q	800.46	0.30%	75.48%
2012/2Q	798.05	164.79%	232.91%
2012/1Q	301.39	−56.29%	10.25%

資料來源：XQ全球贏家

豐泰季稅後淨利年增率表

期別	稅後淨利（百萬）	季增率	年增率
2015/1Q	837.94	−10.98%	27.77%
2014/4Q	941.33	7.71%	56.57%
2014/3Q	873.99	41.87%	34.03%
2014/2Q	616.03	−6.06%	−3.38%
2014/1Q	655.80	9.08%	62.68%
2013/4Q	601.21	−7.80%	11.79%
2013/3Q	652.09	2.27%	31.38%
2013/2Q	637.62	58.17%	44.18%
2013/1Q	403.12	−25.04%	98.99%
2012/4Q	537.79	8.35%	18.18%
2012/3Q	496.35	12.24%	−0.82%
2012/2Q	442.22	118.29%	175.47%
2012/1Q	202.58	−55.48%	−35.90%

資料來源：XQ全球贏家

豐泰每月營業收入及累計營收年增率變動圖

單位：億元

年月	營業收入	月成長率 MoM(%)	去年同期 單月營收	去年同期 YoY(%)	今年以來 累計營收	去年同期 累計營收	累計營收 YoY(%)
2015/05	47.2	7.53%	40.6	16.19%	214.5	181.0	18.55%
2015/04	43.9	5.48%	37.9	15.97%	167.3	140.3	19.23%
2015/03	41.6	12.55%	36.1	15.49%	123.4	102.4	20.44%
2015/02	37.0	−17.33%	28.7	28.77%	81.7	66.4	23.13%
2015/01	44.7	−7.57%	37.7	18.83%	44.7	37.7	18.83%
2014/12	48.4	8.80%	38.2	26.81%	475.9	387.4	22.82%
2014/11	44.5	18.32%	32.0	38.91%	427.5	349.3	22.39%
2014/10	37.6	−11.00%	31.2	20.70%	383.0	317.2	20.72%
2014/09	42.3	−1.71%	34.6	22.29%	345.3	286.1	20.72%
2014/08	43.0	12.48%	33.0	30.43%	303.1	251.5	20.51%
2014/07	38.2	−6.59%	33.8	12.97%	260.1	218.6	19.01%
2014/06	40.9	0.66%	35.0	17.01%	221.9	184.7	20.12%
2014/05	40.6	7.33%	31.7	28.25%	181.0	149.7	20.84%
2014/04	37.9	5.05%	31.2	21.50%	140.3	118.1	18.85%
2014/03	36.1	25.49%	31.2	15.63%	102.4	86.9	17.90%
2014/02	28.7	−23.70%	26.1	10.08%	66.4	55.7	19.18%
2014/01	37.7	−1.37%	29.6	27.20%	37.7	29.6	27.20%
2013/12	38.2	19.18%	30.6	24.62%	387.4	365.1	6.11%
2013/11	32.0	2.81%	32.1	−0.19%	349.3	334.5	4.42%
2013/10	31.2	−9.83%	28.9	7.85%	317.2	302.4	4.90%
2013/09	34.6	4.83%	30.2	14.53%	286.1	273.5	4.59%
2013/08	33.0	−2.57%	32.4	1.62%	251.5	243.3	3.36%
2013/07	33.8	−3.24%	31.1	8.81%	218.6	210.9	3.63%
2013/06	35.0	10.33%	32.4	7.80%	184.7	179.8	2.73%
2013/05	31.7	1.68%	36.6	−13.31%	149.7	147.4	1.62%

豐泰長、短期合併營收統計表

單位：億元

年月	3個月平均營收	前後期差額	12個月平均營收	前後期差額	長短期差額
2015/05	44.3	3.4	42.5	0.5	1.8
2015/04	40.8	(0.3)	41.9	0.5	(1.1)
2015/03	41.1	(2.3)	41.4	0.5	(0.3)
2015/02	43.4	(2.5)	40.9	0.7	2.4
2015/01	45.9	2.4	40.2	0.6	5.6
2014/12	43.5	2.1	39.7	0.9	3.9
2014/11	41.5	0.5	38.8	1.0	2.7
2014/10	41.0	(0.2)	37.8	0.5	3.2
2014/09	41.2	0.4	37.2	0.6	3.9
2014/08	40.7	0.8	36.6	0.8	4.1
2014/07	39.9	0.1	35.7	0.4	4.2
2014/06	39.8	1.6	35.4	0.5	4.4
2014/05	38.2	4.0	34.9	0.7	3.3
2014/04	34.2	0.1	34.1	0.6	0.1
2014/03	34.1	(0.7)	33.6	0.4	0.6
2014/02	34.9	(1.1)	33.2	0.2	1.7
2014/01	36.0		33.0		3.0

豐泰每月合併營業收入變動圖

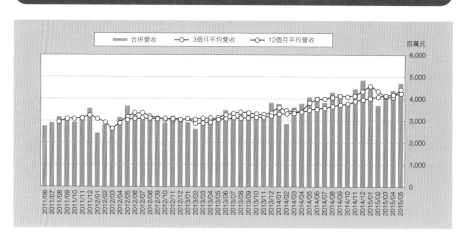

豐泰單季每股稅後淨利年增率表

期別	每股稅後淨利（元）	季增率	年增率
2015/1Q	1.45	−11.04%	22.88%
2014/4Q	1.63	7.95%	50.93%
2014/3Q	1.51	42.45%	29.06%
2014/2Q	1.06	−10.17%	−7.83%
2014/1Q	1.18	9.26%	57.33%
2013/4Q	1.08	−7.69%	8.00%
2013/3Q	1.17	1.74%	25.81%
2013/2Q	1.15	53.33%	38.55%
2013/1Q	0.75	−25.00%	92.31%
2012/4Q	1.00	7.53%	13.64%
2012/3Q	0.93	12.05%	−3.12%
2012/2Q	0.83	112.82%	167.74%
2012/1Q	0.39	−55.68%	−36.07%

資料來源：XQ全球贏家

豐泰合併營收累計年增率變動圖

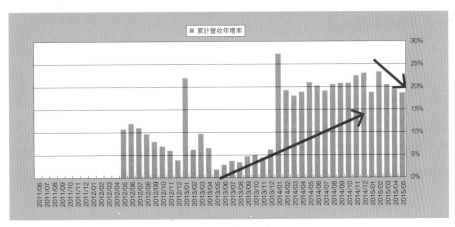

資料來源：公開資訊觀測站　　資料整理：鉅豐財經資訊

累計營收年增率則從2015年第一季的20.4%，連續兩個月小幅下降，至1至5月累計營收年增率下降至18.5%，已稍低於2014年整年的成長率22.8%，若累計營收年增率下降趨勢持續，將對股價造成傷害，股價本益比下修壓力將同時提高。

豐泰（9910）股價還原權息月K線圖

資料來源：XQ全球贏家

營業外收支的穩定度

　　自2013年依IFRS財務報告新制，強制要求上市櫃公司編製合併財務報告書，子母公司合併綜合損益表已將母公司持股大於50%、低於100%，在母公司個體損益表中，依「權益法」以持股比率列入營業外投資收益的子公司投資收益，改列入合併綜合損益表的本業收益，並在結算當期稅後淨利之前，扣除持股比率高於50%、但低於100%的「少數股權（非控制權益）」，即母公司持股未達100%的持股比率差距所應計的淨利。

　　此將使母公司大量轉投資子公司持股比率高於50%、低於100%的上市櫃公司，在合併綜合損益表中的業外投資收益大幅降低，但卻虛增合併

綜合損益表的稅前淨利，並讓母公司的現金流量與合併報表呈現出的現金流量，產生嚴重落差，投資人若僅閱讀合併現金流量表，將可能高估母公司的現金流量。投資人務必將母公司個體現金流量表與合併現金流量表的差異做對比，否則，在上市櫃公司大量轉投資在資本仍屬管制的中國地區，極可能高估臺灣母公司的現金流量，並低估母公司因長期舉債、融資、膨脹股本募資，以滿足臺灣母公司現金配息假象，但卻造成母公司長期負債比率走高、對企業價值的負面衝擊，增加臺灣母公司股票投資人的可能傷害。

營業外收支的主要來源有利息收入（支出）、投資收益（損失）、股利收入、處分各項資產利得（損失）、資產減損回沖（減損）等。其中又以按權益法承認的長期投資收益及損失、短期投資交易資本利得（損失）或股利收入，或偶發性的資產處分利得（損失）等項目，所佔比率常常最高。

可惜，營業外收入存有不少問題。首先，無論投資收益或資本利得，甚至資產的處分利得，均不見得是常態性穩定性佳的收入；其次，產生營業收入的長、短期投資項目，存在資產市價波動風險，及資產財務資料嚴重不透明問題。這使得大部分的上市櫃公司的營業外收支，變得相當不牢靠，甚至成為不肖經營者，操弄會計盈餘的法寶。

因此，看待營業外收支，尤其是收入面，一定要從下面幾點深究公司的營業外收入，若發現屬於下列性質，應從稅前盈餘中扣除，才不致扭曲公司股票的評價基礎。這些項目如下：

A. 產生營業外收入來源的資產項目是否為常態性、整體獲利穩定的資產項目，如持有上市櫃、按權益法認列收益的轉投資關係企業股票。如果不是，而是一次性、偶發性收入，便應扣除。

B. 短期投資項目市價波動所產生的營業外收入應扣除。

C. 長期投資按權益法承認之收益中，若長期無現金股利對等流入，將造成會計盈餘與來自營運活動現金流量間的嚴重落差，且該轉投資子公司、聯屬公司的財務報告未經公信力足夠的會計師簽核，便應扣除。

D. 轉投資關係事業股票、固定資產的一次性處分利得，應從中扣除。

E. 因原物料價格波動，導致高額度存貨所產生之非營業活動所創造的市價波動利得或回沖，應從中扣除。

以上這些營業外收入項目，對理性穩健的投資人而言，在衡量其股東權益報酬率高低之前，應從稅前盈餘中扣除，還原該公司常態性盈餘創造能力的本質，才不致高估公司盈餘，使自己在股價明顯進入相對高檔區時，進行非理性追價，以致資金遭長期套牢或蒙受投資損失。

現金流量表

1. 現金流量表之意義及其目的

現金流量表乃是記錄企業在會計期間中之現金流入與流出狀況，彙總說明企業在營業、投資、及融資等三大項活動，對現金流量產生之影響。現金流量表的正負向決定原則，是以公司為主體，當現金由外流入公司時，現金流量表即以正數呈現；反之，則以負數呈現。

現金流量表之編製可以幫助投資人及債權人評估企業下列項目：

A. 未來產生淨現金流入的能力。

B. 償還負債及支付股利之能力，及其向外融資之需求。

C. 會計損益及來自營業活動所產生之現金流量間差異之原因。

D. 本期現金及非現金的投資及融資活動對財務狀況之影響。

2. 現金流量之分類

（1）營業活動之現金流量。

企業產生主要營業收入的活動，及其他非屬投資與融資的活動，其係指列入損益計算的交易及其他事項所產生之現金流入與流出。來自營業活動現金流量越高，代表公司由本業營運活動創造現金的能力越強。

相關之會計科目：流動資產、流動負債、交易為目的之投資、損益表中相關科目。

常見之項目：利息收入、利息費用、非權益法之股利收入、權益法下之現金股利等。

除現金外，流動資產的增加，代表現金的流出，例如應收帳款及存貨的增加，都是營運活動現金流量之負數項目；反之，減少則代表現金流量的加項。股利收入若為現金股利則為現金的流入；反之，權益法下承認的投資收益則為現金收入的虛增項目，應自來自營運活動現金中扣除，其屬負數項目。另外，折舊與攤提費用因無實際現金流出，應加回營運活動現金流量，其屬正數項目。

（2）投資活動之現金流量：取得或處分長期資產及其他非屬約當現金項目的投資活動。投資活動現金流量負數越高，代表公司的資本支出越高、投資企圖越積極。

相關之會計科目：非交易目的之各種有價證券投資、固定資產投資與處分、處分資產或出售投資之損益。

常見之項目：因上列會計科目而產生之現金流入或流出。

各種投資活動越積極，公司的投資活動現金流量越呈現高額負數；反之，當投資活動變保守，甚至開始變賣各類投資及固定資產時，公司的投資活動現金流量就會呈現正數情況。

（3）理財（融資）活動之現金流量：

包含業主投資及分配給業主，與融資性質債務之舉借與清償。融資活動現金流量正數越高，代表公司可能對外舉債或借款，或是向原來股東募資。

相關之會計科目：短期借款、長期負債、股東權益科目。

常見之項目：股利分配、庫藏股、減資、貸款、公司債。

對外舉債或借款越高，理財活動現金流量為正數；反之，則為負數。配發現金股股利越高，則理財活動越呈現負數。現金增資發行新股，理財活動現金流量為正數。

（4）其他

A.匯率變動影響數。

B.不影響現金的投、融資活動。如發債換股、可轉換公司債換股、固定資產交換等

C.同時影響現金及非現金項目之投、融資活動。

上列項目應以單獨列示、附標或附註揭露等方式在正式現金流量表外進行表達。

3. 現金流量表在證券投資財務分析上的主要分析重點

（1）會計盈餘與來自營運活動現金流量之差異分析。

本書在介紹「損益表與其分析重點」之時，提過在財務會計準則適用中，極為重要的「應計基礎」假設，也稱為權責發生基礎。在應計基礎的假設下，資產負債表及損益表中所呈現的會計紀錄，與公司營運過程所產生的現金收支狀況，將可能產生明顯落差。

然而，正如我們在介紹一般學理上的股票評價模型時，特別強調，一家公司是否有能力配發現金股利給股東，往往並不是決定於公司的會計帳是否有盈餘產生，而是決定於公司在營運過程中，是否能真正產生穩定的現金流入；一家可以產生會計盈餘的公司並不一定有正向的現金流入，因其會計盈餘係以「應計基礎」為假設前題。在扣除維持營運的資本支出後（及公司剩餘之自由現金流量），甚至可能變成一家長期營運資金短缺的公司，遭遇到產業景氣循環下滑的階段，最後甚至可能成為財務結構惡化的地雷公司。

　　從長期現金流量的觀點來看，一家公司的真正價值來自其在未來營運年度中，可以替股東創造出來的現金流量，此現金流量經以運用資產於營運活動的資金成本為折現因子（類似使用資金所應負擔的資金成本，即所謂之公司加權平均資金成本WACC），所折現出來的現值，代表一家公司的目前價值。即公司所可創造出的未來自由現金流量的折現值。

　　由此可見，從證券投資財務分析的觀點而言，資產負債表及損益表之深入解讀，雖可提供股票價值評價上不少線索，但真正要了解一家公司的現金創造能力及其會計盈餘品質優劣，就必須進一步探究公司的現金流量表，才能使股票價值的評價基礎更為堅實可靠。

　　公司的會計盈餘乃以應計基礎為會計紀錄原則下的產物，但從盈餘品質及公司創造出來的現金流量能力上，現金流量表中的「來自營運活動現金流量」，更能詳實檢視公司在特定期間內，從與本業高度相關的營運活動中，究竟能創造出多少的現金流入？當公司的會計盈餘長期與來自營運活動現金流量產生明顯落差時，往往代表公司盈餘品質可能轉差，或是財務透明度不足，甚至可能是不肖經營者做假帳、掏空公司的先兆。因此，投資人在審視一家公司的損益表時，務必要同時配合公司的現金流量表做公司盈餘品質檢驗。在公司盈餘品質無虞的情況下，才能進入股票價值的評價階段。

案例：宏達電（2498）

　　由該公司2007年至2014年的稅後淨利與營運活動現金流量表，無論是子母公司合併或母公司個體現金流量表，均可以發現該公司的應收帳款及存貨在2010年及2011年，同步大幅提高。伴隨應收帳款及存貨的提高，該公司應付上游及周邊零組件供應鏈廠商的應付帳款也同步大幅走高。

應收帳款及存貨伴隨營業收入的成長理應自然成長，乍看之下，似並無異樣，但若應收帳款及存貨增加幅度高於營業收入增加幅度，則可能是下游零售商面對消費市場的商品去化壓力正快速提高。讓我們先看一下該公司的流動資產簡表。

　　該公司2010年、2011年營收分別成長92.9%、67.1%，應收帳款總額分別增加127.1%、5.0%，存貨帳列金額則分別提高337.6%、7.6%。由此對照，即可知隱藏在該公司2010年營收大幅成長的背後，可能是下游往來零售商比營收成長數據膨脹更快、居高不下的應收帳款，甚至可能是該

宏達電2007～2014年稅後淨利與營運活動現金流量表（合併）

期別	2014	2013	2012	2011	2010
稅後淨利	1,483	−1,324	17,589	62,299	39,515
折舊	2,953	2,917	2,223	1,564	905
攤提	1,869	1,968	2,038	837	97
投資收益－權益法	0	−197	−387	0	0
投資損失－權益法	9	0	0	4	0
現金股利收入－權益法	26	16	0	0	0
短期投資處分損（益）			0	0	0
固定資產處分損（益）	153	0	6	0	12
長期投資處分損（益）	−158	−2,667	1,410	0	−2
準備提列（迴轉）	0	0	−22	−25	0
應收帳款（增）減	−5,769	17,883	23,466	−3,105	−34,489
存貨（增）減	6,386	210	4,621	−2,017	−20,378
應付帳款增（減）	−2,473	−27,342	−4,855	16,498	36,344
其他調整項－營業	−6,080	−8,266	−23,101	10,416	24,443
來自營運之現金流量	−340	−16,231	23,296	88,507	46,048
稅後淨利與來自營運現金流量差額	−1,823	−14,907	5,707	26,208	6533

註：稅後淨利與來自營運現金流量差額＝來自營運現金流量減稅後淨利

公司聯屬關係企業成品或半成品存貨的大幅提高。接下來，看一下與該公司的應收帳款、存貨等有高度重要關聯的短期營運指標。

由上圖可以看到該公司的流動比率及速度比率在2010年迅速下降，應收帳款及存貨佔總資產的比率更大幅躍升，這對該公司的股票投資人是一大警訊，但未接受過基本財務數據營運分析訓練的一般投資者，卻仍沉醉在營收大幅成長，且持續走高所營造出的樂觀氣氛之中。

該公司2010年完整的財務報告書於2011年4月揭露，該公司單月營收在2011年6月至9月，甚至仍連續四個月創單月歷史新高，但累計營收年增率則持續下降、應收帳款及存貨仍居高不下，而該公司股價歷史最高價1,300元，卻剛好在4月即已出現，投資人若在該公司營收創新高的月分買進股票並長期持有，將成為股市長期套牢的最大輸家。

該公司2013年及2014年的獲利大幅轉差，營運現金流量轉為負數，顯見仍未走出營運轉差的惡夢。2013年處理長期投資資產收益26.7億，但當年度稅後淨利仍虧損13.2億，2014年營收衰退7.6%，但應收帳款卻逆勢增加24.7%，營運未見明顯起色，該公司現金流量的穩定度將被受考驗，企業價值日趨沉淪，有朝一日是否能起死回生，仍是未定之天。

單位：百萬

	2009	2008	2007
	22,614	28,553	28,918
	902	746	681
	73	62	52
	0	0	0
	4	6	0
	0	0	0
	0	0	0
	0	3	1
	76	0	0
	0	−23	−20
	2,329	−9,981	−266
	2,214	−1,013	−1,274
	−2,939	5,368	5,925
	2,980	13,488	5,762
	27,721	37,627	39,798
	5,107	9,074	10,880

資料來源：XQ全球贏家

宏達電2007年至2014年稅後淨利與營運活動現金流量表（母公司）

單位：百萬

期別	2014	2013	2012	2011	2010	2009	2008	2007
稅後淨利	1,483	−1,324	16,781	61,976	39,534	22,609	28,635	28,939
折舊	1,775	1,603	1,293	929	622	634	568	525
攤提	650	652	524	397	59	40	36	31
投資收益－權益法	−588	0	−618	−2,718	−1,457	−274	0	−104
投資損失－權益法	0	1,076	0	0	0	0	57	0
現金股利收入－權益法	0	0	2	2	0	1	0	0
短期投資處分損（益）	0	0	0	0	0	0	0	0
固定資產處分損（益）	0	2	0	0	0	−3	0	−1
長期投資處分損（益）	0	0	27	0	−2	28	0	0
準備提列（迴轉）	0	0	−22	−25	−21	−21	−22	−21
應收帳款（增）減	−1,485	12,042	25,805	−1,652	−35,795	2,228	−10,315	205
存貨（增）減	4,033	2,058	4,867	−3,469	−16,703	2,201	−1,299	−1,136
應付帳款增（減）	−1,086	−25,720	−2,364	18,669	32,465	−2,546	5,887	5,173
其他調整項－營業	−4,191	−3,632	−23,504	11,602	22,134	2,644	14,046	6,170
來自營運之現金流量	591	−13,243	22,792	85,711	40,836	27,542	37,594	39,781
稅後淨利與來自營運現金流量差額	−892	−11,919	6,011	23,735	1,302	4,933	8,959	10,842

註：稅後淨利與來自營運現金流量差額＝來自營運現金流量減稅後淨利
資料來源：XQ全球贏家

　　2015年第一季，該公司單季營業收入為415.2億，較2014年第四季的478.7億，下降13.3%，但應收帳款及存貨卻逆勢增加，來自營運活動現金流量連續三季正數後，再度轉為負23.7億，顯見該公司單季營收年成長率雖達25.4%，稅後淨利雖為盈餘，但盈餘品質並不佳，這也埋下營運持續惡化的伏筆。

宏達電合併流動資產簡表（2008～2014）

單位：百萬

期別	2014	2013	2012	2011	2010	2009	2008
現金及約當現金	55,744	53,299	53,878	87,502	74,463	64,638	64,238
短期投資	270	162	351	993	892	2,516	0
應收帳款及票據	29,140	23,371	41,254	64,720	61,614	27,126	29,455
其他應收款	585	2,138	1,176	1,152	759	219	279
短期借支	0	0	6,554	0	0	0	0
存貨	17,213	23,600	23,809	28,431	26,414	6,036	8,250
在建工程							
預付費用及預付款	6,626	5,804	4,966	6,508	2,621	3,342	1,285
其他流動資產	99	125	7,671	3,555	1,843	1,025	750
流動資產	110,287	111,507	139,659	192,860	168,606	104,901	104,257

資料來源：XQ全球贏家

宏達電短期營運指標（合併–年）

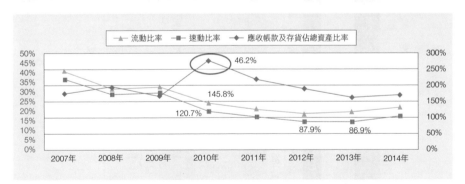

資料來源：公開資訊觀測站　　資料整理：鉅豐財經資訊

宏達電 2007～2014年現金流量彙總表（合併）

單位：百萬

期別	2014	2013	2012	2011	2010	2009	2008	2007	歷年合計
來自營運之現金流量	(340)	(16,231)	23,296	88,507	46,048	27,721	37,627	39,798	246,426
稅後純益	1,483	(1,324)	17,589	62,299	39,515	22,614	28,553	28,918	199,647
營運活動現金佔稅後純益比率	-22.9%	1225.9%	132.4%	142.1%	116.5%	122.6%	131.8%	137.6%	123.4%
投資活動之現金流量	2,853	20,367	(19,193)	(34,164)	(3,808)	(4,742)	(5,814)	(2,364)	(46,865)
自由現金流量	2,513	4,136	4,103	54,343	42,240	22,979	31,813	37,434	199,561
自由現金流量佔稅後純益比率	169.45%	-312.39%	23.33%	87.23%	106.90%	101.61%	111.42%	129.45%	99.96%
理財活動之現金流量	(213)	(2,500)	(38,392)	(41,239)	(31,877)	(22,569)	(24,047)	(15,900)	(176,737)
匯率影響數	145	697	666	(66)	(538)	(9)	(19)	(13)	863
本期產生之現金流量	2,445	2,333	(33,623)	13,039	9,825	401	7,748	21,520	23,688

資料來源：公開資訊觀測站　資料整理：鉅豐財經資訊

宏達電2013年第二季至2015年第一季營運活動現金流量表（合併）

單位：百萬

期別	2015/1Q	2014/4Q	2014/3Q	2014/2Q	2014/1Q	2013/4Q	2013/3Q	2013/2Q
稅後淨利	360	466	641	2,257	-1,881	315	-2,974	1,250
折舊	713	641	752	775	785	754	755	714
攤提	482	474	469	461	465	471	495	508
投資收益－權益法	0	0	0	0	0	-50	25	-128
投資損失－權益法	3	0	2	3	3	0	0	0
現金股利收入－權益法	0	4	16	3	4	0	3	3
短期投資處分損（益）								
固定資產處分損（益）	2	96	56	0	1	-2	1	0
長期投資處分損（益）	0	-1	-54	-104	0	-2,638	0	0
準備提列（迴轉）	0	0	0	0	0	0	0	0
應收帳款（增）減	-3,756	-3,906	11,079	-13,377	435	7,563	17,269	-19,661
存貨（增）減	-4,487	5,996	2,695	-782	-1,523	2,423	2,030	10,052
應付帳款增（減）	4,253	381	-6,610	6,820	-3,064	-8,098	-11,387	-9,493
其他調整項－營業	-311	-3,674	-4,644	9,182	-6,944	-1,232	-1,154	1,160
來自營運之現金流量	-2,369	1,456	4,381	5,350	-11,526	-1,580	6,190	-15,391

資料來源：XQ全球贏家

案例：鴻海（2317）

　　依2007年至2014年合併稅後淨利與營運活動現金流量彙總表，該公司營運活動現金佔稅後純益比率高達138.1%，扣除歷年投資活動現金流量後的自由現金流量，佔稅後純益比率仍達55.67%。這顯示，若以合併報表的角度，該公司在八年之中的現金流量，表現相當良好，累計之自由現金流量高達3934.42億，但該公司在同期間配發的現金股利卻僅1267.71億，自由現金流量配息率僅32.22%，原因何在？

　　大家必須清楚，合併現金流量呈現的是集團海內外的現金流量彙總狀況，但台股投資人領的現金股利卻只能由臺灣母公司發放，投資人領的股利是以「新台幣」計算，不是「美元」，更不是「人民幣」。當母公司與海外轉投資事業現金無法自由、無限制的流動時，合併現金流量對台股股民而言，很可能是「看得到、吃不到」的一碗看似香噴噴的牛肉麵而已。

　　依母公司個體損益表，原持股大於20%（含）、低於100%（不含）的轉投資事業，按持股比率以「投資收益－權益法」認列轉投資事業的投資收益，為營業外投資收入的重要項目，往往佔大量轉投資海外的上市櫃公司的稅前淨利極高比重，但因海外轉投資事業以「現金股利收入－權益法」分配給母公司的現金股利佔所認列的「投資收益－權益法」比率往往很低，這使母公司現金流量表中的營運活動現金流量與稅後純益之間，產生極大的落差，透過母公司現金流量表，可以真實反應臺灣上市櫃公司母公司現金流量狀況。

　　但自2013年依IFRS財務報告新制，要求上市櫃公司編製合併財務報告書，子母公司合併綜合損益表已將母公司持股大於50%、低於100%，在母公司個體損益表中，依「權益法」以持股比率列入營業外投資收益的子公司投資收益，改列入合併綜合損益表的本業收益，並在結算當期稅後淨利之前，扣除持股比率高於50%、但低於100%的「少數股權（非控制權益）」，即母公司持股未達100%的持股比率差距所應計的淨利。

　　此將使母公司大量轉投資子公司持股比率高於50%、低於100%的上市櫃公司，在合併綜合損益表中的業外投資收益大幅降低，但卻虛增合併綜合損益表的營業利益及稅前淨利，並讓母公司的現金流量與合併報表呈現出的現金流量，產生嚴重落差，亦即合併現金流量表並無法真實反應母公司可供分配現金股利的現金流量。

　　海外轉投資事業所在地若屬高度資本管制，或是上市櫃公司匯回投資收益的比率長期偏低，投資人若僅閱讀合併現金流量表，將可能高估母公司可動用的現金流量。投資人務必將母公司個體現金流量表與合併現金流量表的差異做對比，否則，在上市櫃公司大量轉投資在資本仍屬管制的中國地區，極可能高估臺灣母公司的現金流量，並誤判母公司因長期舉債、融資導致長期負債比率提高，膨脹股本募資稀釋股東權益，以滿足臺灣母公司「打腫臉充胖子」的現金配息假象，但卻造成母公司因負債比率走高、對企業價值的負面衝擊，並造成臺灣母公司股票投資人的可能傷害。

　　依2007年至2014年母公司稅後淨利與營運活動現金流量彙總表，該公司營運活動現金佔稅後純益比率從合併報表的138.1%下降至99.43%，扣除歷年投資活動現金流量後的自由現金流量，佔稅後純益比率更從55.67%下降至10.77%。這顯示，若以合併報表的角度，該公司在八年之中的現金流量，表現相當良好，累計之自由現金流量高達3934.42億，但若以臺灣母公司角度而言，自由現金流量下降至753.16億，兩者差異高達3181.26億。原因何在？

　　該公司2007年至2014年現金流量明細表（母公司個體），母公司在八年期間共認列來自會計科目「投資收益－權益法」高達4790.86億，但真正從這些「投資收益－權益法」回收現金股利的會計科目「現金股利收入－權益法」，卻僅有51.11億，兩者合計落差高達4739.75億。這是造成合併現金流量與母公司現金流量產生巨額差異的主因。

鴻海2007～2014年現金流量明細表（合併）

單位：百萬

期別	2014	2013	2012	2011	2010	2009	2008	2007	合計
税後淨利	132,482	107,346	91,787	81,935	75,473	76,380	56,690	84,688	706,781
折舊	69,403	72,687	58,162	45,661	36,862	32,931	28,011	21,996	365,713
攤提	829	926	9,722	5,794	4,268	5,467	4,725	4,172	35,903
投資收益-權益法	-2,980	-4,838	-2,793	-3,152	-3,254	-2,842	-1,600	-3,644	-25,103
投資損失-權益法	0	0	0	0	0	0	0	0	0
現金股利收入-權益法	676	419	978	597	708	923	1,152	1,212	6,665
短期投資處分損（益）	0	0	0	0	0	0	0	0	0
固定資產處分損（益）	-566	559	-154	-156	251	19	-238	31	-254
長期投資處分損（益）	-3,010	-1,427	-1,635	-15	-128	-673	1,740	-594	-5,742
準備提列（迴轉）	6	-86	39	-27	12	52	32	103	131
應收帳款（增）減	-24,671	-114,661	-156,999	-66,231	-102,214	-40,257	-10,035	-37,254	-552,322
存貨（增）減	-56,412	37,098	30,639	-121,138	-78,404	-14,255	-8,322	-32,068	-242,862
應付帳款增（減）	22,626	74,334	89,876	121,341	126,624	34,426	-7,886	65,604	526,945
其他調整項-營業	21,596	918	56,814	36,405	-1,245	5,967	-2,498	-1,831	146,126
來自營業之現金流量	190,676	172,752	179,805	101,208	62,456	99,965	63,421	105,478	975,761
來自營運之現金流量佔税後淨利率（%）	143.93%	160.93%	195.89%	123.52%	82.75%	130.88%	111.87%	124.55%	138.06%
短期投資出售（新購）	-11,176	912	-153	-84	458	-192	0	-1,063	-11,298
出售長期投資價款	181	2,436	3,438	2,293	272	1,463	57	1,359	11,499
長期投資（新增）	-14,048	-1,409	-7,761	-3,079	-6,416	-2,186	-2,379	-7,070	-44,348
處分固定資產價款	1,007	9,106	6,094	4,496	3,757	2,940	2,813	5,116	35,329

期別	2014	2013	2012	2011	2010	2009	2008	2007	合計
固定資產（購置）	-27,565	-44,395	-70,144	-91,666	-72,716	-26,975	-69,867	-87,634	-490,962
其他調整項－投資	-9,716	1,047	25,438	1,870	-64,567	-10,665	-11,699	-11,712	-80,004
投資活動之現金流量	-62,250	-33,906	-43,089	-86,170	-139,212	-35,614	-81,074	-101,004	-582,319
自由現金流量	128,426	138,846	136,716	15,038	-76,756	64,351	-17,653	4,474	393,442
自由現金流量佔稅後淨利比率（%）	96.94%	129.34%	148.95%	18.35%	-101.70%	84.25%	-31.14%	5.28%	55.67%
現金增資	0	0	0	0	0	0	0	0	0
支付現金股利	-23,632	-17,754	-16,034	-9,661	-17,158	-8,156	-18,872	-15,504	-126,771
支付董監酬勞員工紅利	0	0	0	0	-932	-739	-2,093	-1,357	-5,121
短期借款新增（償還）	-159,716	80,652	37,052	59,064	129,204	20,321	-44,721	63,851	185,707
長期借款新增（償還）	-7,045	-3,039	-4,597	7,493	12,997	-838	33,916	-67	38,820
發行公司債	53,118	28,242	45,176	18,000	37,349	6,820	5,180	0	193,885
償還公司債	-6,410	-32,477	-3,000	-17,219	-6,000	-5,961	0	0	-71,067
庫藏股票減（增）	0	0	0	0	0	0	0	0	0
其他調整項－理財	-14,535	-23,928	5,793	-10,416	16,225	4,999	-3,943	5,088	-20,717
融資活動之現金流量	-158,218	31,696	64,390	47,260	171,684	16,446	-30,534	52,010	194,734
匯率影響數	14,803	17,959	-25,373	13,255	-18,230	-2,396	4,266	1,622	5,906
本期產生現金流量	-14,990	188,500	175,733	75,552	76,698	78,401	-43,922	58,106	594,078
期初現金約當現金	694,027	505,527	329,794	254,241	177,543	99,142	144,376	86,170	
期末現金及約當現金	679,037	694,027	505,527	329,794	254,241	177,543	99,142	144,376	
本期支付利息	14,027	8,188	8,929	4,673	2,568	2,403	6,879	4,839	52,506
本期支付所得稅			24,697	17,021	15,846	14,380	16,233	11,882	100,059

資料來源：XQ全球贏家

271

單位：百萬元

鴻海 2007 年至 2014 年現金流量彙總表（合併）

期別	2014	2013	2012	2011	2010	2009	2008	2007	歷年合計
來自營運之現金流量	190,676	172,752	179,805	101,208	62,456	99,965	63,421	105,478	975,761
稅後純益	132,482	107,346	91,787	81,935	75,473	76,380	56,690	84,688	706,781
營運活動現金佔稅後純益比率	143.9%	160.9%	195.9%	123.5%	82.8%	130.9%	111.9%	124.5%	138.1%
投資活動之現金流量	(62,250)	(33,906)	(43,089)	(86,170)	(139,212)	(35,614)	(81,074)	(101,004)	(582,319)
自由現金流量	128,426	138,846	136,716	15,038	(76,756)	64,351	(17,653)	4,474	393,442
自由現金流量佔稅後純益比率	96.94%	129.34%	148.95%	18.35%	−101.70%	84.25%	−31.14%	5.28%	55.67%
理財活動之現金流量	(158,218)	31,696	64,390	47,260	171,684	16,446	(30,534)	52,010	194,734
匯率影響數	14,803	17,959	(25,373)	13,255	(18,230)	(2,396)	4,266	1,622	5,906
本期產生之現金流量	(14,990)	188,500	175,733	75,552	76,698	78,401	(43,922)	58,106	594,078

資料來源：公開資訊觀測站　資料整理：鉅豐財經資訊

鴻海2007～2014年現金流量明細表（母公司個體）

單位：百萬

期別	2014	2013	2012	2011	2010	2009	2008	2007	合計
稅後淨利	130,535	106,697	94,762	81,591	77,155	75,685	55,133	77,690	699,248
折舊	4,625	7,344	7,680	8,319	8,027	8,715	8,736	6,726	60,172
攤提	51	96	1,039	1,313	1,585	1,581	1,771	2,388	9,824
投資收益－權益法	-82,079	-67,201	-62,582	-61,958	-52,801	-56,502	-39,773	-56,190	-479,086
投資損失－權益法	0	0	0	0	0	0	0	0	0
現金股利收入－權益法	53	19	1,194	1,094	836	664	381	870	5,111
短期投資處分損（益）	0	0	0	0	0	0	0	0	0
固定資產處分損（益）	-61	218	-40	-59	69	166	-29	38	302
長期投資處分損（益）	-1,041	-293	-50	7	145	-309	213	-296	-1,624
準備提列（迴轉）	16	10	29	13	13	27	24	20	152
應收帳款（增）減	8,550	-95,897	-94,768	-145,779	-86,312	-16,280	-16,274	-32,781	-479,541
存貨（增）減	-30,835	-800	32,841	-19,270	-19,778	-2,062	13,405	-17,951	-44,450
應付帳款增（減）	232,235	92,455	88,279	81,309	169,045	70,161	-2,242	9,215	740,457
其他調整項－營業	58,704	6,165	41,654	45,988	16,821	-26,139	38,898	2,603	184,694
來自營運之現金流量	320,754	48,814	110,039	-7,431	114,804	55,709	60,243	-7,668	695,264
來自營運之現金流量佔稅後淨利比率（%）	245.72%	45.75%	116.12%	-9.11%	148.80%	73.61%	109.27%	-9.87%	99.43%
短期投資出售（新購）	-129	0	-76	-146	-1	-2	0	0	-354
出售長期投資價款	33	47	151	3	137	318	893	915	2,497
長期投資（新增）	-26,450	-26,836	-22,732	-24,180	-33,399	-6,478	-8,806	-5,606	-154,487
處分固定資產價款	499	1,122	11,334	2,178	451	863	2,853	1,244	20,544

接下頁

273

鴻海2007～2014年現金流量明細表（母公司個體） （續）

期別	2014	2013	2012	2011	2010	2009	2008	2007	合計
固定資產（購置）	-1,055	-3,591	-5,772	-21,539	-4,284	-3,567	-14,306	-16,315	-70,429
其他調整項－投資	-230,858	-8,591	-81,386	24,802	-85,678	-32,914	-1,802	-1,292	-417,719
投資活動之現金流量	-257,960	-37,849	-98,481	-18,881	-122,775	-41,780	-21,168	-21,054	-619,948
自由現金流量	62,794	10,965	11,558	-26,312	-7,971	13,929	39,075	-28,722	75,316
自由現金流量佔稅後淨利比率（%）	48.11%	10.28%	12.20%	-32.25%	-10.33%	18.40%	70.87%	-36.97%	10.77%
現金增資	0	0	0	0	0	0	0	0	0
支付現金股利	-23,632	-17,754	-16,034	-9,661	-17,158	-8,156	-18,872	-15,504	-126,771
支付董監酬勞員工紅利	0	0	0	0	-932	-739	-2,093	-1,357	-5,121
短期借款新增（償還）	9,396	6,876	-21,348	26,381	23,415	11,237	-28,283	20,790	48,464
長期借款新增（償還）	-8,250	-1,655	-2,764	21,921	0	0	0	0	9,252
發行公司債	39,200	24,000	26,300	18,000	37,349	6,820	5,180	0	156,849
償還公司債	-6,410	-32,477	-3,000	-17,219	-6,000	-5,961	0	0	-71,067
庫藏股票增減（增）	0	0	0	0	0	0	0	0	0
其他調整項－理財	-1,268	937	3,259	-88	-9	-37	14,792	15,276	32,862
融資活動之現金流量	9,035	-20,073	-13,587	39,333	36,666	3,165	-29,276	19,205	44,468
匯率影響數	4,764	526	-602	-279	-1,563	41	257	54	3,198
本期產生現金流量	76,593	-8,582	-2,632	12,741	27,131	17,135	10,055	-9,464	122,977
期初現金約當現金	62,936	71,518	74,150	61,409	34,277	17,142	7,087	16,550	
期末現金及約當現金	139,529	62,936	71,518	74,150	61,409	34,277	17,142	7,087	
本期支付利息	1,763	1,357	1,347	964	679	348	1,853	2,125	10,436
本期支付所得稅			11,355	10,248	9,499	8,525	10,262	8,920	

資料來源：XQ全球贏家

單位：百萬

鴻海2007～2014年現金流量彙總表（母公司個體）

期別	2014	2013	2012	2011	2010	2009	2008	2007	合計
稅後淨利	130,535	106,697	94,762	81,591	77,155	75,685	55,133	77,690	699,248
來自營運之現金流量	320,754	48,814	110,039	-7,431	114,804	55,709	60,243	-7,668	695,264
來自營運之現金流量佔稅後淨利比率（%）	245.72%	45.75%	116.12%	-9.11%	148.80%	73.61%	109.27%	-9.87%	99.43%
投資活動之現金流量	-257,960	-37,849	-98,481	-18,881	-122,775	-41,780	-21,168	-21,054	-619,948
自由現金流量	62,794	10,965	11,558	-26,312	-7,971	13,929	39,075	-28,722	75,316
自由現金流量佔稅後淨利比率（%）	48.11%	10.28%	12.20%	-32.25%	-10.33%	18.40%	70.87%	-36.97%	10.77%
融資活動之現金流量	9,035	-20,073	-13,587	39,333	36,666	3,165	-29,276	19,205	44,468
匯率影響總數	4,764	526	-602	-279	-1,563	41	257	54	3,198
本期產生現金流量	76,593	-8,582	-2,632	12,741	27,131	17,135	10,055	-9,464	122,977

資料來源：公開資訊觀測站　　資料整理：鉅豐財經資訊

當大部分原先在母公司個體損益表中的「長期投資－權益法」轉入合併報表中以一體視之後,合併財報的「投資收益－權益法」也跟著大幅降低,在合併財報中現金滿滿的企業集團公司,在母公司的自由現金流量佔稅後淨利比率卻非常低。這是不少臺灣上市櫃公司大量轉投資中國的後遺症,資金長期匯出而匯回來以回饋股民的卻很少,也是這類公司本益比無法上升的重要原因。

案例:大成鋼(2027)

依2007年至2014年合併稅後淨利與營運活動現金流量彙總表,該公司八年稅後純益(稅後淨利)共計34.34億,但營運活動現流量合計數卻為負114.77億,佔稅後純益比率負334.2%,扣除歷年投資活動現金流量後的自由現金流量,佔稅後純益比率為負578.48%。這顯示,若以合併報表的角度,該公司在八年之中的營運現金流量,與稅後純益之間有極大落差,且長期公司營運活動並無法提供可分配盈餘的現金創造能力,但該公司卻仍在八年之間打腫臉充胖子,分配共計43.68億的現金股利,同期間則以現金增資向投資人募得58.69億,並透過短期借款新增67.3億,長期借款新增102.34億,補充不足的現金流量缺口。整體股利政策與理財融資決策明顯與公司真實營運狀況相背。

造成該公司營運活動現金流量負數的最大原因為應收帳款及存貨的增加,在八年之中,應收帳款共增加16.46億,存貨則大增173.78億,這使該公司應收帳款及存貨合計數,佔總資產的比重居高不下,流動比率與速動比率則因存貨過高而產生嚴重落差,此不僅將影響公司的現金流量,更可能因存貨市場價格波動而衝擊公司營運的穩定度。

依2007年至2014年母公司稅後淨利與營運活動現金流量彙總表,該公司營運活動現金佔稅後純益比率從合併報表的負324.2%轉為正128.09%,乍看之下,容易讓投資人誤以為母公司現金流量不惡,其實,

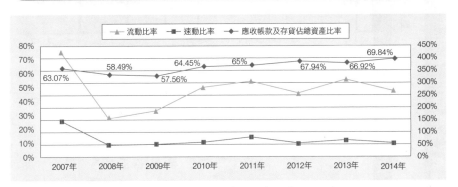

資料來源：公開資訊觀測站　　資料整理：鉅豐財經資訊（Tivo168）

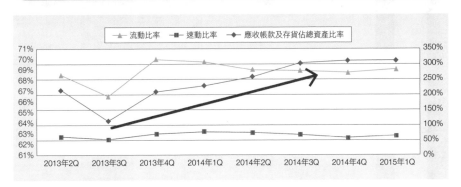

資料來源：公開資訊觀測站　　資料整理：鉅豐財經資訊（Tivo168）

乃因該公司依權益法列為長期投資的轉投資事業帳上的應收帳款及存貨大幅提高，在母公司個體財務報表中無法呈現，在此情況下，母公司的營運活動現金流量反而無法呈現企業真實的現金流量狀況。

　　該公司母公司在八年之中，依權益法認列轉投資事業投資收益達35.01億，但母公司依依權益法回收轉投資事業現金股利僅5億，減弱母公司營運現金流量的真實創造能力。

大成鋼2007~2014年稅後淨利與營運活動現金流量表（合併）

單位：百萬

期別	2014	2013	2012	2011	2010	2009	2008	2007	合計
税後淨利	2,131	317	466	561	725	348	-3,212	2,098	3,434
折舊	476	452	582	472	506	479	404	340	3,711
攤提	32	6	5	6	7	15	12	9	92
投資收益－權益法	0	0	0	0	0	0	0	0	0
投資損失－權益法	0	0	0	0	0	0	0	0	0
現金股利收入－權益法	0	0	0	0	0	0	0	0	0
短期投資處分損（益）			0	0	0	0	0	0	0
固定資產處分損（益）	-6	-12	-4	2	-3	3	-3	12	-11
長期投資處分損（益）	12	-74	-2	-2	-1	-1	1	2	-65
準備提列（迴轉）	-40	0	-3	-2	-9	-15	-34	-24	-127
應收帳款（增）減	-817	-579	303	-569	-405	83	712	-373	-1,645
存貨（增）減	-5,409	-1,454	-766	-2,790	-3,099	460	471	-4,791	-17,378
應付帳款增（減）	593	321	-310	-12	56	368	-101	-108	807
其他調整項－營業	2,305	841	-569	1,313	-837	-631	-2,202	-544	-324
來自營運之現金流量	-752	-165	-307	-1,015	-3,025	1,108	-3,944	-3,377	-11,477
來自營運之現金流量佔稅後淨利比率（%）	-35.29%	-52.05%	-65.88%	-180.93%	-417.24%	318.39%	122.79%	-160.96%	-334.22%
短期投資出售（新購）	35	133	43	-38	-34	57	567	-814	-51
出售長期投資價款	0	0	3	0	24	3	1	20	51
長期投資（新增）	0	0	0	-1	-5	0	-30	0	-36
處分固定資產價款	13	28	99	22	84	48	-19	12	325

期別	2014	2013	2012	2011	2010	2009	2008	2007	合計
固定資產（購置）	-818	-637	-682	-521	-431	-943	-1,797	-657	-6,486
其他調整項－投資	-9	-634	50	-862	-59	195	327	-1,207	-2,199
投資活動之現金流量	-776	-1,106	-487	-1,400	-421	-639	-912	-2,647	-8,388
自由現金流量	-1,528	-1,271	-794	-2,415	-3,446	469	-4,856	-6,024	-19,865
自由現金流量佔稅後淨利比率（%）	-71.70%	-400.95%	-170.39%	-430.48%	-475.31%	134.77%	151.18%	-287.13%	-578.48%
現金增資	0	0	0	0	1,020	1,365	0	3,484	5,869
支付現金股利	-466	-138	-975	0	-164	0	-1,426	-1,199	-4,368
支付董監酬勞員工紅利	0	0	0	0	-11	-20	-46	-104	-181
短期借款新增（償還）	1,768	262	-257	894	1,181	-137	1,761	1,258	6,730
長期借款新增（償還）	1,622	909	856	3,035	715	-2,542	3,598	2,041	10,234
發行公司債	0	0	0	0	0	0	0	600	600
償還公司債	0	0	0	0	0	-281	-1	0	-282
庫藏股票減（增）	0	0	-89	-188	28	-3	-122	591	217
其他調整項－理財	-1,538	797	248	-430	439	513	138	1,863	2,030
融資活動之現金流量	1,663	1,830	-216	3,312	3,208	-1,105	3,902	8,534	21,128
匯率影響數	17	26	45	-31	120	82	38	7	304
本期產生現金流量	153	585	-966	865	-117	-555	-915	2,516	1,566
期初現金約當現金	1,828	1,243	2,214	1,349	1,466	2,021	2,936	420	
期末現金及約當現金	1,981	1,828	1,249	2,214	1,349	1,466	2,021	2,936	
本期支付利息	515	557	592	569	543	518	575	573	4,442
本期支付所得稅			149	155	183	46	206	1,718	2,457

資料來源：XQ全球贏家

大成鋼2007～2014年現金流量彙總表（合併）

單位：百萬

期別	2014	2013	2012	2011	2010	2009	2008	2007	歷年合計
來自營運之現金流量	(752)	(165)	(307)	(1,015)	(3,025)	1,108	(3,944)	(3,377)	(11,477)
稅後純益	2,131	317	466	561	725	348	(3,212)	2,098	3,434
營運活動現金佔稅後純益比率	−35.3%	−52.1%	−65.9%	−180.9%	−417.2%	318.4%	122.8%	−161.0%	−334.2%
投資活動之現金流量	(776)	(1,106)	(487)	(1,400)	(421)	(639)	(912)	(2,647)	(8,388)
自由現金流量	(1,528)	(1,271)	(794)	(2,415)	(3,446)	469	(4,856)	(6,024)	(19,865)
自由現金流量佔稅後純益比率	−71.70%	−400.95%	−170.39%	−430.48%	−475.31%	134.77%	151.18%	−287.13%	−578.48%
理財活動之現金流量	1,663	1,830	(216)	3,312	3,208	(1,105)	3,902	8,534	21,128
匯率影響數	17	26	45	(31)	120	82	38	7	304
本期產生之現金流量	153	585	(966)	865	(117)	(555)	(915)	2,516	1,566

大成鋼2007~2014年現金流量明細表（母公司(個體)）

單位：百萬

期別	2014	2013	2012	2011	2010	2009	2008	2007	合計
稅後淨利	1,885	222	391	463	708	303	-3,253	2,101	2,820
折舊	171	184	334	247	284	274	248	237	1,979
攤提	0	0	1	2	2	7	6	0	18
投資收益－權益法	-1,208	-341	-647	-216	-671	-255	0	-163	-3,501
投資損失－權益法	0	0	0	0	0	0	3,400	0	3,400
現金股利收入－權益法	0	0	94	0	0	0	376	30	500
短期投資處分損（益）	0	0	0	0	0	0	0	0	0
固定資產處分損（益）	0	4	-1	3	0	-2	3	-3	4
長期投資處分損（益）	-1	-1	-2	-2	-1	0	2	2	-3
準備提列（迴轉）	-67	0	-3	-2	-9	-15	-34	-24	-154
應收帳款（增）減	-1,293	715	230	-281	-1,131	794	-30	1,894	898
存貨（增）減	-305	-15	82	566	-609	43	1,351	-974	139
應付帳款增（減）	259	-62	-143	116	23	-266	231	-98	60
其他調整項－營業	799	476	-520	-102	567	131	-2,410	-1,489	-2,548
來自營運之現金流量	239.00	1182.00	-184.00	795.00	-836.00	1014.00	-112.00	1514.00	3,612
來自營運之現金流量佔稅後淨利比率（%）	12.68%	532.43%	-47.06%	171.71%	-118.08%	334.65%	3.44%	72.06%	128.09%
短期投資出售（新購）	38	3	43	-30	-30	-7	-31	-14	-28
出售長期投資價款	4	3	3	0	34	172	1	20	237
長期投資（新增）	0	0	-110	-1	-139	-1,248	-346	-3,385	-5,229
處分固定資產價款	0	0	5	2	6	5	0	1	19

接下頁

大成鋼2007～2014年現金流量明細表（母公司個體）

（續）

期別	2014	2013	2012	2011	2010	2009	2008	2007	合計
固定資產（購置）	-537	-129	-288	-147	-165	-493	-622	-269	-2,650
其他調整項－投資	65	-100	61	-415	-56	97	-311	-371	-1,030
投資活動之現金流量	-610	-1,389	-287	-590	-351	-1,473	-1,304	-4,018	-10,022
自由現金流量	-371	-207	-471	205	-1,187	-459	-1,416	-2,504	-6,410
自由現金流量佔稅後淨利比率（%）	-19.68%	-93.24%	-120.46%	44.28%	-167.66%	-151.49%	43.53%	-119.18%	-227.30%
現金增資	0	0	0	0	1,020	1,365	0	3,484	5,869
支付現金股利	-466	-138	-829	0	-164	0	-1,426	-1,200	-4,223
支付董監酬勞員工紅利	0	0	0	0	-11	-20	-46	-104	-181
短期借款新增（償還）	1,262	441	494	573	505	-670	977	872	4,454
長期借款新增（償還）	-430	395	-39	230	-26	-400	1,884	-339	1,275
發行公司債	0	0	0	0	0	0	0	600	600
償還公司債	0	0	0	0	0	-281	-1	0	-282
庫藏股票增減（增）	276	0	-89	-188	28	-3	-122	0	-98
其他調整項－理財	-106	-208	-5	-5	-8	5	0	0	-327
融資活動之現金流量	536	490	-467	609	1,343	-3	1,267	3,313	7,088
匯率影響數	0	0	0	0	0	0	0	0	0
本期產生現金流量	164	282	-939	814	157	-462	-149	809	676
期初現金約當現金	817	535	1,474	660	504	965	1,115	306	
期末現金及約當現金	982	817	535	1,474	660	504	965	1,115	
本期支付利息	192	182	180	176	198	201	269	216	1,614
本期支付所得稅		15	5	0	0	0	2	1,458	1,480

資料來源：XQ全球贏家

單位：百萬元

大成鋼2007~2014年現金流量彙總表（母公司(個體)）

期別	2014	2013	2012	2011	2010	2009	2008	2007	合計
稅後淨利	1,885	222	391	463	708	303	-3,253	2,101	2.820
來自營運之現金流量	239.00	1182.00	-184.00	795.00	-836.00	1014.00	-112.00	1514.00	3.612
來自營運之現金流量佔稅後淨利比率（%）	12.68%	532.43%	-47.06%	171.71%	-118.08%	334.65%	3.44%	72.06%	128.09%
投資活動之現金流量	-610	-1,389	-287	-590	-351	-1,473	-1,304	-4,018	-10,022
自由現金流量	-371	-207	-471	205	-1,187	-459	-1,416	-2,504	-6,410
自由現金流量佔稅後淨利比率（%）	-19.68%	-93.24%	-120.46%	44.28%	-167.66%	-151.49%	43.53%	-119.18%	-227.30%
融資活動之現金流量	536	490	-467	609	1,343	-3	1,267	3,313	7,088
匯率影響數	0	0	0	0	0	0	0	0	0
本期產生現金流量	164	282	-939	814	157	-462	-149	809	676

資料來源：公開資訊觀測站　資料整理：鉅豐財經資訊

大成鋼（2027）股價還原權息月K線圖

大成鋼(2027) 還原月線圖 2015/06/01 開 16.50 高 16.90 低 16.05 收 16.70 s 元 量 21543 張 0.00 (0.00%)

資料來源：XQ全球贏家

　　該公司母公司於2007年及2009年大幅增加關係企業長期投資，八年合計增加52.29億，造成該公司扣除歷年投資活動現金流量後的自由現金流量，與合併現金流量一樣呈現負數，只是因應收帳款及存貨大部分由轉投資事業列帳，母公司自由現金流量由合併報表的負198.65億，縮小至負64.1億。但無論就合併報表或母公司個體財報觀察，該公司長期創造可分配盈餘的自由現金淨流入的能力都不佳，此將造成企業價值長期無法向上提升，對股票投資者相當不利。

　　（2）由三大活動之邏輯關係推演公司未來營運可能方向。

　　從現金流量表三大活動所產生之現金流量，與自由現金流量的對照分析，可以發現，當公司的長期自由現金流量為負數時（公司現金長期向外流出），公司的長期理財活動現金流量便可能呈現資金內流的正數現象（向外舉債、借款或向股東募資），這是一個簡單的邏輯關係。

　　事實上，在現金流量表中，三大活動的變化組合並不僅是上述情況，不同的公司就會有不同的面貌。透過三大活動的現金流量的「正數」與「負數」的邏輯推演，可以幫助我們更清楚了解一家公司的營運軌跡，及

其未來可能的營運變動方向。

下表所呈現的,即為透過現金流量表邏輯分析下的各種類型公司。

A類型公司:來自營運活動現金流量為正數,代表該公司來自本業的營運活動可以產生正常的現金流入。且由於本業的營運活動可以產生現金流入,該公司利用來自營運活動現金的流入動能,支應該公司因投資活動所需資本支出的現金需求(來自投資活動的現金流量為負數),並同時進行對股東現金股利的發放(來自理財活動的現金流出),或公司借款及負債的清償(來自理財活動的現金流出)。

長期現金流量表呈現此種類型的公司,通常代表其未來營運可因持續進行的資本擴充(來自投資活動的現金流量為負數)而維持成長,並且可能公司將部分來自營運活動的現金流入,慢慢轉為清償公司各類負債,使其財務結構不致因投資增加而轉弱,並持續保持穩健局面。

現金流量表邏輯分析與公司類型分類表

公司類型	來自營運活動現金流量	來自投資活動現金流量	來自理財活動現金流量
A. 營運長成且財務穩健	正數	負數	負數
B. 營運成長且積極投資	正數	負數	正數
C. 本業趨緩投資積極	負數	負數	正數
D. 本業趨緩投資保守	負數	正數	平平
E. 本業轉差投資停頓	負數	正數	正數

案例:台積電(2330)

由下表,可以發現台積電歷年來自營運活動現金流量始終為正數。公司為維持營運成長,歷年投資活動現金流量均為負數,代表每年因投資擴充資本而導致的現金流出,自2010年開始,進入資本投資活動的現金需求高峰期,營運活動流入公司的現金流量扣除投資活動流出的現金流量後

的自由現金流量，佔稅後純益的比率明顯下降，但仍維持正數，這顯示該公司本業營運所創造的現金流入，足以支應該公司擴充資本投資所需的資金。

　　該公司自2010年開始所採取的高資本支出、積極擴充產能營運策略，是帶動其往後營業收入屢創新高，獲利續造新猷的主要驅動能量。投資者透過現金流量三大活動的邏輯思考，有很大機會可提前找到未來營運可望快速成長的公司，並透過長期投資策略累積可觀的現金股利回報及股價上漲的潛在資本利得。

　　該公司為追求投資擴充以達永續獲利成長策略，並兼顧維持穩定的現金股利政策以照顧長期投資人，在2011年至2013年、連續三年各發行公司債180億、620億、1308.45億，向債券市場進行融資以支應資金需求，除2013年理財活動之現金流量因大量發行公司債轉為正數外，即理財活動的現金淨流入公司，其餘年度均因發放高額現金股利而為負數，這主要為該公司長年維持穩定的高現金股利政策所致。

　　台積電自2007年至2014年，共配發現金股利合計6197.88億，平均每年約774.74億，2015年配發的2014年度現金股利每股高達4.5元，現金股

台積電三大活動現金流量彙總表

期別	2014	2013	2012	2011	2010
來自營運之現金流量	421,524	347,384	289,064	247,587	229,476
稅後純益	263,781	188,019	165,964	134,453	162,282
營運活動現金佔稅後純益比率	159.8%	184.8%	174.2%	184.1%	141.4%
投資活動之現金流量	(282,421)	(281,054)	(273,196)	(182,523)	(202,086)
自由現金流量	139,103	66,330	15,868	65,064	27,390
自由現金流量佔稅後純益比率	52.73%	35.28%	9.56%	48.39%	16.88%
理財活動之現金流量	(32,328)	32,106	(13,811)	(67,858)	(48,638)

資料來源：公開資訊觀測站　　資料整理：鉅豐財經資訊

利總額高達1166.87億，創台股上市櫃公司新高，該公司真是名符其實的「賺錢機器」，而且是賺「新台幣現金」的機器，不像一些公司屬於「看得到、吃不到」的紙上富貴公司，該公司是標準的A類型公司，也是長期穩健投資人在篩選投資標的時的最佳選擇。

透過現金流量表，三大活動的邏輯關係分析，可以知道公司目前的營運布局策略及公司目前的處境及可能現況，並配合股東權益報酬率趨勢分析，讓投資者可以以較嚴謹的思考邏輯方法，推論一家公司未來可能的營運變動方向。

B類型公司：除了來自營運活動現金流量為正數，代表該公司來自本業的營運活動可以產生正常的現金流入外、且由於本業的營運活動可以產生現金流入，該公司利用來自營運活動現金的流入動能，支應該公司因投資活動所需資本支出的現金需求（來自投資活動的現金流量為負數），但因公司的投資企圖強烈（經營者判斷公司營運將維持高度成長），使其來自營運活動現金流入的資金，尚不足以支應所有投資的資金需求。在此情況下，此類公司只好再透過理財活動（對外舉債、借款或向股東募資）取得更多的外部資金，以因應全部的投資需求。

長期現金流量表呈現此種類型的公司，通常代表公司經營者對其未來營運的成長企圖心十分強烈。但是，對外部投資人而言，卻有兩點潛在投資風險，不得不注意並進行追蹤：第一，公司投資之資金流向，投資項目是否為財務透明度較高的項目，若是偏重國內會計師無

單位：百萬元

	2009	2008	2007	歷年合計
	159,966	221,494	183,767	2,100,262
	89,466	100,523	109,932	1,214,420
	178.8%	220.3%	167.2%	172.9%
	(96,468)	(8,042)	(70,689)	(1,396,479)
	63,498	213,452	113,078	703,783
	70.97%	212.34%	102.86%	57.95%
	(85,471)	(115,393)	(135,410)	(466,803)

台積電2005～2014年現金股利及股利發放率

期別	現金股利（元）	每股盈餘（元）	股利發放率(%)
2014	4.4999	10.18	44.20
2013	2.9999	7.26	41.32
2012	2.9996	6.41	46.79
2011	2.9995	5.18	57.91
2010	2.9995	6.24	48.07
2009	2.9997	3.45	86.95
2008	2.9999	3.86	77.72
2007	3.0251	4.14	73.07
2006	2.9995	4.93	60.84
2005	2.4991	3.79	65.94

資料來源：XQ全球贏家

法進行實地查核的項目，公司的盈餘品質可能就會產生瑕疵。第二，持續性的高額資本支出加上對外融資，將使公司面對產業景氣的波動風險時，其財務應變能力下降。

投資這類型公司的投資人，心理上要有不是大好，就是大壞的心理準備。在投資思考上，必須配合公司股東權益報酬率趨勢分析、現金流量表與會計盈餘差異分析、盈餘品質細項分析，持續進行追蹤。發現疑點，且無法從公開資訊或公司對外說明之前，寧可不進行投資，以避免承擔過重的投資風險。

案例：鴻海（2317）

由次頁表中，從合併報表可以發現鴻海的營運活動現金流量在2007年至2014年間，均維持正數。此顯示，先不論其子、母公司之間的財務透明度，就集團角度而言，其本業營運創造現金流量能力堪稱穩健。

鴻海現金流量邏輯分析表

年度	來自營運活動現金流量	來自投資活動現金流量	來自理財活動現金流量
2007	正數	負數	正數
2008	正數	負數	負數
2009	正數	負數	正數
2010	正數	負數	正數
2011	正數	負數	正數
2012	正數	負數	正數
2013	正數	負數	正數
2014	正數	負數	負數

資料整理：鉅豐財經資訊

　　該公司投資活動現金流量在表中八年期間，均為負數，此顯示，該公司積極進行各項投資的高度企圖心。但因該公司經營者追求營運成長的企圖心相當強烈，以致於來自本業營運活動所創造的現金流量，不足以支應其投資活動的資金需求，公司不得不透過理財活動，含對外舉債、借款或向股東、特定人發行新股募資，以取得更多資金，支應投資所需。

　　如本書前已述及，依該公司2007年至2014年合併稅後淨利與營運活動現金流量彙總表，營運活動現金佔稅後純益比率高達138.1%，扣除歷年投資活動現金流量後的自由現金流量，佔稅後純益比率仍達55.67%。這顯示，若以合併報表的角度，該公司在八年之中的現金流量，表現相當良好，累計之自由現金流量高達3934.42億。此顯示，就集團角度而言，該公司歷年積極擴充資本投資，確實創造不錯的淨現金流入，何以長期平均現金配息率遠低於前例所述之台積電？

　　依2007年至2014年母公司稅後淨利與營運活動現金流量彙總表，該公司營運活動現金佔稅後純益比率從合併報表的138.1%下降至99.43%，扣除歷年投資活動現金流量後的自由現金流量，佔稅後純益比率更從

55.67%下降至10.77%。這顯示，若以合併報表的角度，該公司在八年之中的現金流量，表現相當良好，累計之自由現金流量高達3934.42億，但若以臺灣母公司角度而言，自由現金流量下降至753.16億，兩者差異高達3181.26億。

造成合併報表與母公司現金流量表如此之大的差異，其主因為依權益法認列投資收益的眾多轉投資事業，並未將其帳上獲利以現金股利發放方式回饋給鴻海母公司。此將造成母公司無法提高現金股利發放率，甚至必須靠理財活動籌措發放現金股利所需的資金，長期影響母公司財務結構的穩健度，亦為母公司股票本益比無法提高的重要原因。

C類型公司：來自營運活動現金流量為負數，代表該公司來自本業的營運活動已無法產生正常的現金流入，但該公司經營者的投資決策卻持續進行投資擴充，為支應該公司因投資活動所需資本支出的現金需求（來自投資活動的現金流量為負數），此類公司只好透過理財活動（對外舉債、借款或向股東募資）取得不足的資金，以彌補前兩項活動所引起的現金流出漏洞。

現金流量表呈現此種類型的公司，通常代表公司所處產業景氣轉差或公司經營的競爭優勢已大不如前；但是，經營者卻無法認清事實，或找出病因。為讓公司能脫離困境，經營者甚至持續對外舉債或向股東伸手募資，以取得更多的外部資金奧援（來自理財活動現金流量為正數），試圖放手奮力一搏。

這類型公司的投資風險又更較B類型公司來得高了。原因如下：第一，公司的本業營運已無法產生現金流入（來自營運活動現金流量為負數），這將使盈餘品質持續惡化。第二，持續性的高額資本支出加上對外融資，將使公司的財務結構持續走弱，而若向股東或債權人募資，也將使股東權益更趨低落，本業若無法面對產業景氣的波動風險，股東投資的本金可能血本無歸。

投資這類型公司的投資人，除非對該公司所處產業、或公司營運變化有充分了解，且對該公司可能出現的營運轉機，早已胸有成竹；否則，投入此類公司，將冒極大的投資風險。一般外部投資人遇到所投資的公司，出現此種情況，均應以保守心態看待，盡可能暫時避開，等實際情況改善之後，再重新考慮是否進行投資。

案例：新日光（3576）

由上表可以發現，新日光（3576）的營運活動現金流量在2011年及2012年，出現過負數。該公司自2009年上市以來，來自營運現金流量扣除歷年投資活動現金流量之流出金額後的自由現金流量，僅2009年為正數，其餘年度均為負數，很清楚的看到該公司長期並無法透過本業營運活動累積淨自由現金流入，其縱使透過理財活動、融資舉債或現金增資，以籌措配發高額現金股利，對公司的長期股票價值仍是相當負面的。

該公司於上表所列年度中，只有2009年未積極進行投資外，其餘年度，完全無視公司來自營運現金流量無法支應龐大的投資活動資金需求、自由現金流量狀況不佳現實，仍勇於向外舉債或現金增資進行各項投資動作（來自投資活動現金流量為負數）。這種財務投資操作及公司經營投、融資決策，站在證券投資、財務分析的角度而言，有違常理邏輯，並不利企業價值的提升！

對於這類長期營運無法產生自由現金流入，且仍不斷向外融資或募資之公司的股票，投資人在投資態度上，都應保守以對，千萬不要隨短期市場題材而跟著起舞，使自己陷入內部資訊落後的窘境，長期下來，損失的機會將大增。

D類型公司：來自營運活動現金流量為負數，代表該公司來自本業的營運活動已無法產生正常的現金流入，本業明顯趨緩下，公司經營者對投資決策轉為保守，因此對外融資動作也更為謹慎。

新日光（3576）2009～2014年現金流量彙總表（合併）

期別	2014	2013	2012	2011
來自營運之現金流量	253	1,262	(1,722)	(613)
稅後純益	244	515	(4,193)	(2,913)
營運活動現金佔稅後純益比率	103.7%	245.0%	41.1%	21.0%
投資活動之現金流量	(1,888)	(1,857)	(1,594)	(4,841)
自由現金流量	(1,635)	(595)	(3,316)	(5,454)
自由現金流量佔稅後純益比率	−670.08%	−115.53%	79.08%	187.23%
理財活動之現金流量	3,967	1,176	3,647	4,434
匯率影響數	16	(28)	0	0
本期產生之現金流量	2,349	553	331	(1,020)

資料來源：公開資訊觀測站　　資料整理：鉅豐財經資訊

新日光現金流量邏輯分析表

年度	來自營運活動現金流量	來自投資活動現金流量	來自理財活動現金流量
2009	正數	負數	正數
2010	正數	負數	正數
2011	負數	負數	正數
2012	負數	負數	正數
2013	正數	負數	正數
2014	正數	負數	正數

資料整理：鉅豐財經資訊

　　現金流量表呈現此種類型的公司，通常代表公司所處產業景氣轉差或公司經營的競爭優勢已大不如前；但是，經營者同時也願意體認此事實，寧可先保守面對市場變化（來自投資活動現金流量為正數），以等待較好的時機出現。為讓公司能渡過難關，經營者甚至展開資本縮編動作，以籌措金備用。

單位：百萬

	2010	2009	歷年合計
	2,563	1,831	3,574
	2,725	(1,139)	(4,761)
	94.1%	−160.8%	−75.1%
	(4,102)	(14)	(14,296)
	(1,539)	1,817	(10,722)
	−56.48%	−159.53%	225.20%
	3,950	1,132	18,306
	0	0	(12)
	2,411	2,949	7,573

新日光（3576）股價還原權息月K線圖

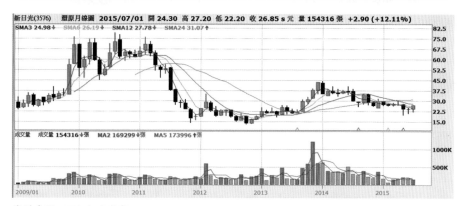

資料來源：XQ全球贏家

　　這類型公司的投資風險較C類型公司來得低些。原因如下：第一，公司的本業營運雖無法產生現金流入（來自營運活動現金流量為負數），但公司開始進行持盈保泰的縮編動作。第二，經營者不會因為想放手一搏而持續進行舉債或對外融資動作，這使得公司可以得到喘息的機會。

雖說如此，但對投資這類型公司的投資人而言，因該公司所處產業已走入趨緩階段，除非對公司所處產業的景氣循環有充分認識，並在景氣從谷底接近翻升時刻，領先切入進行投資布局，否則，投入此類公司，仍將冒極大的公司營運不確定變動風險。一般外部投資人遇到所投資的公司，出現此種情況，仍應以保守心態看待，盡可能暫時避開，等實際情況改善之後，再重新考慮是否進行投資。

案例：力新（5202）

該公司為創立於1987年的影像處理、文字辨識軟體專業廠商。由其現金流量表的三大活動邏輯分析，可以發現力新2012年至2014年來自營運活動現金流量連續三年負數，顯示，其最近三年來自本業營運活動現金流量轉弱。2013年及2014年投資活動現金流量連續兩年轉為正數，代表出售所投資的資產或降低固定資產投資，這顯示，公司的投資決策已明顯偏向保守方向。理財（融資）活動則並無太大動作，更顯出公司經營態度

力新2007～2014年現金流量彙總表（合併）

期別	2014	2013	2012	2011	2010
來自營運之現金流量	(12)	(14)	(55)	43	63
稅後純益	10	(89)	(166)	10	38
營運活動現金佔稅後純益比率	−120.0%	15.7%	33.1%	430.0%	165.8%
投資活動之現金流量	27	57	(6)	(29)	11
自由現金流量	15	43	(61)	14	74
自由現金流量佔稅後純益比率	150.00%	−48.31%	36.75%	140.00%	194.74%
理財活動之現金流量	(6)	0	1	(18)	1
匯率影響數	5	1	(4)	4	(3)
本期產生之現金流量	14	43	(65)	0	72

資料來源：公開資訊觀測站　　資料整理：鉅豐財經資訊

已偏向保守觀望。

由2007年至2014年現金流量彙總表（合併），發現該公司歷年來自營運活動現金流量累計為正數，累計的自由現金流量亦為正數，此顯示，長期而言，該公司並非不能創造現金流入。

但該公司來自營運活動現金流量自2012年起，開始轉為負數，固定資產投資亦無明顯擴充動作，此顯示對本業投資態度轉為保守。該公司2012年至2014年每股稅後淨利為負2.45元、負1.27元、0.07元，其中代表本業獲利的每股營業利益分別為負0.76元、負0.91元、負0.37元，顯示本業營運狀況尚無明顯好轉，縱使短期股價時有反彈，但仍無法脫離低股價族群，其長期企業價值展望仍偏向保守。

E類型公司：來自營運活動現金流量為負數，代表該公司來自本業的營運活動已無法產生正常的現金流入，但因本業轉差速度過快，公司不得不暫停投資活動，甚至得變賣部分資產以換取現金（來自投資活動現金流量為正數）。除此之外，尚不足以彌補因本業營運所產生的現金流出，公司經營者只好增加外部融資或對股東進行募資動作。公司營運至此，已幾乎是處於被動經營方式，喪失營運的主動性，長期股票價格走勢會是如何，不想可知。

現金流量表呈現此種類型的公司，通常代表公司所處產業景氣轉差或公司經營的競爭力已加速惡化中；經營者所面臨的處境已顯捉襟見絀、挖東牆補西牆的窘境。遇到此種情

單位：百萬

	2009	2008	2007	歷年合計
	19	168	(77)	135
	10	6	(21)	(202)
	190.0%	2800.0%	366.7%	-66.8%
	(20)	(42)	146	144
	(1)	126	69	279
	-10.00%	2100.00%	-328.57%	-138.12%
	0	0	0	(22)
	(1)	2	2	6
	(3)	129	71	261

況的公司，要不是公司過去累積可觀的生利資產，恐怕有淪為財務危機的公司。

這類型公司是表中所列五種類型公司中，投資風險最高者。原因如下：第一，公司的本業營運雖無法產生現金流入（來自營運活動現金流量為負數）自不待言，甚至已面臨必須同變賣資產及舉債（也可能發行股權

力新現金流量邏輯分析表

年度	來自營運活動現金流量	來自投資活動現金流量	來自理財活動現金流量
2007	負數	正數	平平
2008	正數	負數	平平
2009	正數	負數	平平
2010	正數	正數	平平
2011	正數	負數	負數
2012	負數	負數	平平
2013	負數	正數	平平
2014	負數	正數	平平

資料整理：鉅豐財經資訊

力新（5202）股價還原權息月K線圖

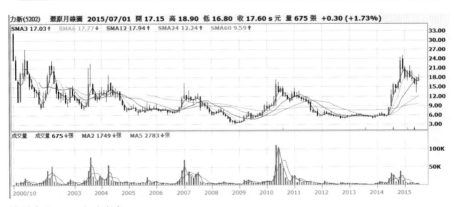

資料來源：XQ全球贏家

工具募資）同時併行，才能解公司資金需求困境。第二，變賣資產使公司未來產生收益及現金流量的能力減弱，增加公司舉債額，將使公司負擔更重的利息費用，並進一步使公司財務結構加速惡化。對於不小心投資到這類型公司的投資人而言，筆者只能說，早點遠離它吧！除非您是在股票市場中，以融券放空為生者，否則，這種類型的公司最好不要跟您有任何瓜葛！該公司長期股價走勢會如何？我相信不用再多說了。

案例：明基／佳世達（2352）

為讓讀者對此案例有深刻印象，筆者於本書修訂版中，特意將此案例保留原版內容，並補充最新還原權息股價月K線圖，供讀者參考追蹤，以提醒投資者在投資市場中，萬一再度碰到此類型公司，應如何因應。

由其現金流量表的三大活動邏輯分析，明基、佳世達（2352）來自營運活動現金流量，從2000年至2007年這8年之中，出現4年正數、4年負數，表現並不十分理想。但其最大的致命傷是從2005年至2007年連續3年，來自營運活動現金流量出現負數，這代表該公司在本業的營運上已無

佳世達現金流量表邏輯分析

年度	來自營運活動現金流量	來自投資活動現金流量	來自理財活動現金流量
2007	負數	正數	正數
2006	負數	負數	正數
2005	負數	正數	正數
2004	正數	負數	負數
2003	負數	正數	負數
2002	正數	負數	負數
2001	正數	負數	負數
2000	正數	負數	正數

註：2007年為前三季資料。

佳世達現金流量年報表（母公司）：一般產業

單位：百萬元

期別	歷年累計	2007年	2006年	2005年	2004年	2003年	2002年	2001年	2000年
來自營運之現金流量	−10,149	−16,124	−5,640	−6,981	4,013	−1,645	10,923	4,898	407
投資活動之現金流量	−13,528	12,207	−13,247	706	−1,510	5,008	−7,200	−4,295	−5,197
自由現金流量	−23,677	−3,917	−18,887	−6,275	2,503	3,363	3,723	603	−4,790
理財活動之現金流量	26,784	3,794	22,046	5,838	−3,044	−4,249	−2,258	−503	5,160

註：1. 2007年為前三季資料。

　　2. 2007年前三季會計稅後盈餘16.41億元大於來自營運活動現金流量−161.24億元。

法替公司創造現金流入。該公司在2005年已露出經營上的窘境，當年度營運活動現金流量出現負69.81億，當年度不僅投資活動資金淨流入7.06億以挹注營運活動資金之流出（代表整體而言，投資活動出現停頓），公司甚至對外融資理財以取得額外的58.38億，以補足資金缺口。這是該公司出現營運敗象的開始。

　　孰知，公司經營者竟無法正確判斷產業景氣榮枯，卻做出錯誤的投資決策。在2006年，來自營運活動現金流量依舊為負數，但該公司投資活動卻因購併動作而增加132.47億現金流出（來自投資活動現金流量為負數），這也使得該公司融資理財活動增加了220.46億現金流入（理財活動現金流量為正數）。該公司於2006年的三大活動的現金流量，正是本書前面所提C類型公司的典型，容筆者重引前已述內容：「通常代表公司所處產業景氣轉差或公司經營的競爭優勢已大不如前；但是，經營者卻無法認清事實，或找出病因。為讓公司能脫離困境，經營者甚至持續對外舉債或向股東伸手募資，以取得更多的外部資金奧援（來自理財活動現金流量為正數），試圖放手奮力一搏。」，可惜，經營者賭輸了，可能還可以重

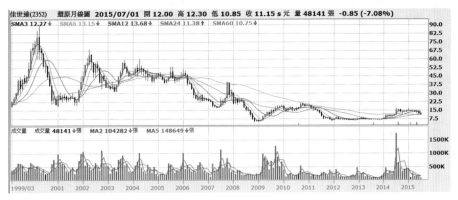

佳世達（2352）股價還原權息月K線圖

資料來源：XQ全球贏家

來，以終生積蓄身家為投資本金，信任經營者能力操守的善良投資人，這回恐怕又大失所望了！

　　2007年前三季的現金流量表分析，從該公司的現金流量表邏輯分析，發現其又重回2005年的E類型公司，差別只是2007年加大處分公司資產以籌措現金支應更大的來自營運活動現金流出缺口，對外的融資理財活動也沒停下來。這是一個「本業持續轉差、投資停頓」的典型E類公司。該公司經內部組織架構重整，並重回專業產品代工老路，市場於該公司實施減資、重新掛牌後，於2007年第三季不吝給予掌聲，短期股價連翻上漲。筆者這次學乖了，經營者的口頭承諾並不足信，請先拿出實績出來，否則，買進該公司股票，我可沒這個膽！

小心危機就在自己身邊

　　呈現如C、D、E類型的公司還真是不少，筆者必須聲明下面這些公司未來不見得一定會陷入營運危機，但仍必須說，以證券投資、財務分析者的角度而言，投資者面對這些公司時的投資決策，務必更加謹慎小心。

2011~2014年股東權益報酬率均低於10%且自由現金流量為負數的公司

股票名稱	收盤（元）=P (2015/07/9)	股東權益報酬率(%) =2014年度 =R1	2014年Q2~2015年Q1 股東權益報酬率(%) =R2	2014年Q2~2015年Q1 股東權益報酬率平滑增減 =R2-R1	2015年Q1 股東權益報酬率趨勢	2011年~2014年營運活動現金流量	2011年~2015年投資活動現金流量	2011年~2014年自由現金流量	2011年~2015年理財活動現金流量
3622洋華	13	-23.82	-24.65	-0.83	下降	正數	負數	負數	負數
1609大亞	5.17	0.71	-0.21	-0.92	下降	負數	負數	負數	正數
2022聚亨	4.58	0.24	-2.39	-2.63	下降	正數	負數	負數	正數
5491連展	6.9	1.01	-1.15	-2.52	下降	正數	負數	負數	正數
3514昱晶	20.95	-2.93	-7.13	-4.2	下降	正數	負數	負數	正數
2504國產	9.23	3.65	3.37	-0.28	下降	正數	負數	負數	正數
6125廣運	11.95	3.67	1.07	-2.6	下降	正數	負數	負數	正數
1471首利	4.95	-2.96	-4.5	-1.54	下降	正數	負數	負數	正數
1514亞力	9.19	4.14	4	-0.14	下降	正數	負數	負數	正數
3561昇陽科	19.7	1.97	-1.83	-3.8	下降	正數	負數	負數	正數
3519綠能	16.5	-24.69	-29.71	-5.02	下降	負數	負數	負數	正數
3494誠研	13.9	3.17	2.78	-0.39	下降	負數	負數	負數	正數
3576新日光	25.1	1.19	-3.25	-4.44	下降	負數	負數	負數	正數
3019亞光	32.9	-1.33	-1.99	-0.66	下降	正數	負數	負數	正數
4944兆遠	16.4	1.23	-2.96	-4.19	下降	正數	負數	負數	正數
2014中鴻	4.86	2.31	-16.4	-18.71	下降	正數	負數	負數	負數
6244茂迪	39.05	-7.73	-12.59	-4.86	下降	正數	負數	負數	負數
8085福華	9.16	0.86	-0.93	-1.79	下降	正數	負數	負數	正數
1732毛寶	12.9	-2.25	-3.24	-0.99	下降	正數	負數	負數	負數
8033雷虎	8.95	-20	-21.63	-1.63	下降	負數	正數	負數	正數
3452益通	12.9	-10.37	-11.45	-1.08	下降	正數	負數	負數	負數
4142國光生	19.05	-16.04	-16.75	-0.71	下降	負數	負數	負數	正數

資料來源：Money DJ   資料整理：鉅豐財經資訊

我們以下面三項條件篩選出下列公司：

A. 2011年至2014年每年股東權益報酬率均低於10%。

B. 2014年Q2至2015年Q1股東權益報酬率平滑趨勢下降。

C. 2011年至2014年的自由現金流量合計數呈現負數。

　　表列公司均為2011年至2014年的四年合計自由現金流量為數的公司，表示這些公司不僅股東權益報酬率偏低，其創造淨現金流入的能力亦偏弱，其中大亞、綠能、誠研、新日光、國光生等，在代表本業創造現金能力的營運活動現金流量為負數情況下，投資活動現金流量合計數仍呈現負數，顯示這些公司並未因為本業創造現金能力轉弱而停止資本投資，仍積極進行投資活動。不僅如此，在該四年期間內，理財活動現金流量合計數呈現正數，此顯示這些公司在本業無法創造現金流入，以支應投資活動的資金需求之下，轉而透過對外融資、借款、增資募款、發行公司債等公司理財活動，引進外部資金以彌補營運及投資活動資金之不足。這五家公司屬於本書所述及的C類型公司。

大亞（1609）股價還原權息月K線圖

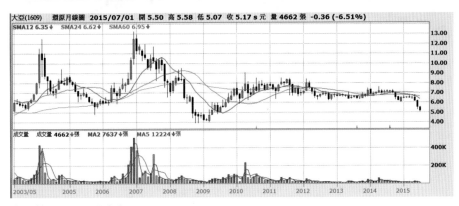

資料來源：XQ全球贏家

綠能（3519）股價還原權息月K線圖

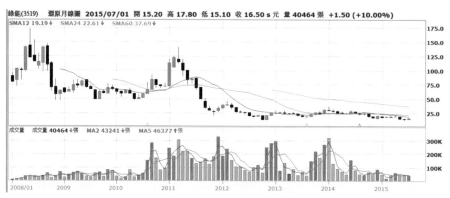

資料來源：XQ全球贏家

誠研（3494）股價還原權息月K線圖

資料來源：XQ全球贏家

國光生（4142）股價還原權息月K線圖

資料來源：XQ全球贏家

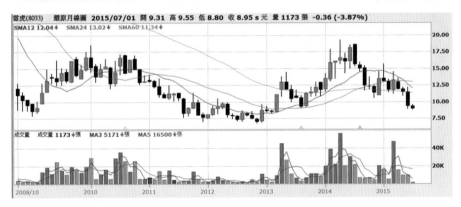

雷虎（8033）股價還原權息月K線圖

資料來源：XQ全球贏家

再度強調前文已述及關於C類型公司，投資者應注意：「除非對該公司所處產業、或公司營運變化有充分了解，且對該公司可能出現的營運轉機，早已胸有成竹；否則，投入此類公司，將冒極大的投資風險。一般外部投資人遇到所投資的公司，出現此種情況，均應以保守心態看待，盡可能暫時避開，等實際情況改善之後，再重新考慮是否進行投資。」

雷虎為標準的E類型公司，其投資風險已如前述案例，不再贅述。

公司會計盈餘品質與檢驗

由現金流量表的介紹，讀者可以清楚看到，僅利用公司的損益表及資產負債表來做股票投資上的財務分析，是存有高度風險的。因為財務會計準則上的「應計基礎」假設前提，很容易讓我們無法看清公司真實的營運全貌，遇到不肖公司內部經營者，更成為虛偽造假的防護衣。除了現金流量表分析，可以在營運活動現金流量明細中，發覺公司現金流量與會計盈餘的落差外，在一般財務分析學理上，也有所謂「七大盈餘指標」的應用，本書將介紹其中四種，並加入筆者認為不可忽略的「應付帳款指標」，因此本書用以檢驗公司盈品質的指標稱為「五大盈餘指標」。

我們先來定義一下何謂公司的「會計盈餘品質」，會計盈餘品質的優劣，除從「現金流」觀點，由來自營運活動現金流量與會計上稅後純益做比較外，亦可以透過公司營收數字（應計基礎）的增減幅度，與相關會計科目數字變化對比，來發現產生公司會計盈餘的源頭，即營收數字是否虛增，透過對比分析，可以同時清楚看到影響公司來自營運現金流量因素的強弱，及趨動公司本業損益的主要原因。因此，我們可以說，好的會計盈餘品質不僅反應在公司的實際現金流入，更反應在因營業收入而衍生出的相關資產負債（如存貨、應收帳款、應付帳款）及成本費用（銷貨成本、

管銷費用）項目上，成長過速的資產膨脹往往是現金流入的沉重包袱，過高的成本費用也是產品未來獲利性及內部管理的嚴重警訊。因此，好的會計盈餘品質除了現金流入無虞外，更應讓相關資產負債及成本費用項目在正常管控下，合理增減。

因此，會計盈餘品質檢驗的目的，不僅要對公司在營運過程是否真有實際現金流入，更要對因營運活動對公司資產負債及成本費用，做對照比對，以確定隱藏於公司會計盈餘的背後，並無衍生出不健康的財務科目過度增減。透過盈餘品質的檢驗，也是證券投資分析、股票價值評價過程中，極為重要的品管過程，只有禁得起會計盈餘品質檢驗的公司，其最後評定出的股票價值才具投資參考價值。

七大盈餘指標檢驗公司盈餘品質

（更詳細內容請見吳啟銘博士《企業評價》一書）

七大盈餘指標

1. 存貨指標
2. 應收帳款指標（應付帳款指標）
3. 營業毛利指標
4. 銷管費用指標
5. 備抵壞帳指標
6. 研究發展指標
7. 員工生產力指標

1.存貨指標

● 存貨指標的意義

存貨指標乃以存貨增加率與營業收入增加率對照比較，若存貨增加率大於銷貨增加率，則表示其存貨庫存壓力大於銷貨收入需求，表示企業之存貨控管失當、或市場需求減弱，對盈餘品質而言，此為負向警訊；反之，則為正向反應。

● 存貨指標之公式

$$存貨增加率 = \frac{本期存貨 - 前兩期存貨平均}{前兩期存貨平均}$$

$$營業收入增加率 = \frac{本期營業收入 - 前兩期營業收入平均}{前兩期營業收入平均}$$

存貨指標 = 存貨增加率 − 銷貨收入增加率

● 如何判斷存貨指標

若存貨指標小於零，表示盈餘品質良好；反之，若存貨指標大於零，則表示盈餘品質為負向反應。當存貨指標連續幾期都大於零，且持續擴大，則常常是產業景氣轉差，或企業競爭力下降之前兆。此時，若同出現來自營運活動現金流量產生負數，且與會計盈餘產生明顯落差，更應對其他盈餘指標進行密集同時追蹤，以提前了解企業未來營運可能之變化。

● 存貨水準與營運效率及盈餘品質

部分行業的存貨在期末必需依最新市價評價，若進貨成本太高，或是產品市價下跌，對高存貨公司都是一種警訊；企業真正的經營獲利應來自本業營運所能創造之現金，存貨高低會影響公司短期損益，但不可當作永續經營獲利之所在；因存貨高低不僅會影響公司經營資金成本，也會影響

現金週轉效率，因此，適當的存貨水準是衡量企業盈餘品質與營運效率之重要指標。

2.應收帳款指標

• 應收帳款指標的意義

應收帳款指標乃以應收帳款增加率與營業收入增加率對照比較，若應收帳款增加率大於銷貨增加率，則表示其應收帳款催收轉惡，或本身產品競爭力下降以致賒帳促銷比例提高，更甚者可能是下游產業市場需求減弱，對盈餘品質而言，此為負向警訊；反之，則為正向反應。

• 應收帳款指標之公式

$$應收帳款增加率 = \frac{本期應收帳款 - 前兩期應收帳款平均}{前兩期應收帳款平均}$$

$$營業收入增加率 = \frac{本期營業收入 - 前兩期營業收入平均}{前兩期營業收入平均}$$

$$應收帳款指標 = 應收帳款增加率 - 銷貨收入增加率$$

• 如何判斷應收帳款指標

若應收帳款指標小於零，表示盈餘品質良好；反之，若應收帳款指標大於零，則表示盈餘品質為負向反應。當應收帳款指標連續幾期都大於零，且持續擴大，則常常是下游產業景氣轉差，或企業競爭力下降之前兆，終將直接衝擊公司盈餘及產生自由現金流量之能力。應收帳款及存貨之增加均是來自營運活動現金流量之減項，若兩項指標同時出現連續多期大於零情況，通常不僅代表企業盈餘品質不佳，往往也是產業景氣轉差或企業競爭力不足之寫照。應收帳款增加率過高，同時也代表營運現金週轉天數拉長，企業資金運用之效率轉差，若無法得到適當控管，接下來便可

能演變成財務結構轉差、企業盈餘下滑之惡性循環。

3.營業毛利指標

● 營業毛利指標的意義

營業毛利指標乃以營業毛利增加率與營業收入增加率對照比較，若營業毛利增加率大於營業收入增加率，則表示其本業獲利能力隨營業收入增加而轉佳，往往是產業景氣好轉或公司產品競爭力提升之象徵，為正向反應；反之，若營業毛利增加率低於營業收入增加率，則為負向反應。

● **營業毛利指標之公式**

$$營業毛利增加率 = \frac{本期營業毛利 - 前兩期營業毛利平均}{前兩期營業毛利平均}$$

$$營業收入增加率 = \frac{本期營業收入 - 前兩期營業收入平均}{前兩期營業收入平均}$$

營業毛利指標 ＝ 營業收入增加率 － 營業毛利增加率

● 如何判斷營業毛利指標

若營業毛利指標連續小於零，表示本業獲利好轉；反之，營業毛利指標連續大於零，則表示本業利潤率及競爭力正下降中。當營業毛利指標連續幾期都大於零，且持續擴大，常常是本業景氣轉差、原物料成本控制失控，或企業競爭力下降之直接反應。

毛利指標若只是短期下降，且公司ROE及總資產週轉率能同時向上提升，則可能是企業運用低單價策略掠奪市場的結果，此時則不應以負向視之。因此，觀察指標趨勢及相關財務數字之變化，方能完整解讀此指標之意涵。

4. 銷管費用指標

● 銷管費用指標的意義

銷管費用指標乃以管銷費用增加率與營業收入增加率對照比較，若銷管費用增加率大於營業收入增加率，則表示企業體內部管銷費用控制失當、資源浪費或人力生產效率不足，為負向反應；反之，若銷管費用增加率低於營業收入增加率，則為正向反應。

● **銷管費用指標之公式**

$$銷管費用增加率 = \frac{本期銷管費用 - 前兩期銷管費用平均}{前兩期銷管費用平均}$$

$$營業收入增加率 = \frac{本期營業收入 - 前兩期營業收入平均}{前兩期營業收入平均}$$

$$銷管費用指標 = 銷管費用增加率 - 營業收入增加率$$

● 如何判斷銷管費用指標

若銷管費用指標連續小於零，表示內部管理效率轉佳；反之，銷管費用指標連續大於零，則表示內部管理效率正下降中。當銷管費用指標連續幾期都大於零，且持續擴大，代表公司本業營業利益率正惡化中、公司內部管理競爭力正走下坡，也是企業競爭力下降之直接反應。

5. 備抵壞帳指標

● 備抵壞帳指標的意義

備抵壞帳指標乃以應收帳款增加率與備抵壞帳增加率對照比較，若應收帳款增加率大於備抵壞帳增加率，則表示企業體壞帳金額提列不足，有窗飾會計盈餘之嫌，為負向反應；反之，備抵壞帳增加率大於應收帳款增加率，則為正向反應。

> **● 備抵壞帳指標之公式**
>
> $$備抵壞帳增加率＝\frac{本期備抵壞帳－前兩期備抵壞帳平均}{前兩期備抵壞帳平均}$$
>
> $$應收帳款增加率＝\frac{本期應收帳款－前兩期應收帳款平均}{前兩期應收帳款平均}$$
>
> 備抵壞帳指標＝應收帳款增加率－備抵壞帳增加率

● 如何判斷備抵壞帳指標

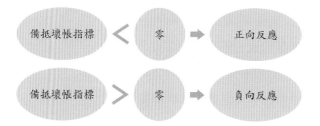

6.研究發展指標

● 研究發展指標的意義

　　研究發展指標乃以企業本身研究發展費用增加率與同產業間研究發展費用增加率對照比較，若企業體本身研究發展費用增加率小於同業水準，則表示企業體研發能力不足，短期雖有利會計盈餘，長期卻可能喪失公司競爭力。

> **● 研究發展指標之公式**
>
> $$研發費用增加率＝\frac{本期研發費用－前兩期研發費用平均}{前兩期研發費用平均}$$
>
> 研究發展指標＝同業研究發費用增加率－企業本身研發費用增加率

● 如何判斷研究發展指標

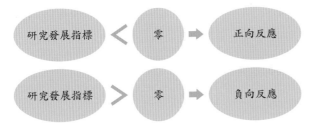

7.員工生產力指標

● 員工生產力指標的意義

以「前後期每位員工平均營業收入高低變化」來衡量員工生產力的高低變化，若員工生產力衰退，往往也代表公司人力素質正下降中。

● 員工生產力指標之公式

$$員工生產力指標＝\frac{前期每位員工營收－本期每位員工營收}{前期每位員工營收}$$

● 如何判斷研究發展指標

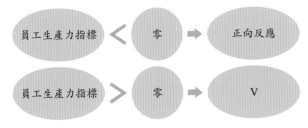

8.應付帳款指標（本書補充之部分）

● 應付帳款指標的意義

應收帳款指標乃以應付帳款增加率與營業收入增加率對照比較，若應付帳款增加率大於銷貨增加率，則可能有兩種可能：第一種，對營運正常

的公司而言，表示其進貨的議價能力提高。第二種，對營運惡化、財務結構轉差的公司而言，持續產生此種情況，可能是財務要出現危機前的警訊。

● **應付帳款指標之公式**

$$應付帳款增加率＝\frac{本期應付帳款－前兩期應付帳款平均}{前兩期應付帳款平均}$$

$$營業收入增加率＝\frac{本期營業收入－前兩期營業收入平均}{前兩期營業收入平均}$$

應付帳款指標＝銷貨收入增加率－應付帳款增加率

● 如何判斷應付帳款指標

對營運正常的公司而言，若應付帳款指標小於零，表示公司議價能力提高；反之，除非是公司既定付款政策（如台塑集團），否則，可能是公司與上游廠商的議價能力正惡化中。

但若公司來自營運活動現金流量持續為負數，且公司財務結構迅速惡化中的公司，若應付帳款指標呈現急速擴大負數情況，則可能是即將爆發財務危機的先兆。

案例：宏捷科（8086）

由各季五大盈餘指標可知，跟營運高度相關的存貨指標、應收帳款指標、銷貨毛利指標均呈現正向。

存貨指標已連續四季持續正向，顯示該公司的存貨去化相當迅速及順暢，產業景氣維持熱絡或公司產品競爭力提升；應收帳款指標在表列六季之中，僅一季出現負向，其餘五季則為正向，顯示下游市場需求良好，客

宏捷科五大盈餘品質指標（母公司個別報表）

指標／期別	104.1Q	103.4Q	103.3Q	103.2Q	103.1Q	102.4Q
1 存貨指標						
[A] 存貨增加率	(0.0918)	0.0120	0.7358	1.1184	0.3439	(0.1465)
[B] 銷貨收入增加率	0.0820	0.5154	1.1315	1.1217	0.1380	(0.2450)
[A]–[B] 存貨指標	(0.1738)	(0.5034)	(0.3957)	(0.0033)	0.2059	0.0985
2 應收帳款指標						
[A] 應收帳款增加率	(0.1610)	0.6364	0.7581	0.2020	(0.1579)	(0.3061)
[B] 銷貨收入增加率	0.0820	0.5154	1.1315	1.1217	0.1380	(0.2450)
[A]–[B] 應收帳款指標	(0.2430)	0.1210	(0.3733)	(0.9197)	(0.2959)	(0.0612)
3 銷貨毛利指標						
[A] 銷貨毛利增加率	0.4071	1.2132	2.5960	10.0588	1.0000	(0.6471)
[B] 銷貨收入增加率	0.0820	0.5154	1.1315	1.1217	0.1380	(0.2450)
[B]–[A] 銷貨毛利指標	(0.3251)	(0.6979)	(1.4645)	(8.9371)	(0.8620)	0.4021
4 銷管費用指標						
[A] 銷管費用增加率	0.2079	0.2000	0.1750	0.1316	0.0000	(0.0250)
[B] 銷貨收入增加率	0.0820	0.5154	1.1315	1.1217	0.1380	(0.2450)
[A]–[B] 銷管費用指標	0.1259	(0.3154)	(0.9565)	(0.9901)	(0.1380)	0.2200
5 應付帳款指標						
[A] 應付帳款增加率	(0.1462)	(0.0734)	0.3333	1.7938	1.0877	0.0870
[B] 銷貨收入增加率	0.0820	0.5154	1.1315	1.1217	0.1380	(0.2450)
[B]–[A] 應付帳款指標	0.2282	0.5888	0.7981	(0.6721)	(0.9497)	(0.3319)

資料整理：鉅豐財經資訊

戶帳款回收速度正常；銷貨毛利指標連續五季正向，顯示產品獲利能力連續增強，本業獲利能力持續提升之中；管銷費用指標在連續四季正向後，2015年首季因管銷費用增加速度大於營收增加速度而轉為負向。經

宏捷科（8086）股價還原權息月K線圖

宏捷科(8086) 還原月線圖 2015/07/01 開 122.50 高 122.50 低 91.00 收 111.00 s 元 量 83436 張 -11.00 (-9.02%)
SMA3 113.33↑　SMA6 86.14↑　SMA12 59.55↑　SMA24 38.88↑

成交量　成交量 83436 ↓張　MA2 218436 ↓張　MA5 256241 ↓張

資料來源：XQ全球贏家

查閱損益報表得知單季研發費用提高至4000萬，明顯高於前兩季的平均數3050萬，研發費用增加率31.1%高於全部管銷費用增加率的20.8%，是管銷費用指標轉負向的原因。這顯示該公司欲以增加研發能量提高產品的競爭優勢，對提高企業競爭力應以正面視之。

最後的應付帳款指標連續三季呈現負向，顯示該公司加速清償應付給往來廠商的應付帳款。經查閱該公司財務結構指標之負債比率，自2014年第二季的25.1%，下降至2015年首季的21.2%，財務結構更顯穩健。

由五大盈餘品質指標可知，代表該公司本業營運狀況的存貨指標、應收帳款指標、毛利指標等三大指標，過去六季表現良好，亦顯示公司營運正朝良性發展。經營者在企業高成長時期，透過提高研發費用，亦可強化公司競爭優勢。而加速清償應付帳款同時強化本身債信，並顯示經營者在財務管理上的穩健作風。

案例：伍豐（8076）

　　本案例為本書初版案例，為讓讀者對五大盈餘指標與企業價值及股價波動的密切關係，修訂版仍保留初版原文，並補充更新後的股價還原權息K線圖供參考。

伍豐五大盈餘品質指標（母公司個別報表）

期別	2007.3Q	2007.2Q	2007.1Q	2006.4Q	2006.3Q	2006.2Q	2006.1Q
1. 存貨指標							
存貨增加率（%）	−7.63%	25.39%	8.07%	−3.48%	55.74%	15.89%	164.77%
銷貨收入增加率（%）	−10.79%	−1.59%	22.75%	31.41%	19.84%	40.40%	109.18%
存貨指標	0.03	0.27	(0.15)	(0.35)	0.36	(0.25)	0.56
2. 應收帳款指標							
應收帳款增加率（%）	1.47%	17.23%	25.32%	48.64%	54.08%	50.78%	214.67%
銷貨收入增加率（%）	−10.79%	−1.59%	22.75%	31.41%	19.84%	40.40%	109.18%
應收帳款指標	0.12	0.19	0.03	0.17	0.34	0.10	1.05
3. 銷貨毛利指標							
銷貨毛利增加率（%）	−33.82%	7.27%	21.80%	23.00%	30.19%	34.83%	113.95%
銷貨收入增加率（%）	−10.79%	−1.59%	22.75%	31.41%	19.84%	40.40%	109.18%
銷貨毛利指標	0.23	(0.09)	0.01	0.08	(0.10)	0.06	(0.05)
4. 銷管費用指標							
銷管費用增加率（%）	4.35%	21.50%	−5.66%	9.62%	2.08%	35.80%	105.00%
銷貨收入增加率（%）	−10.79%	−1.59%	22.75%	31.41%	19.84%	40.40%	109.18%
銷管費用指標	0.15	0.23	(0.28)	(0.22)	(0.18)	(0.05)	(0.04)
5. 應付帳款指標							
應付帳款增加率（%）	−3.58%	27.07%	24.43%	17.22%	39.70%	38.87%	164.91%
銷貨收入增加率（%）	−10.79%	−1.59%	22.75%	31.41%	19.84%	40.40%	109.18%
應付帳款費用指標	(0.07)	(0.29)	(0.02)	0.14	(0.20)	0.02	(0.56)

資料整理：鉅豐財經資訊

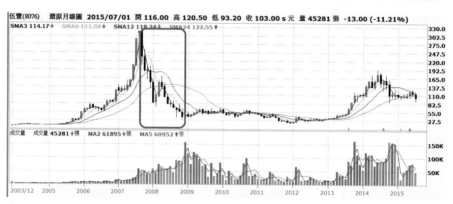

伍豐（8076）股價還原權息月K線圖

伍豐(8076)　還原月線圖　2015/07/01　開 116.00　高 120.50　低 93.20　收 103.00 s 元　量 45281 張　-13.00 (-11.21%)
SMA3 114.17↓　SMA6 111.08↓　SMA12 118.24↓　SMA24 122.55↑

成交量　成交量 45281↑張　MA2 61895↑張　MA5 60952↑張

資料來源：XQ全球贏家

　　由各季五大盈餘指標可知，2007年第三季，除應付帳款指標偏正向外，伍豐的盈餘指標全部為負向，存貨指標、應收帳款指標、銷管費用指標出現連續兩季轉差，市場需求及獲利性均下滑，而內部營運管理費用也連續兩季呈現上揚。盈餘指標出現如此情況的公司，隱含公司盈餘品質可能開始轉差，投資人若要買進此類股票，恐怕應更謹慎了。

案例：台光電（2383）

　　存貨指標連續兩季正向後，在2015年首季轉為負向，所幸幅度並不大，僅2.46%；應收帳款指標亦連續兩季負向反應，幅度分別為0.12%、1.62%，均不大。雖然此兩項盈餘品質指標負向幅度均不大，但同步呈現負向，仍應列為應密切追蹤的重點，透過短期營運指標，可以更深入了解其存貨及應收帳款的消長趨勢。

　　該公司應收帳款及存貨佔總資產比率，在2014年第二季升高，最高峰為2014年下半年，2015年首季已從前季的52.6%下降至52%，但仍位居高檔。

台光電五大盈餘品質指標（合併報表）

指標／期別	104.1Q	103.4Q	103.3Q	103.2Q	103.1Q	102.4Q
1 存貨指標						
[A] 存貨增加率	(0.0151)	(0.0165)	0.1705	0.0740	(0.0996)	(0.1960)
[B] 銷貨收入增加率	(0.0397)	0.1087	0.1920	0.0509	(0.0269)	(0.0480)
[A]–[B] 存貨指標	0.0246	(0.1253)	(0.0215)	0.0231	(0.0727)	(0.1480)
2 應收帳款指標						
[A] 應收帳款增加率	(0.0234)	0.1100	0.1536	0.0571	(0.0318)	(0.0423)
[B] 銷貨收入增加率	(0.0397)	0.1087	0.1920	0.0509	(0.0269)	(0.0480)
[A]–[B] 應收帳款指標	0.0162	0.0012	(0.0383)	0.0062	(0.0049)	0.0057
3 銷貨毛利指標						
[A] 銷貨毛利增加率	0.1175	0.2310	0.3822	0.2363	0.0450	(0.2163)
[B] 銷貨收入增加率	(0.0397)	0.1087	0.1920	0.0509	(0.0269)	(0.0480)
[B]–[A] 銷貨毛利指標	(0.1571)	(0.1223)	(0.1903)	(0.1854)	(0.0719)	0.1683
4 銷管費用指標						
[A] 銷管費用增加率	(0.0992)	0.1516	0.1789	(0.0177)	(0.0636)	(0.0172)
[B] 銷貨收入增加率	(0.0397)	0.1087	0.1920	0.0509	(0.0269)	(0.0480)
[A]–[B] 銷管費用指標	(0.0595)	0.0429	(0.0130)	(0.0686)	(0.0366)	0.0308
5 應付帳款指標						
[A] 應付帳款增加率	(0.0827)	0.0617	0.2450	0.0813	0.0831	(0.0787)
[B] 銷貨收入增加率	(0.0397)	0.1087	0.1920	0.0509	(0.0269)	(0.0480)
[B]–[A] 應付帳款指標	0.0430	0.0470	(0.0530)	(0.0305)	(0.1100)	0.0308

資料整理：鉅豐財經資訊

　　該公司自2007年至2014年之來自營運活動現金流量，佔稅後淨利比率為135.68%，顯示整體現金流量及盈餘品質表現不差。但觀察構成來自營運活動現金流量之中的應收帳款及存貨佔來自營運活動現金流量的比率，在表列八年之中，有六年呈現負數，八年合計數則為負53.06%，應收帳款八年累計增加數達43.58億，為來自營運活動現金流量的最大負向因子，該公司至2014年的資產負債表帳上應收帳款為69.44億，佔總資產比率達41.57%，加計存貨18.46億，更達52.62%，比率並不低。

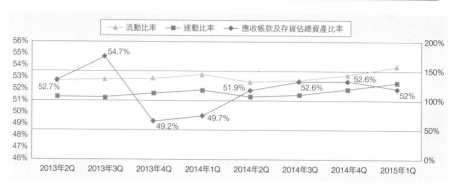

台光電短期營運指標（合併報表）

圖例：流動比率、速動比率、應收帳款及存貨佔總資產比率

資料整理：鉅豐財經資訊

　　2015年首季應收帳款減少3.21億、下降至66.23億，存貨小幅增加至18.93億，合計85.16億，佔總資產的比率從2014年第四季的52.62%，下降至51.97%，稍有改善，但應收帳款金額偏高仍是欲買進該公司股票的投資者必須高度關注的重要財務數據。

　　銷貨毛利指標連續六季正向，且幅度不小，顯示該公司毛利成長速度連續性高於營收的成長速度，代表公司本業的獲利能力連續轉強。

　　由代表本業獲利能力的單季營業毛利、營業利益成長力分析表，該公司無論單季營業毛利、營業利益的季增率及年增率，均同步連續五季正成長，顯示該公司本業獲利成長動能持續轉強之中，此對其股價是相當正面的訊息。投資者可透過該公司長期現金流量彙總表從另一個角度進一步了解其現金流量及盈餘品質。

　　該公司自2007年至2014年，來自營運活動現金流量佔稅後淨利（純益）比率為135.7%，扣除歷年流出的投資活動之現金流量後，自由現金流量佔稅後淨利比率為61.67%，表現均相當良好，顯示該公司長期之現金流量及盈餘品質尚稱穩健及良好，對長期投資者是相當正面的訊息。

台光電單季營業毛利成長力分析表

期別	營業毛利（百萬）	季增率	年增率
2015/1Q	1,132.14	7.28%	71.01%
2014/4Q	1,055.27	8.72%	95.41%
2014/3Q	970.58	30.68%	33.44%
2014/2Q	742.69	12.18%	14.16%
2014/1Q	662.03	22.59%	5.54%
2013/4Q	540.03	−25.76%	−20.48%
2013/3Q	727.37	11.81%	173.70%
2013/2Q	650.56	3.71%	8.41%
2013/1Q	627.30	−7.63%	7.96%
2012/4Q	679.09	155.53%	40.99%
2012/3Q	265.76	−55.71%	−64.16%
2012/2Q	600.08	3.27%	2.81%
2012/1Q	581.06	20.64%	−5.79%

資料來源：XQ全球贏家

台光電單季營業利益成長力分析表

期別	營業利益（百萬）	季增率	年增率
2015/1Q	737.24	22.21%	145.01%
2014/4Q	603.24	10.49%	258.51%
2014/3Q	545.99	42.83%	66.27%
2014/2Q	382.26	27.04%	30.67%
2014/1Q	300.91	78.83%	30.77%
2013/4Q	168.26	−48.76%	−39.53%
2013/3Q	328.37	12.25%	126.64%
2013/2Q	292.54	27.13%	5.88%
2013/1Q	230.11	−17.30%	−18.56%
2012/4Q	278.25	92.05%	37.99%
2012/3Q	144.88	−47.56%	−63.51%
2012/2Q	276.30	−2.21%	−4.65%
2012/1Q	282.55	40.13%	−16.65%

資料來源：XQ全球贏家

台光電營運活動現金流量年表（合併）

期別（年）	2014	2013	2012	2011	2010	2009	2008	2007	合計
税後淨利	1,542	838	1,129	852	1,221	788	155	451	6,976
不動用現金之非常損益	0	0	0	0	0	0	0	0	0
折舊	528	460	447	381	371	365	338	287	3,177
攤提	3	3	54	45	25	19	16	12	177
投資收益－權益法	0	0	0	0	0	0	0	0	0
投資損失－權益法	0	0	0	0	0	0	0	0	0
現金股利收入－權益法	0	0	0	0	0	0	0	0	0
短期投資處分損（益）			0	0	0	0	0	0	0
固定資產處分損（益）	1	0	1	1	2	3	-1	0	7
長期投資處分損（益）	0	-1	-25	40	-10	-1	0	0	3
準備提列(迴轉)	-5	-3	1	0	0	-2	-5	-4	-18
應收帳款（增）減	-1,380	-72	-1,218	-129	-473	-940	269	-415	-4,358
存貨（增）減	-234	80	-542	180	-494	-142	413	75	-664
應付帳款增（減）	1,299	-239	1,265	-272	612	1,032	-1,022	288	2,963
其他調整項－營業	219	163	53	44	337	127	-173	272	1,042
來自營運之現金流量	1,976	1,247	1,179	1,147	1,692	1,188	-50	1,086	9,465
來自營運之現金流量佔税後淨利比率（%）	128.15%	148.81%	104.43%	134.62%	138.57%	150.76%	-32.26%	240.80%	135.68%
應收帳款及存貨增加數佔來自營運現金流量比率（%）	-81.68%	0.64%	-149.28%	4.45%	-57.15%	-91.08%	-1364.00%	-31.31%	-53.06%

資料整理：鉅豐財經資訊

台光電 2007～2014 年現金流量彙總表（合併）

期別	2014	2013	2012	2011	2010	2009	2008	2007	歷年合計
來自營運之現金流量	1,976	1,247	1,179	1,147	1,692	1,188	(50)	1,086	9,465
稅後純益	1,542	838	1,129	852	1,221	788	155	451	6,976
營運活動現金佔稅後純益比率	128.1%	148.8%	104.4%	134.6%	138.6%	150.8%	-32.3%	240.8%	135.7%
投資活動之現金流量	(487)	(799)	(869)	(838)	(126)	(424)	(658)	(962)	(5,163)
自由現金流量	1,489	448	310	309	1,566	764	(708)	124	4,302
自由現金流量佔稅後純益比率	96.56%	53.46%	27.46%	36.27%	128.26%	96.95%	-456.77%	27.49%	61.67%
理財活動之現金流量	(1,206)	(68)	(220)	(902)	(633)	(523)	668	208	(2,676)
匯率影響數	50	50	(22)	57	(69)	(17)	27	(1)	75
本期產生之現金流量	332	431	68	(537)	864	225	(13)	331	1,701

資料整理：鉅豐財經資訊

台光電（2383）股價還原權息月K線圖

台光電(2383)　還原月線圖　2015/07/01　開 60.10　高 69.90　低 56.80　收 66.10 s 元　量 128403 張　+6.00 (+9.98%)

SMA3 59.77↑　SMA6 54.78↑　SMA12 46.18↑　SMA24 35.96↑

成交量　成交量 128403↑張　MA2 126413↑張　MA5 107389↑張

資料來源：XQ全球贏家

案例：新日光（3576）

由各季五大盈餘指標可知，2015年第一季，除應付帳款指標偏正向外，新日光的盈餘指標全部為負向。

存貨指標在2015年第一季大幅轉為負向展望，幅度高達47%，應收帳款指標亦同步轉為負向，將嚴重影響第一季來自營運活動現金流量，兩項指標在表列六季之中，各有四季為負向。

銷貨毛利指標則在表列六季之中，全部呈現負向展望，顯示該公司本業獲利連續性轉劣，公司本業營運可能已進入惡性循環之漩渦之中。

由三大獲利指標圖，可清楚看到該公司無論代表本業獲利的毛利率、營業利益率，甚至將營業外收支加計的稅前純益（淨利）率，均呈現同步向下趨勢。營業利益率、稅前純益率於2014年第三季轉為負數，至2015年第一季，三者已同步轉為負數。三大獲利指標所顯示的趨勢方向，與盈餘品質指標中的毛利指標所指出的方向，不謀而合。

該公司2015年第一季稅後淨利虧損4.92億，來自營運活動現金流量負4.79億，投資活動現金流量負2.67億，自由現金流量負7.46億，融資

新日光五大盈餘品質指標（合併報表）

指標／期別	104.1Q	103.4Q	103.3Q	103.2Q	103.1Q	102.4Q
1 存貨指標						
[A] 存貨增加率	0.1879	(0.1490)	(0.0208)	0.3001	0.4272	(0.0485)
[B] 銷貨收入增加率	(0.2831)	0.0592	(0.1971)	0.0324	0.0847	0.3447
[A]–[B] 存貨指標	0.4710	(0.2083)	0.1763	0.2676	0.3425	(0.3932)
2 應收帳款指標						
[A] 應收帳款增加率	(0.1579)	(0.0381)	0.0590	0.0368	0.1172	(0.1506)
[B] 銷貨收入增加率	(0.2831)	0.0592	(0.1971)	0.0324	0.0847	0.3447
[A]–[B] 應收帳款指標	0.1252	(0.0973)	0.2561	0.0044	0.0325	(0.4954)
3 銷貨毛利指標						
[A] 銷貨毛利增加率	(2.8487)	(0.8202)	(0.9260)	(0.0597)	0.0220	(0.0794)
[B] 銷貨收入增加率	(0.2831)	0.0592	(0.1971)	0.0324	0.0847	0.3447
[B]–[A] 銷貨毛利指標	2.5656	0.8794	0.7289	0.0922	0.0628	0.4241
4 銷管費用指標						
[A] 銷管費用增加率	(0.1522)	0.1897	(0.1131)	(0.0352)	0.1771	(0.1949)
[B] 銷貨收入增加率	(0.2831)	0.0592	(0.1971)	0.0324	0.0847	0.3447
[A]–[B] 銷管費用指標	0.1309	0.1305	0.0840	(0.0677)	0.0924	(0.5396)
5 應付帳款指標						
[A] 應付帳款增加率	(0.0872)	(0.2332)	(0.3598)	0.0120	0.0900	(0.0441)
[B] 銷貨收入增加率	(0.2831)	0.0592	(0.1971)	0.0324	0.0847	0.3447
[B]–[A] 應付帳款指標	(0.1959)	0.2924	0.1628	0.0204	(0.0052)	0.3888

資料整理：鉅豐財經資訊

（理財）活動現金流量1.31億。該公司很明顯屬於本書前已述及之「現金流量表邏輯分析與公司類型分類表」中的「C類型公司」，本業趨緩但投資積極的公司。

　　筆者重複本書前文如下：「現金流量表呈現此種類型的公司，通常代表公司所處產業景氣轉差或公司經營的競爭優勢已大不如前；但是，經營者卻無法認清事實，或找出病因。為讓公司能脫離困境，經營者甚至持續對外舉債或向股東伸手募資，以取得更多的外部資金奧援（來自理財活動

資料整理：鉅豐財經資訊

新日光（3576）股價還原權息月K線圖

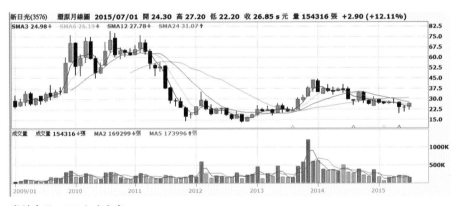

資料來源：XQ全球贏家

現金流量為正數），試圖放手奮力一搏。」在該公司營餘品質指標、獲利指標、現金流量同步走向惡性循環漩渦之時，請問：您也願意跟該公司一起放手一搏嗎？

案例：台泥（1101）

　　由各季五大盈餘指標可知，該公司至2014年第四季，五項盈餘指標全部呈現負向展望，2015年第一季，除應付帳款指標轉正外，其餘則維持負向展望。顯示該公司盈餘品質在最近兩季已明顯轉差，甚至出現惡性循環的危機。

　　經查閱該公司資產負債表，該公司最近期兩季的存貨及應收帳款並未明顯增加，存貨從2014年第三季的101.97億，下降至2015年第一季的99.76億，應收帳款（含應收票據）則從271.98億，下降至217.58億。何以存貨指標及應收帳款指標，連續兩季呈現負向？主因在於該公司各月營收年增率自2014年9月轉為負成長，營收成長動能至2015年上半年仍持續維持弱勢。

　　由各月營收統計表可知，該公司單月營收年增率在2014年9月轉為負成長，累計營收年增率從2014年1至4月的12.43%，逐月下降至1至12月的1.87%，即隱約看到該公司營收成長動能已轉弱。進入2015年，1至6月各月營收年增率持續負成長，累計營收年增率則為負20.43%，代表長期營收趨勢的12個月平均營收趨勢線，在2014年9月轉為下滑，至2015年6月仍未改變，顯示長期營收成長動能仍處於弱化之中。營收衰退的幅度高於存貨及應收帳款下降的幅度，是存貨指標及應收帳款指標連續呈現負向展望的原因。

　　銷貨毛利指標亦連續兩季呈現負向，顯示不僅營收衰退，代表本業獲利的營業毛利衰退幅度，甚至高於營收衰退的幅度。

　　由季度三大獲利指標圖表可知，該公司三大獲利指標在2014年第四季同步明顯下降，2015年第一季下降幅度更擴大，三大獲利指標均創上表列之中，八季中的最低。營收衰退顯示市場需求轉弱，獲利性指標的急速惡化，顯示公司無法快速降低成本因應，造成營運的惡性循環，更加重該公司股票的投資風險。

台泥五大盈餘品質指標（合併報表）

指標／期別	104.1Q	103.4Q	103.3Q	103.2Q	103.1Q	102.4Q
1 存貨指標						
[A] 存貨增加率	(0.0346)	0.0310	(0.0183)	0.0144	0.0963	(0.1049)
[B] 銷貨收入增加率	(0.2822)	(0.0433)	0.0273	0.0638	(0.1561)	0.1300
[A]–[B] 存貨指標	0.2475	0.0743	(0.0456)	(0.0493)	0.2524	(0.2349)
2 應收帳款指標						
[A] 應收帳款增加率	(0.1903)	0.0193	0.1422	0.0298	(0.0667)	0.1836
[B] 銷貨收入增加率	(0.2822)	(0.0433)	0.0273	0.0638	(0.1561)	0.1300
[A]–[B] 應收帳款指標	0.0919	0.0626	0.1149	(0.0339)	0.0893	0.0536
3 銷貨毛利指標						
[A] 銷貨毛利增加率	(0.5553)	(0.1034)	0.1119	0.2015	(0.3089)	0.1081
[B] 銷貨收入增加率	(0.2822)	(0.0433)	0.0273	0.0638	(0.1561)	0.1300
[B]–[A] 銷貨毛利指標	0.2731	0.0601	(0.0845)	(0.1377)	0.1529	0.0219
4 銷管費用指標						
[A] 銷管費用增加率	(0.1125)	0.2876	(0.0516)	(0.1852)	(0.1909)	0.6288
[B] 銷貨收入增加率	(0.2822)	(0.0433)	0.0273	0.0638	(0.1561)	0.1300
[A]–[B] 銷管費用指標	0.1697	0.3310	(0.0789)	(0.2490)	(0.0349)	0.4989
5 應付帳款指標						
[A] 應付帳款增加率	(0.1306)	(0.1685)	(0.0671)	(0.0318)	0.1634	(0.0767)
[B] 銷貨收入增加率	(0.2822)	(0.0433)	0.0273	0.0638	(0.1561)	0.1300
[B]–[A] 應付帳款指標	(0.1516)	0.1251	0.0945	0.0955	(0.3195)	0.2067

資料整理：鉅豐財經資訊

台泥各月營收統計圖表

單位：億元

年月	營業收入	月成長率 MoM(%)	去年同期 單月營收	去年同期 YoY(%)	今年以來 累計營收	去年同期 累計營收	累計營收 YoY(%)
2015/06	85.5	6.96%	96.8	−11.70%	464.4	585.9	−20.73%
2015/05	79.9	−5.65%	106.3	−24.80%	379.0	489.1	−22.52%
2015/04	84.7	10.05%	115.6	−26.76%	299.1	382.9	−21.88%
2015/03	77.0	59.54%	108.3	−28.98%	214.4	267.2	−19.77%
2015/02	48.2	−45.94%	60.9	−20.77%	137.5	158.9	−13.50%
2015/01	89.2	−10.00%	98.0	−8.98%	89.2	98.0	−8.98%
2014/12	99.1	6.61%	114.2	−13.17%	1,183.3	1,161.6	1.87%
2014/11	93.0	−10.84%	112.0	−16.98%	1,084.1	1,047.4	3.51%
2014/10	104.3	6.25%	106.5	−2.11%	991.1	935.4	5.96%
2014/09	98.2	−1.36%	100.6	−2.43%	886.8	828.9	7.00%
2014/08	99.5	−3.65%	98.4	1.18%	788.7	728.2	8.30%
2014/07	103.3	6.71%	98.8	4.58%	689.2	629.9	9.41%
2014/06	96.8	−8.92%	95.2	1.68%	585.9	531.1	10.31%
2014/05	106.3	−8.10%	95.4	11.33%	489.1	436.0	12.19%
2014/04	115.6	6.71%	99.2	16.56%	382.9	340.5	12.43%
2014/03	108.3	77.98%	94.6	14.56%	267.2	241.3	10.74%
2014/02	60.9	−37.89%	55.4	9.88%	158.9	146.7	8.28%
2014/01	98.0	−14.15%	91.3	7.30%	98.0	91.3	7.30%
2013/12	114.2	1.92%	98.2	16.28%	1,161.6	1,136.6	2.20%
2013/11	112.0	5.13%	96.5	16.11%	1,047.4	1,038.4	0.87%
2013/10	106.5	5.90%	107.9	−1.30%	935.4	941.9	−0.69%
2013/09	100.6	2.30%	94.9	6.03%	828.9	834.0	−0.61%
2013/08	98.4	−0.41%	95.8	2.65%	728.2	739.1	−1.47%
2013/07	98.8	3.76%	97.7	1.12%	629.9	643.3	−2.08%
2013/06	95.2	−0.27%	93.6	1.64%	531.1	545.6	−2.65%

台泥每月合併營業收入變動圖

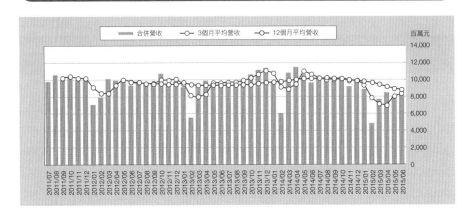

台泥合併營收累計年增率變動圖

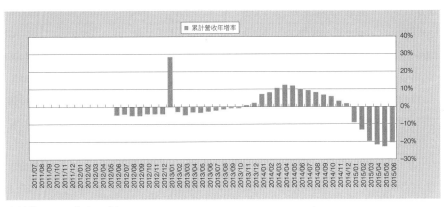

資料整理：鉅豐財經資訊

台泥季度三大獲利指標（合併）

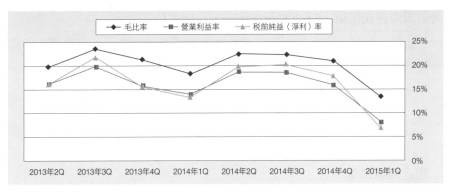

資料整理：鉅豐財經資訊

台泥（1101）股價還原權息月K線圖

資料來源：XQ全球贏家

現金轉換循環看企業營運榮枯

何謂現金轉換循環（Cash Conversion Cycle; CCC）

公司自賒帳買進原物料後，經生產為製成品賣出後，在市場賣出轉換為應收帳款，再經收取帳款變現程序後，以所得之現金支付應付帳款，此一完整循環程序所需之時間，便稱為現金轉換循環（Cash Conversion Cycle）。

> 現金轉換循環
> ＝平均銷貨天數＋平均應收帳款收現天數－平均應付帳款付款天數

在實務分析上，簡稱現金轉換循環為CCC天數，在不影響公司營運及產品品質下，CCC天數越短的公司，表示其營運效率越高。當CCC天數縮短時，因現金轉換的速度越快，企業舉債營運之期間及成本均可降低，依賴外部融資的壓力自然下降，企業產生盈餘之能力亦可提高。

影響現金轉換循環的因素有哪些呢？說明如下：

● **生產及銷貨之速度**：當內部生產效率或銷貨能力下降，均將使平均銷貨天數提高，除了內部生產管控問題外，極可能是市場需求轉弱或產品競爭力下降。

● **應收帳款之收現速度**：應收帳款收現天期越短越好；相對地，若應收帳款收現天期持續拉長，除可能是債信管控不良外，很可能是下游產業轉淡，或企業本身之議價或產業競爭力轉差，是企業經營的負向警訊！

● **應付帳款付款之速度**：應付帳款週轉率越低越好，也就是付款速度越慢越好；相對地，若應付帳款週轉率不斷提高，除非是產業景氣火熱，同業同時競價搶料，否則可能是本身議價能力下降，供應商要求更嚴苛之付款條件。（請同時參閱本書應付帳款指標說明）

投資人在投資實務上，如何運用CCC天數的增減變化來做投資決策呢？CCC的循環天數變化之觀察是分析企業營業活動之重要指標，若產生持續拉長情況，則往往代表公司在營運活動的某個環節出現問題，對股權投資者而言，是做多的一項重要警訊，除非能找出合理的解釋理由，否則對公司營運之評估應偏保守看待！

從存貨週轉率看企業經營效率及景氣先兆

$$存貨週轉率 = \frac{銷貨成本或營業成本}{平均存貨}$$

此項比率代表企業存貨週轉速度、產銷效率與存貨水平的適當性；存貨週轉率越高代表企業經營能力越強、產銷管控良好、產品需求及去化順暢、公司無過多之存貨積存壓力、短期營運資金運轉效率良好、公司短期償債能力相對提高。

在實務上，若一家公司存貨週轉率急速下降，往往係因存貨庫存快速上升的結果，此時一定要同時對盈餘指標中之存貨指標做詳細檢示，觀察存貨之增加率是否同時出現遠高於營業收入增加率之情況，如果有這種情形，往往代表下游需求已開始轉弱，公司的營運狀況及產業景氣可能轉差。

$$平均銷貨天期 = \frac{365}{存貨週轉率}$$

此項比率代表平均每一筆存貨所需之銷貨天數，平均銷貨天期越短越好；相對地，若銷貨天期持續拉長，很可能是下游產業轉淡，或企業本身之產業競爭力轉差，是企業經營的負向警訊！

投資人在投資實務上，如何運用存貨週轉率？要領如下：

（1）存貨週轉率越高越好、平均銷貨天數則越短越好。

（2）在實務分析上，財務比率之趨勢分析及轉折點之觀察，其重要性遠高於絕對數字之比較；若一家存貨週轉率本來很高的公司，但轉折出現持續下降趨勢時，則往往是企業所處產業景氣轉差或本身於產業中之競爭力下降之先兆，對企業未來營運是一大警訊！

從應收帳款週轉率看下游景氣冷暖

$$應收帳款週轉率＝\frac{淨賒銷}{平均應收帳款}$$

$$總營業收入＝現金銷貨＋賒銷$$

此項比率代表企業淨賒銷必需透過幾次的收帳循環才能全部轉換成現金，應收帳款週轉率越高越好，代表企業之收帳能力良好；相對地，若應收帳款週轉率不斷下降，很可能係因應收帳款快速增加，未來成為呆帳之機會便會提高，不僅影響企業來自營運活動之現金流量，甚至使公司純益急速下降。

在實務上，因企業每月公布之營業收入並無現銷及賒銷之公開訊息，因此，通常係以營業收入為分子，分析期間期末及期初應收帳款平均數為分子，與學理上有些許差異。

$$平均應收帳款收現天期＝\frac{365}{應收帳款週轉率}$$

此項比率代表平均每一筆應收帳款要利用多少天數才能轉換成現金，

應收帳款收現天期越短越好；相對地，若應收帳款收現天期持續拉長，很可能是下游產業轉淡，或企業本身之議價或產業競爭力轉差，是企業經營的負向警訊！

投資人在投資實務上，如何運用應收帳款週轉率？要領如下：

（1）應收帳款週轉率越高越好、平均帳款收現天數則越短越好。

（2）在實務分析上，財務比率之趨勢分析及轉折點之觀察，其重要性遠高於絕對數字之比較；若一家應收帳款週轉率本來很低的公司，但轉折出現持續好轉趨勢時，則往往是企業否極泰來的先兆，反之，則是嚴重的營運警訊！

從應付帳款週轉率看企業資金調度與購料之議價能力

$$應付帳款週轉率 = \frac{銷貨成本}{平均應付帳款}$$

應付帳款週轉率用於測度企業向上游或周邊廠商進貨後，其應履行付款之期限長或短，就企業資金調度觀點而言，應付帳款之期限當然是越長越好，除可將營運資金保留於公司帳上外，較長之應付帳款週轉率通常隱含企業對上游廠商之議價能力較強，對付款條件能有較強之主控能力。

在實務運用上，要注意應付帳款週轉率應與應收帳款週轉率做對照比較：

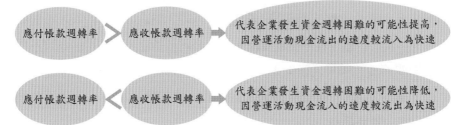

333

$$平均應付帳款付款天數 = \frac{365}{應付帳款週轉率}$$

　　此項比率代表平均每一筆進貨所需之應付帳款，在多少天必須履行付款義務，對營運正常的公司而言，應付帳款週轉率越低越好；相對地，若應付帳款週轉率不斷提高，除非是產業景氣火熱，同業同時競價搶料，否則可能是本身議價能力下降，供應商要求更嚴苛之付款條件。

　　投資人在投資實務上，如何運用應付帳款週轉率？要領如下：

　　（1）當企業在市場的影響力及議價能力轉強後，其可以用較寬鬆的付款條件支付貨款，此時應付帳款週轉率可能下降；反之，則可能是議價能力下降的徵兆。

　　（2）若是企業體的財務結構或短期償債指標（流動比率與速動比率）急速惡化，加上應付週轉率也急速下降，則可能是公司將發生財務危機的先兆。

　　（3）應付帳款週轉率應同時與應收帳款週轉率進行比較，並觀察其趨勢變化，及負債比率之轉變，才能提早測度公司最新營運情況。

案例：大立光（3008）

　　由上圖表可知，大立光的現金轉換循環在2014年第二季至第四季明顯下降，尤其是平均銷貨天數從2014年第一季的79.8天，下降至第四季的36.1天，除了反應市場對公司產品需求強烈，營收成長動能在該期間轉強外，存貨的控管得宜亦是重要因素。該公司盈餘品質指標中的存貨指標在該期間連續三季呈現正向，而每月累計營收年增率逐月遞增，從2014年第一季的34.4%，向上提高至2014年整年的年增率66.99%，提供有利股價上漲的重要條件。

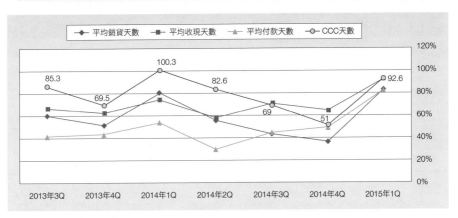

大立光各季現金轉換循環明細圖表

資料整理：鉅豐財經資訊

　　至2015年第一季，該公司的現金轉換循環明顯拉長，平均銷貨天數、收現天數、付款天數同步加長。其中，尤以平均銷貨天數從前一季的36.1天加長至82.6天，最為明顯，該公司的盈餘品質指標中的存貨指標亦同步大幅轉為負向，經查閱該公司單季資產負債表及現金流量表發現，2015年第一季的存貨金額，自2014年底的172.13億，增加44.87億至217億，增幅達26.1%。

　　2015年每月的累計營收年增率亦轉向從高峰下降，2015年第一季下降至54.08%，1至5月累計營收年增率下降至43.16%，已低於2014年的66.99%的營收年增率，幸1至6月稍提高至44.61%，但仍低於2014年的營收年增率，這對股價是重要警訊，投資者追高股價應有風險意識，並密切追蹤營收成長動能後續消長。

大立光五大盈餘品質指標（合併報表）

指標／期別	104.1Q	103.4Q	103.3Q	103.2Q	103.1Q	102.4Q
1 存貨指標						
[A] 存貨增加率	0.4552	0.2803	0.2328	(0.1159)	(0.0029)	0.0672
[B] 銷貨收入增加率	(0.2707)	0.5310	0.4362	0.2345	(0.1674)	0.4279
[A]–[B] 存貨指標	0.7259	(0.2507)	(0.2034)	(0.3505)	0.1644	(0.3607)
2 應收帳款指標						
[A] 應收帳款增加率	(0.3162)	0.4108	0.6851	0.4577	(0.3037)	0.2849
[B] 銷貨收入增加率	(0.2707)	0.5310	0.4362	0.2345	(0.1674)	0.4279
[A]–[B] 應收帳款指標	(0.0456)	(0.1201)	0.2488	0.2232	(0.1363)	(0.1430)
3 銷貨毛利指標						
[A] 銷貨毛利增加率	(0.1955)	0.4084	0.3193	0.3980	(0.0307)	0.4181
[B] 銷貨收入增加率	(0.2707)	0.5310	0.4362	0.2345	(0.1674)	0.4279
[B]–[A] 銷貨毛利指標	(0.0752)	0.1226	0.1170	(0.1634)	(0.1366)	0.0098
4 銷管費用指標						
[A] 銷管費用增加率	(0.2514)	0.5244	0.4633	0.0649	(0.0259)	0.3013
[B] 銷貨收入增加率	(0.2707)	0.5310	0.4362	0.2345	(0.1674)	0.4279
[A]–[B] 銷管費用指標	0.0193	(0.0066)	0.0271	(0.1696)	0.1414	(0.1265)
5 應付帳款指標						
[A] 應付帳款增加率	(0.2708)	0.7528	1.9806	(0.1020)	(0.5193)	0.4441
[B] 銷貨收入增加率	(0.2707)	0.5310	0.4362	0.2345	(0.1674)	0.4279
[B]–[A] 應付帳款指標	0.0001	(0.2218)	(1.5444)	0.3365	0.3520	(0.0162)

資料整理：鉅豐財經資訊

336

大立光各月營收統計圖表

單位：億元

年月	營業收入	月成長率 MoM(%)	去年同期 單月營收	去年同期 YoY(%)	今年以來 累計營收	去年同期 累計營收	累計營收 YoY(%)
2015/06	51.1	15.57%	34.1	49.72%	243.4	168.3	44.61%
2015/05	44.2	3.38%	33.9	30.25%	192.4	134.4	43.16%
2015/04	42.7	8.90%	32.1	32.99%	148.3	100.6	47.47%
2015/03	39.2	50.00%	28.3	38.45%	105.7	68.6	54.08%
2015/02	26.2	−35.13%	16.0	63.45%	66.5	40.3	64.95%
2015/01	40.3	−29.90%	24.3	66.16%	40.3	24.3	66.16%
2014/12	57.5	2.38%	31.9	80.23%	458.1	274.3	66.99%
2014/11	56.2	3.04%	31.8	76.63%	400.2	242.4	65.14%
2014/10	54.5	17.95%	29.2	86.55%	343.9	210.5	63.33%
2014/09	46.2	16.68%	26.5	74.27%	289.2	181.3	59.51%
2014/08	39.6	12.77%	24.1	64.74%	243.0	154.8	56.98%
2014/07	35.1	3.02%	21.0	67.24%	203.4	130.7	55.63%
2014/06	34.1	0.54%	19.7	73.02%	168.3	109.6	53.58%
2014/05	33.9	5.56%	19.6	72.95%	134.4	89.8	49.58%
2014/04	32.1	13.37%	19.1	68.23%	100.6	70.2	43.36%
2014/03	28.3	77.09%	16.2	74.64%	68.6	51.0	34.40%
2014/02	16.0	−34.06%	12.3	30.08%	40.3	34.8	15.87%
2014/01	24.3	−23.96%	22.4	8.14%	24.3	22.4	8.14%
2013/12	31.9	0.34%	31.6	1.02%	274.3	200.7	36.67%
2013/11	31.8	8.83%	30.1	5.74%	242.4	169.1	43.30%
2013/10	29.2	10.18%	24.2	21.03%	210.5	139.0	51.42%
2013/09	26.5	10.30%	18.0	47.53%	181.3	114.9	57.81%
2013/08	24.1	14.48%	15.3	56.85%	154.8	96.9	59.70%
2013/07	21.0	6.58%	11.8	78.26%	130.7	81.6	60.19%
2013/06	19.7	0.50%	9.8	101.60%	109.6	69.8	57.08%

大立光各月營收統計圖表

單位：億元

年月	3個月 平均營收	前後期 差額	12個月 平均營收	前後期 差額	長短期 差額
2015/06	46.0	3.9	44.4	1.4	1.6
2015/05	42.1	6.0	43.0	0.9	(0.9)
2015/04	36.1	0.8	42.2	0.9	(6.1)
2015/03	35.2	(6.1)	41.3	0.9	(6.0)
2015/02	41.3	(10.0)	40.4	0.8	1.0
2015/01	51.4	(4.7)	39.5	1.3	11.8
2014/12	56.1	3.8	38.2	2.1	17.9
2014/11	52.3	5.5	36.0	2.0	16.3
2014/10	46.8	6.5	34.0	2.1	12.8
2014/09	40.3	4.0	31.9	1.6	8.4
2014/08	36.3	1.9	30.3	1.3	6.0
2014/07	34.4	1.0	29.0	1.2	5.4
2014/06	33.4	1.9	27.8	1.2	5.6
2014/05	31.5	6.0	26.6	1.2	4.9
2014/04	25.5	2.6	25.4	1.1	0.1
2014/03	22.9	(1.2)	24.3	1.0	(1.4)
2014/02	24.1		23.3		0.8

資料整理：鉅豐財經資訊

大立光合併營收累計年增率變動圖

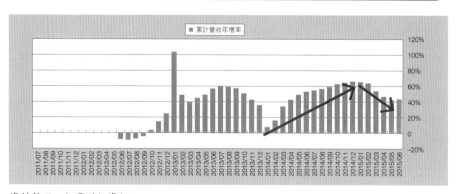

資料整理：鉅豐財經資訊

338

大立光（3008）股價還原權息月K線圖

資料來源：XQ全球贏家

案例：聯發科（2454》

　　由各季現金轉換循環明細圖表可知，該公司CCC天數自2014年第二季起，連續四季走高，其主要原因為平均銷貨天數拉長。經查閱該公司資產負債表，2013年存貨金額93.47億，2014年存貨金額攀高至223.41億，

聯發科各季現金轉換循環明細圖表

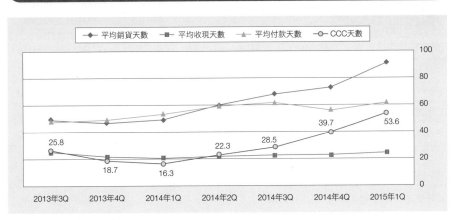

資料整理：鉅豐財經資訊

較2013年增加高達129.95億，2015年第一季進一步提高至280.85億，持續增加57.43億，存貨明顯增加使其存貨周轉率下降、平均銷貨天數快速提高。存貨銷售天數連續性拉長，隱含可能是該公司產品的市場競爭力下降，或是市場需求已形成轉弱趨勢。

聯發科五大盈餘品質指標（合併報表）

指標／期別	104.1Q	103.4Q	103.3Q	103.2Q	103.1Q	102.4Q
1存貨指標						
[A]存貨增加率	0.2001	0.0204	0.3601	0.4868	0.4942	(0.2176)
[B]銷貨收入增加率	(0.1581)	(0.0063)	0.1479	0.2618	0.1676	0.1012
[A]–[B]存貨指標	0.3582	0.0266	0.2122	0.2250	0.3266	(0.3188)
2應收帳款指標						
[A]應收帳款增加率	(0.0456)	(0.1161)	0.1612	0.2248	0.4526	(0.2887)
[B]銷貨收入增加率	(0.1581)	(0.0063)	0.1479	0.2618	0.1676	0.1012
[A]–[B]應收帳款指標	0.1125	(0.1098)	0.0134	(0.0370)	0.2850	(0.3899)
3銷貨毛利指標						
[A]銷貨毛利增加率	(0.1792)	(0.0343)	0.1512	0.3274	0.2582	0.1540
[B]銷貨收入增加率	(0.1581)	(0.0063)	0.1479	0.2618	0.1676	0.1012
[B]–[A]銷貨毛利指標	0.0211	0.0280	(0.0034)	(0.0656)	(0.0906)	(0.0528)
4銷管費用指標						
[A]銷管費用增加率	(0.0481)	0.1726	0.1336	0.3267	0.1975	0.1015
[B]銷貨收入增加率	(0.1581)	(0.0063)	0.1479	0.2618	0.1676	0.1012
[A]–[B]銷管費用指標	0.1100	0.1788	(0.0142)	0.0649	0.0300	0.0003
5應付帳款指標						
[A]應付帳款增加率	0.0943	(0.2651)	0.1883	0.3001	0.4849	(0.0643)
[B]銷貨收入增加率	(0.1581)	(0.0063)	0.1479	0.2618	0.1676	0.1012
[B]–[A]應付帳款指標	(0.2524)	0.2588	(0.0405)	(0.0383)	(0.3174)	0.1655

資料整理：鉅豐財經資訊

　　由五大營餘品質指標，該公司至2015年第一季，除應付帳款指標為正向外，其餘四項盈餘品質指標同步呈現負向展望，其中存貨指標連續五季負向，顯示存貨增加的壓力早在2014年第一季，即已開始累積。對照本書前已述及之「損益表與分析重點之案例─聯發科」，該公司2014年累計營收年增率，自前2月的高點96.47%，一路下降至1至12月累計營收年增率56.6%，亦可看到營收成長動能自2014年第二季已形成弱化趨勢，此對該公司股票價值亦是重要警訊。

　　透過財務分析提供企業價值評估的邏輯思考過程，或許無法完全精準地告訴投資者股價的高點落在何時，但當企業營運數據連續出現某些種情況時，您手中的股票資產應該逐漸往上減碼？或是往上追價加碼？其實，已是相當顯而易見了。

聯發科（2454）股價還原權息周K線圖

資料來源：XQ全球贏家

案例：可成（2474）

　　該公司CCC天數自2014年第二季起，連續三季縮短，其主要原因為平均銷貨天數及收現天數縮短，顯示下游市場在此期間明顯轉強，應與蘋果推出新型智慧型手機有直接關係。但2015年第一季，該公司平均銷貨天數及收現天數，同步出現拉長，是否市場需求開始轉弱，讀者必須從盈餘品質指標方向與各月營收成長動能的消長，尋求更多的蛛絲馬跡。

　　透過盈餘品質指標，發現該公司存貨指標連續兩季呈現負向展望，應收帳款指標則在2015年第一季轉為負向展望，與現金轉換循還的平均銷貨天數、應收帳款收現天數同步延長，不謀而合。

　　經查閱該公司資產負債表，該公司應收帳款及存貨合計數自2014年第三季的209.71億，攀高至2015年第一季的293.71億，佔總資產比率從17.7%升高至20.9%，2015年第一季單季應收帳款增加21.92億，存貨增加5.52億，均為連續兩季增加，亦為2008年後的高峰，顯示接下來的下游需求強弱勢必攸關該公司應收帳款及存貨能否有效降低，盈餘品質及現

可成各季現金轉換循環明細圖表

資料整理：鉅豐財經資訊

金流量能否好轉。營收成長動能分析請參閱本書前文「損益表與分析重點」之案例可成，在此不再贅述。

可成五大盈餘品質指標（合併報表）

指標／期別	104.1Q	103.4Q	103.3Q	103.2Q	103.1Q	102.4Q
1 存貨指標						
[A] 存貨增加率	0.2700	0.4222	0.0516	(0.0365)	0.0261	0.0602
[B] 銷貨收入增加率	0.1033	0.2219	0.2243	0.1320	(0.1155)	0.2551
[A]–[B] 存貨指標	0.1668	0.2003	(0.1727)	(0.1685)	0.1416	(0.1949)
2 應收帳款指標						
[A] 應收帳款增加率	0.2250	0.2028	0.0038	0.0938	(0.0850)	0.0540
[B] 銷貨收入增加率	0.1033	0.2219	0.2243	0.1320	(0.1155)	0.2551
[A]–[B] 應收帳款指標	0.1217	(0.0191)	(0.2205)	(0.0383)	0.0305	(0.2011)
3 銷貨毛利指標						
[A] 銷貨毛利增加率	0.0641	0.1936	0.3064	0.3421	(0.1233)	0.2151
[B] 銷貨收入增加率	0.1033	0.2219	0.2243	0.1320	(0.1155)	0.2551
[B]–[A] 銷貨毛利指標	0.0392	0.0283	(0.0822)	(0.2101)	0.0077	0.0400
4 銷管費用指標						
[A] 銷管費用增加率	0.0419	0.2813	0.3128	0.1420	(0.1090)	0.2735
[B] 銷貨收入增加率	0.1033	0.2219	0.2243	0.1320	(0.1155)	0.2551
[A]–[B] 銷管費用指標	(0.0614)	0.0594	0.0885	0.0100	0.0065	0.0184
5 應付帳款指標						
[A] 應付帳款增加率	0.1528	0.5244	0.1004	(0.1242)	(0.0461)	0.3294
[B] 銷貨收入增加率	0.1033	0.2219	0.2243	0.1320	(0.1155)	0.2551
[B]–[A] 應付帳款指標	(0.0495)	(0.3025)	0.1239	0.2562	(0.0694)	(0.0743)

資料整理：鉅豐財經資訊

可成（2474）股價還原權息周K線圖

資料來源：XQ全球贏家

案例：金山電（8042）

　　該公司CCC天數自2014年第三季起，連續三季拉長，主要原因為平均銷貨天數連續升高，顯示下游市場需求可能轉弱，讀者可對照該公司盈餘品質指標分析，即可從不同角度、更深入了解造成現金周轉循環增長的原因。

金山電各季現金轉換循環明細圖表

資料整理：鉅豐財經資訊

金山電五大盈餘品質指標（合併報表）

指標／期別	104.1Q	103.4Q	103.3Q	103.2Q	103.1Q	102.4Q
1 存貨指標						
[A] 存貨增加率	0.0040	(0.0027)	0.0957	0.1556	0.0852	0.0356
[B] 銷貨收入增加率	(0.1402)	(0.1363)	0.1207	0.1336	(0.1368)	(0.0146)
[A]–[B] 存貨指標	0.1442	0.1336	(0.0250)	0.0221	0.2220	0.0501
2 應收帳款指標						
[A] 應收帳款增加率	(0.1337)	(0.0725)	0.2063	0.0617	0.0066	0.1464
[B] 銷貨收入增加率	(0.1402)	(0.1363)	0.1207	0.1336	(0.1368)	(0.0146)
[A]–[B] 應收帳款指標	0.0064	0.0638	0.0857	(0.0718)	0.1434	0.1610
3 銷貨毛利指標						
[A] 銷貨毛利增加率	(0.1196)	(0.2905)	0.1706	0.0780	(0.2093)	0.0969
[B] 銷貨收入增加率	(0.1402)	(0.1363)	0.1207	0.1336	(0.1368)	(0.0146)
[B]–[A] 銷貨毛利指標	(0.0205)	0.1542	(0.0499)	0.0556	0.0725	(0.1115)
4 銷管費用指標						
[A] 銷管費用增加率	0.1489	0.0920	0.1138	(0.1290)	(0.0753)	0.2739
[B] 銷貨收入增加率	(0.1402)	(0.1363)	0.1207	0.1336	(0.1368)	(0.0146)
[A]–[B] 銷管費用指標	0.2891	0.2282	(0.0069)	(0.2626)	0.0616	0.2885
5 應付帳款指標						
[A] 應付帳款增加率	(0.1684)	(0.1627)	0.0512	0.1199	0.1662	0.2491
[B] 銷貨收入增加率	(0.1402)	(0.1363)	0.1207	0.1336	(0.1368)	(0.0146)
[B]–[A] 應付帳款指標	0.0283	0.0264	0.0695	0.0136	(0.3030)	(0.2637)

整理：鉅豐財經資訊

　　至2015年第一季止，該公司五大盈餘品質指標之中，僅銷貨毛利指標小幅呈現正向展望，其餘四項盈餘品質指標均呈現負向展望，存貨指標連續兩季呈現負向展望，應收帳款指標則連續三季呈現負向展望。表面上看，存貨及應收帳款的提高，為造成該公司現金轉換循環天數拉長、盈餘

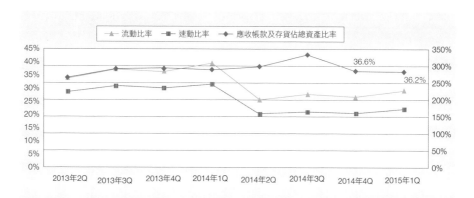

金山電短期營運指標（合併報表）

圖例：流動比率　速動比率　應收帳款及存貨佔總資產比率

橫軸：2013年2Q、2013年3Q、2013年4Q、2014年1Q、2014年2Q、2014年3Q、2014年4Q、2015年1Q

圖中標示：36.6%、36.2%

資料整理：鉅豐財經資訊

品質轉差的主要原因，是否真是如此？讓我們從該公司短期營運指標，檢視該公司應收帳款及存貨佔總資產比率的變化，即可知道答案。

事實上，該公司應收帳款及存貨合計數佔總資產比率，分別為36.6%、36.2%，均為上表中的低點，此顯示應收帳款及存貨合計數佔總資產比率並未提高，造成現金轉換循環天數拉長、盈餘品質轉差的主要原因並非來自應收帳款及存貨的提高，而是來自該公司營收成長動能的轉弱，導致該公司存貨周轉率下降，平均銷貨天數因而拉長。

該公司2014年累計營收年增率，自1至7月的高點9.61%，緩步遞減至1至12月的累計營收年增率5.4%，12個月平均營收趨勢線於2014年10月從走平趨勢，轉為連續下滑，至2015年6月仍未改變。該公司2015年1至3月累計營收年增率負2.41%，1至6月累計營收年增率負成長幅度擴大至負6.45%，單月營收年增率連續五個月負成長，顯示該公司營收成長動能仍在弱化之中，對該公司股價展望仍是負向警訊。

金山電各月營收圖表

單位：億元

年月	營業收入	月成長率 MoM(%)	去年同期單月營收	去年同期 YoY(%)	今年以來累計營收	去年同期累計營收	累計營收 YoY(%)
2015/06	2.4	−7.18%	2.6	−7.23%	14.5	15.4	−6.45%
2015/05	2.6	10.86%	2.8	−7.10%	12.0	12.8	−6.29%
2015/04	2.4	0.68%	2.8	−15.59%	9.4	10.0	−6.07%
2015/03	2.3	24.54%	2.6	−9.52%	7.1	7.2	−2.41%
2015/02	1.9	−34.52%	2.1	−10.23%	4.7	4.7	1.53%
2015/01	2.9	13.06%	2.6	11.05%	2.9	2.6	11.05%
2014/12	2.5	5.18%	2.5	0.73%	31.6	30.0	5.40%
2014/11	2.4	0.26%	2.6	−8.62%	29.1	27.5	5.82%
2014/10	2.4	−17.62%	2.6	−7.69%	26.7	24.9	7.35%
2014/09	2.9	0.07%	2.7	7.49%	24.3	22.3	9.11%
2014/08	2.9	−3.49%	2.7	7.61%	21.4	19.6	9.34%
2014/07	3.0	15.76%	2.6	16.04%	18.5	16.8	9.61%
2014/06	2.6	−7.05%	2.5	5.57%	15.4	14.2	8.44%
2014/05	2.8	0.73%	2.5	11.25%	12.8	11.8	9.04%
2014/04	2.8	7.91%	2.5	11.24%	10.0	9.3	8.44%
2014/03	2.6	23.58%	2.2	16.15%	7.2	6.7	7.40%
2014/02	2.1	−19.00%	1.8	18.66%	4.7	4.5	3.11%
2014/01	2.6	2.55%	2.8	−6.79%	2.6	2.8	−6.79%
2013/12	2.5	−4.59%	2.7	−7.24%	30.0	30.9	−2.77%
2013/11	2.6	1.29%	2.5	4.15%	27.5	28.2	−2.34%
2013/10	2.6	−4.07%	2.8	−6.38%	24.9	25.6	−2.98%
2013/09	2.7	0.18%	2.6	2.41%	22.3	22.9	−2.56%
2013/08	2.7	4.08%	2.6	2.81%	19.6	20.2	−3.22%
2013/07	2.6	5.31%	2.6	1.96%	16.8	17.6	−4.12%
2013/06	2.5	−2.05%	2.5	0.33%	14.2	15.0	−5.15%

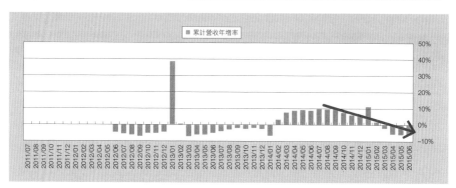

金山電合併營收累計年增率變動圖

資料整理：鉅豐財經資訊

金山電（8042）股價還原權息周K線圖

資料來源：XQ全球贏家

案例：F－金可（8406）

　　從上圖表清楚看到，該公司CCC天數除2014年第二季，曾小幅回落外，過去六季的維持明顯向上趨勢，主要原因為平均應收帳款收現天數連續升高，應收帳款收現天期持續拉長，很可能是下游產業轉淡，或企業本身之議價或產業競爭力轉差，是企業經營的負向警訊！對照該公司盈餘品

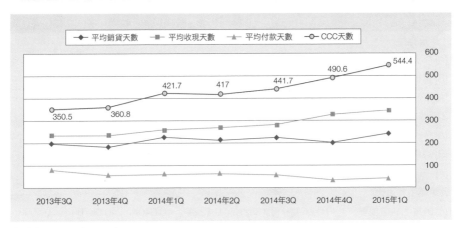

F–金可各季現金轉換循環明細圖表

資料整理：鉅豐財經資訊

質指標分析及資產負債表，可以從其他角度更深入了解造成現金周轉循環拉長的成因。

　　果不其然，從該公司盈餘品質指標發現，該公司存貨指標及應收帳款指標在六季之中表現均不佳，其中應收帳款指標甚至連續六季呈現負向展望。經查閱該公司資產負債表及現金流量表發現，應收帳款連續六季提高，應收帳款從2013年第三季的35.11億，提高至53.18億，增加51.5%，同期間單季營收則12.7億，增加至13.74億，增幅僅8.2%，應收帳款提高速度明顯高於營收增加幅度，此隱含下游市場需求正弱化之中，將影響企業營運現金流量的創造能力，對企業價值是嚴重的負面警訊。

　　該公司2014年累計營收年增率趨勢，自第一季的31.18%，下降至上半年的24.67%，至前三計累計營收年增率23.75%，全年下降至18.48%，營收雖仍成長，但呈現逐季下降，顯示該公司營收成長動能從2014年第二季起，即已逐季弱化。2015年上半年累計營收年增率進一步下降至1.2%，該公司營收成長動能弱化趨勢仍未改變，對該公司股價展望仍是負向警訊。

F–金可五大盈餘品質指標（合併報表）

指標／期別	104.1Q	103.4Q	103.3Q	103.2Q	103.1Q	102.4Q
1 存貨指標						
[A] 存貨增加率	0.0457	(0.0333)	0.0329	0.1683	0.1505	0.1755
[B] 銷貨收入增加率	(0.0775)	(0.0483)	0.1070	0.0651	0.0319	0.0946
[A]–[B] 存貨指標	0.1232	0.0151	(0.0741)	0.1031	0.1186	0.0809
2 應收帳款指標						
[A] 應收帳款增加率	0.0272	0.0832	0.1880	0.1508	0.1665	0.0998
[B] 銷貨收入增加率	(0.0775)	(0.0483)	0.1070	0.0651	0.0319	0.0946
[A]–[B] 應收帳款指標	0.1048	0.1316	0.0810	0.0857	0.1345	0.0052
3 銷貨毛利指標						
[A] 銷貨毛利增加率	(0.0439)	(0.1352)	0.1221	0.0404	0.0678	0.0277
[B] 銷貨收入增加率	(0.0775)	(0.0483)	0.1070	0.0651	0.0319	0.0946
[B]–[A] 銷貨毛利指標	(0.0337)	0.0868	(0.0151)	0.0247	(0.0359)	0.0669
4 銷管費用指標						
[A] 銷管費用增加率	(0.0674)	0.0024	0.1155	(0.0810)	0.1074	0.1638
[B] 銷貨收入增加率	(0.0775)	(0.0483)	0.1070	0.0651	0.0319	0.0946
[A]–[B] 銷管費用指標	0.0101	0.0507	0.0085	(0.1461)	0.0754	0.0693
5 應付帳款指標						
[A] 應付帳款增加率	0.1452	(0.4484)	(0.3206)	0.3974	(0.0069)	(0.2048)
[B] 銷貨收入增加率	(0.0775)	(0.0483)	0.1070	0.0651	0.0319	0.0946
[B]–[A] 應付帳款指標	(0.2227)	0.4000	0.4276	(0.3322)	0.0389	0.2994

資料整理：鉅豐財經資訊

　　從該公司的CCC天數拉長所帶出來的訊息，並透過營收變化分析，可以更清楚透析公司的最新營運及未來可能變化。對無法透過財務資訊深入解析公司營運邏輯的半調子大師而言，財務報表是「後照鏡」，但對筆者而言，財務資訊及經過適當解讀後的資訊，卻是股票投資一路安全保證、不可或缺的「廣角鏡」！財務資訊也不會因為使用者的無知而失去其在股票投資上的實用價值。

F–金可各月營收圖表

單位：億元

年月	營業收入	月成長率 MoM(%)	去年同期單月營收	去年同期 YoY(%)	今年以來累計營收	去年同期累計營收	累計營收 YoY(%)
2015/06	4.4	−17.64%	4.8	−7.03%	28.4	28.0	1.20%
2015/05	5.4	12.94%	5.0	7.02%	23.9	23.3	2.89%
2015/04	4.8	−7.52%	4.6	3.07%	18.5	18.2	1.74%
2015/03	5.2	30.20%	5.0	2.50%	13.7	13.6	0.90%
2015/02	4.0	−12.59%	4.0	−1.66%	8.5	8.5	−0.05%
2015/01	4.5	−8.46%	4.5	1.40%	4.5	4.5	1.40%
2014/12	5.0	3.58%	4.5	10.95%	57.8	48.8	18.48%
2014/11	4.8	6.65%	4.5	7.68%	52.8	43.7	20.95%
2014/10	4.5	−14.86%	4.0	11.11%	48.0	39.2	22.45%
2014/09	5.3	−0.83%	4.3	22.31%	43.6	35.2	23.75%
2014/08	5.3	8.37%	4.3	23.53%	38.3	30.9	23.95%
2014/07	4.9	2.64%	4.1	20.44%	33.0	26.6	24.02%
2014/06	4.8	−5.19%	3.8	24.64%	28.0	22.5	24.67%
2014/05	5.0	8.77%	4.2	20.45%	23.3	18.7	24.67%
2014/04	4.6	−8.03%	4.1	12.64%	18.2	14.5	25.90%
2014/03	5.0	24.92%	4.2	18.73%	13.6	10.3	31.18%
2014/02	4.0	−9.88%	2.6	52.72%	8.5	6.1	39.86%
2014/01	4.5	0.16%	3.4	29.99%	4.5	3.4	29.99%
2013/12	4.5	0.52%	4.1	9.60%	48.8	38.1	28.19%
2013/11	4.5	10.05%	3.4	31.50%	43.7	34.0	28.58%
2013/10	4.0	−6.29%	2.7	48.71%	39.2	30.6	28.26%
2013/09	4.3	0.16%	3.6	18.89%	35.2	27.9	26.26%
2013/08	4.3	5.66%	3.1	36.88%	30.9	24.2	27.37%
2013/07	4.1	6.22%	3.2	28.53%	26.6	21.1	25.95%
2013/06	3.8	−8.38%	2.7	40.90%	22.5	17.9	25.49%

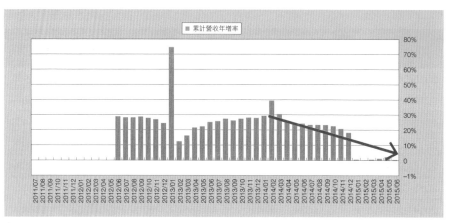

F–金可合併營收累計年增率變動圖

資料整理：鉅豐財經資訊

F–金可（8406）股價還原權息周K線圖

資料來源：XQ全球贏家

綜合分析與評價

股東權益報酬率三大面向的邏輯分析

在本書中已不止一次闡述股東權益報酬率分析對投資一家公司股票的重要性。而股東權益報酬率在股票投資的實務應用分析上，其重點並不是只在股東權益報酬率絕對數字的高低，更重要的乃在其趨勢變化的細心觀察。除此之外，為讓證券投資財務分析脫離只是股票投資分析的「後照鏡」命運，配合前已述及的現金流量表三大活動相互間關係的邏輯分析，可以讓經過整合、分析的財務資訊，更具前瞻性，並在股票相對價值評價上，更具投資決策參考價值。

形成股東權益報酬率變動趨勢的三大面向，分別代表影響股東權益變動趨勢的不同驅動原因，而其彼此之間也存在交互影響的邏輯關聯性。透過細部邏輯關聯分析，投資人可以了解自己買進的公司是屬於何種類型的公司，以利財務資訊的追蹤分析，配合現金流量表三大活動帶動的資金流動，更能展望公司未來營運可能的變化，以利領先布局，並在市場普遍遲

股東權益報酬率細部邏輯分析與主要公司類型

公司類型	ROE	純益率	總資產週轉率	權益乘數
A. 積極型高成長（最佳一）	向上	趨勢向上	趨勢向上	提高
B. 穩健型高成長（最佳二）	向上	趨勢向上	趨勢向上	降低
C. 獲利好轉（次佳）	向上	趨勢向上	趨勢平平	提高
D. 短期獲利好轉長期有隱憂	向上	趨勢向上	趨勢向下	提高
E. 獲利平穩但成熟型公司	平平	趨勢緩下	趨勢向上	平平
F. 獲利轉差公司	向下	趨勢緩下	平平	平平
G. 經營可能陷入困境	向下	趨勢向下	趨勢向下	提高

疑之際增強投資決策信心。

　　上面的分類尚無法將所有公司含括進來，但讀者必須明瞭財務分析的精髓在邏輯思考與方法的學習，只要能活用嚴謹的邏輯思考推理，都可以對自己有興趣之公司的股東權益報酬率做細部邏輯分析，並找出其大致上的歸類。以下僅就上表中分類，分別說明如下：

A類型公司

　　此類公司的股東權益報酬率向上趨勢最為明顯。該公司不僅代表獲利能力指標的純益率趨勢上升，代表公司內部管理營運效率的總資產週轉率趨勢也同時上升。不僅如此，公司經營者為加強其營運成長動能，甚至引進更多的外部融資性資金（舉債、銀行借款、向股東募資等），以加速公司營運規模的擴張。此類型公司類似本書前述「現金流量表邏輯分析與公司類型分類表」中之「B」類型公司，代表營運成長且積極進行投資型公司。

　　一般而言，因公司獲利成長，經營者又積極進行投資擴充營運規模，此類公司的股票價格常常最具上漲爆發力，但卻也潛存較高的營運變動及財務風險，投資人在進行投資之前，一定要對該公司的盈餘品質、現金流量與會計盈餘差異分析、長期投資項目之透明度等項目，進行深入的剖析。在確認公司的財務資訊無虞之後，才進行買進股票的動作是比較穩健的作法。

B類型公司

　　此類公司的股東權益報酬率趨勢也是處於向上階段，但力道不若A類型公司。該公司代表獲利能力指標的純益率，及代表公司內部管理營運效率的總資產週轉率，兩者趨勢也是同時上升。但是，公司經營者為保持公司財務結構的穩健，寧可將公司部分的現金流入用於清償公司負債，因此，公司的權益乘數呈現下降趨勢。在拓展公司營運規模的企圖上，此類公司採取穩紮穩打的營運策略，採取業務擴充，同時兼顧公司務穩健發展

的經營針。

一般而言，因公司獲利相對穩健，且財務結構日益紮實，此類公司的股票價格頗具長期緩步上漲潛力，但卻較A類型公司的營運變動及財務風險為低。此類型公司類似本書前述「現金流量表邏輯分析與公司類型分類表」中之「A」類型公司，代表營運成長且財務穩健型公司。

C類型公司

此類公司的股東權益報酬率趨勢也是處於向上階段，但上升力道同樣不若A類型公司。該公司代表獲利能力指標的純益率處於向上趨勢，但代表公司內部管理營運效率的總資產週轉率卻出現停頓不前，兩者趨勢並不完全一致。會產生此種情況的原因，乃因公司營運獲利性改善的同時，公司的內部營運管理效率卻無法同時提升，例如資訊自動化不足、員工平均生產力停頓等原因。但是，公司經營者為進一步拉升其營運成長動能，仍採取引進更多的外部融資性資金（舉債、銀行借款、向股東募資等）策略，以加速公司營運規模的擴張，這使公司的權益乘數自然提高。此類型公司若是能改善其內部營運管理效率，就有點像本書前述「現金流量表邏輯分析與公司類型分類表」中之「B」類型公司，代表營運成長且積極進行投資型公司；但若遲遲無法改善其內部營運管理效率，就有可能淪為以下所述之D類型公司，將對股票價值造成極大的壓抑作用。

一般而言，因公司獲利持續好轉中，此類公司的股票價格仍具上漲潛力，但其動能卻較A及B類型公司明顯較弱，且若投資人發現該公司三項獲利性指標（毛利率、營業利益率、純益率）出現停頓不前、或下滑，往往就是股票價格迅速下跌的開始，投資人不可不慎。

D類型公司

此類公司的股東權益報酬率趨勢也是處於向上階段，但上升力道同樣不若A類型公司。代表公司獲利能力指標的純益率處於向上趨勢（毛利率及營業利益率未必上升），但代表公司內部管理營運效率的總資產週轉率

卻出現下滑，兩者趨勢並不同調。而公司經營者為維持公司營運規模或市場佔有率，卻仍執意對外進行融資或向股東募資，這使公司的權益乘數自然上升，公司財務結構轉弱。

會產生此種情況的原因，乃因公司整體營運獲利性改善的同時（極可能是營業外收益的短期性增加），公司的內部營運管理效率卻下滑，例如資源浪費、人事冗員擴增無度等原因，最常見的是本業毛利率或營業利益率下滑，但因營業外收益的挹注，使公司的純益率仍上升。而公司的總資產週轉率卻因資產的膨賬或營收停頓不前而下滑，此時，若出現來自營運活動現金流量持續為負數時，往往對未來股價價格大幅下跌，埋下可能隨時點燃的引信。

一般而言，因公司短期獲利好轉，長期卻有隱憂，此類公司的股票價格充滿不確定風險，其投資風險已明顯較前面三類型公司為高。此類型公司類似本書前述「現金流量表邏輯分析與公司類型分類表」中之「C」類型公司，代表本業營運趨緩，但卻積極進行投資類型公司。

E 類型公司

此類公司的股東權益報酬率趨勢並無太大變動。代表公司獲利能力指標的純益率處於緩緩下降趨勢（主要為毛利率、營業利益率下降），但代表公司內部管理營運效率的總資產週轉率卻出現上升，兩者趨勢並不同調。而公司經營者對外部融資或向股東募資，態度轉為保守謹慎，這使公司的權益乘數變動不大，公司財務結構也沒有太大變動。

會產生此種情況的原因，主乃因公司所處產業已進入成熟期。在大量生產及市場完全競爭下，本業的毛利率及營業利益率長期緩緩下滑後，呈現低檔盤整局面；但是公司的內部營運管理效率卻因公司制度的完善，使資源運用效率提高，總資產週轉率的改善彌補了純益率下降對股東權益報酬率所造成的負面影響；而因本業已趨成熟，除非公司進行同業購併或上下游結盟，否則，公司不輕易對外融資、舉債或向股東募資。

　　一般而言，因公司雖獲利穩定，卻屬於成熟型產業，此類公司的股票價格波動較小，其投資風險及投資預期報酬率高低純粹由買進價格所決定；投資風險與買進價格高低呈現同比方向，預期報酬率則與買進價格呈現反方向變動。因此，投資此類型公司的投資人，在買進價格上，一定要有高度耐心與堅持，股票未出現便宜價格之前，千萬不要輕易出手買進。

F類型公司

　　此類公司的股東權益報酬率趨勢已轉為下滑。代表公司獲利能力指標的純益率處於緩緩下降趨勢（三大獲利性指標，毛利率、營業利益率、純益率都可能已下降中），代表公司內部管理營運效率的總資產週轉率也無法有效提升。而公司經營者對外部融資或向股東募資，態度保守謹慎，這使公司的權益乘數變動不大，公司財務結構短期沒有太大變動，但資金調度壓力卻持續增加。

　　會產生此種情況的原因，主乃因公司所處產業已走過高原期，甚至已開始進入初步衰退期。在大量生產及市場完全競爭下，本業的毛利率及營業利益率長期緩緩下滑後，始終未見谷底回升跡象；但此同時，公司的內部營運管理效率卻因市場日趨不振，使資源運用效率無法有效進一步提高，總資產週轉率無法拉高以彌補了純益率下降對股東權益報酬率所造成的負面影響；而因本業競爭環竟日趨嚴峻，公司經營者不敢輕易對外融資、舉債或向股東募資。

　　一般而言，因公司的獲利正轉差之中，此類公司的股票價格展望，長期看跌，其投資風險不言可喻。這類公司除非有下列兩種價值，否則，投資人都不應輕易出手買進。兩種價值是：第一，公司淨資產的變現價值高於股票市價，即總資產的變現價值扣掉公司負債後的餘額，此餘額除以該公司股票發行流通在外的股數，若明顯高於股票市價（高出的比例稱為安全邊際），且投資人認定該公司清算資產的可能性極高。第二，該公司在該產業供應鏈中，具有潛在的被購併價值，且大型同業正持續進行購併

中。此類公司若無此兩種價值，則其股價的前途將是十分令人擔憂的。

G類型公司

　　此類公司的股東權益報酬率趨勢早已轉為下滑。代表公司獲利能力指標的純益率也處於下降趨勢，代表公司內部管理營運效率的總資產週轉率也同步下降。而公司因本業營運轉劣，來自營運活動現金流量大幅呈現負數，使得資金缺口不斷擴大，經營者不得不透過外部融資或向股東募資方式，取得公司周轉金，同時可能進行公司的投資縮編動作。而公司的權益乘數則明顯提高。

　　會產生此種情況的原因，除因公司所處產業已開始進入初步衰退期外，公司經營策略錯誤更是加速削弱公司於產業中競爭力的主因。投資縮編、變賣資產、對外融資（募資）、舉債等動作，成為公司救亡圖存的必要措施。

　　一般而言，因公司營運極可能陷入困境，此類公司的股票價格展望，長期看跌，其投資風險已難以形容。除非公司的經營策略徹底檢討、改善並產生實際改變，否則，短期股價的反彈，都可能是另一次下跌的開始。

案例：為升（2231）

　　該公司股東權益報酬率自2012年至2014年，連續三年的股東權益報酬率向上。在構成股東權益報酬率之三大面向之中，以代表企業獲利能力的純益率向上趨勢最為明顯，從2011年的12.1%上升至2014年的34.6%，顯示該公司獲利能利逐年明顯轉強。代表企業內部管理營運效率的總資產週轉率，從2011年的75%上升至2014年的97%，尤其2012年上升相當明顯。代表企業財務結構穩健性的權益乘數，2011年為1.31倍，2014年仍為1.31倍，但明顯較2008年的1.8倍下降，該公司至2014年底之自有資本比率達81.2%，顯示公司財務結構相當保守穩健。

為升股東權益報酬率細部分析（合併–年）

註：2015年採近四季數據作為年度數據

資料整理：鉅豐財經資訊

為升合併營收累計年增率變動圖

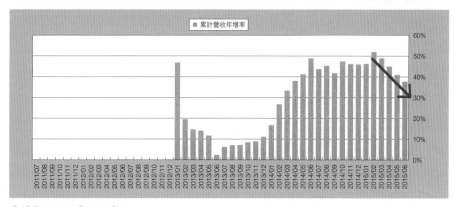

資料整理：鉅豐財經資訊

　　從該公司股東權益報酬率之細部邏輯分析，可以發現該公司為股東權益報酬率分類表中的B類型公司，即穩健型的高成長公司。

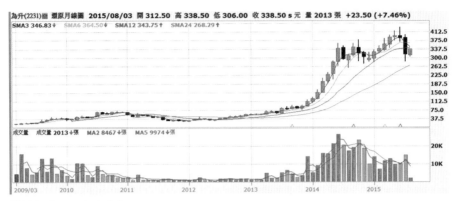

資料來源：XQ全球贏家

　　該公司2014年營收成長率46.08%，2015年1至3月累計營收年增率48.69%，至第一季止，營收成長動能仍保持強勢成長，但1至6月累計營收年增率下降至37.61%，且低於2014年的營收年增率46.08%，營收成長動能出現轉弱危機，累計營收年增率下降趨勢若不變，將造成股價的回檔壓力。

案例：豐泰（9910）

　　該公司股東權益報酬率自2012年至2014年，連續三年的股東權益報酬率向上。在構成股東權益報酬率之三大面向之中，以代表企業獲利能力的純益率，及代表企業內部管理營運效率的總資產週轉率同步向上，顯示該公司不僅獲利能利逐年轉強，內部管理營運效率亦提高。代表企業財務結構穩健性的權益乘數，2011年為1.97倍，2014年仍為1.98倍，變動不大，顯示公司財務結構相當保守。

　　從該公司年度的股東權益報酬率之細部邏輯分析，可以發現該公司為股東權益報酬率分類表中的B類型公司，即穩健型的高成長公司。

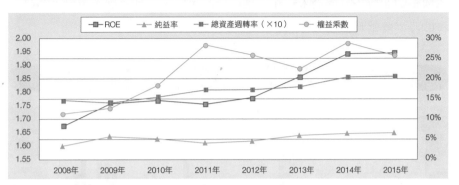

豐泰股東權益報酬率細部分析（合併－年）

資料整理：鉅豐財經資訊

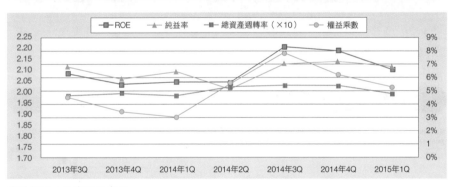

豐泰股東權益報酬率細部分析（合併－季）

資料整理：鉅豐財經資訊

　　然而，從單季的股東權益報酬率之細部邏輯分析，可以發現該公司單季股東權益報酬率在2014年第四季及2015年第一季出現回落，是否為短期現象，仍待時間證明，但投資者看到此一現象，應高度警戒可能是營運出現轉折的重要訊號。

　　該公司2014年營收成長率22.8%，2015年1至3月累計營收年增率20.44%，營收年增率雖維持正成長，但成長動能出現趨緩危機，1至6月

累計營收年增率下降至18.15%，且低於2014年的營收年增率22.8%，營收成長動能轉弱危機仍未解除，累計營收年增率下降趨勢若不變，對高漲後的股價展望將是負向警訊。

豐泰合併營收累計年增率變動圖

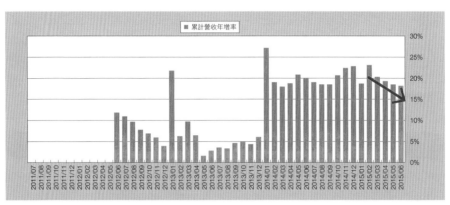

資料整理：鉅豐財經資訊

豐泰（9910）股價還原權息月K線圖

資料來源：XQ全球贏家

案例：瑞儀（6176）

　　該公司股東權益報酬率自2013年至2015年，連續三年的股東權益報酬率下降。在構成股東權益報酬率之三大面向之中，以代表企業獲利能力的純益率，在2015年第一季開始，連續兩季快速下降，從2014年第四季的9.2%，下降至2015年第二季的0.2%，顯示企業獲利能力極可能已轉弱。

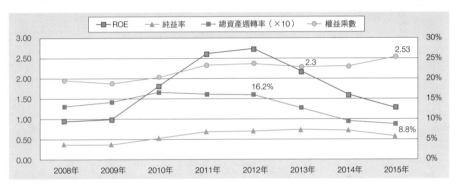

瑞儀股東權益報酬率細部分析（合併－年）

資料整理：鉅豐財經資訊

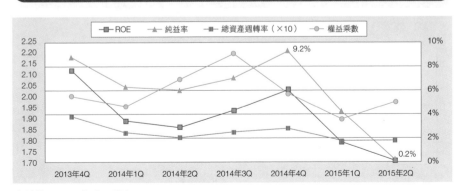

瑞儀股東權益報酬率細部分析（合併－季）

資料整理：鉅豐財經資訊

代表企業內部管理營運效率的總資產週轉率，自2013年開始下降，從2012年的16.2%，下降至2015年的8.8%，顯示該公司不僅獲利能利轉弱，內部管理營運效率亦弱化之中。代表企業財務結構穩健性的權益乘數，2013年為2.3倍，2015年（2014年第三季至2015年第二季），因第二季為股利宣告期，權益乘數上升至2.53倍，顯示公司財務結構亦出現轉弱徵兆。

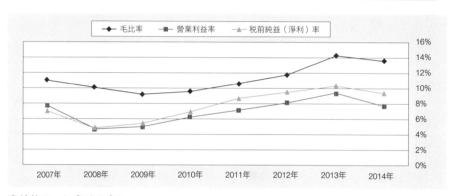

資料整理：鉅豐財經資訊

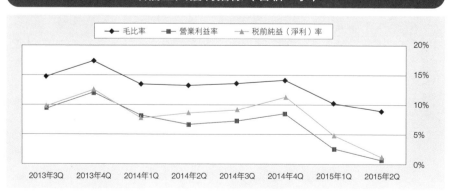

資料整理：鉅豐財經資訊

從該公司的股東權益報酬率之細部邏輯分析，可以發現該公司股東權益報酬率近似分類表中的G類型公司，即經營可能陷入階段性困境的公司。

從三大獲利指標，該公司獲利指標自2014年出現由高峰轉折回落，至2015年前二季更為明顯，下降幅度快速擴大，此對股票價格將造成很大的下跌壓力，此時若營收成長動能同時處於弱勢，則股價將很難擺脫空頭走勢。

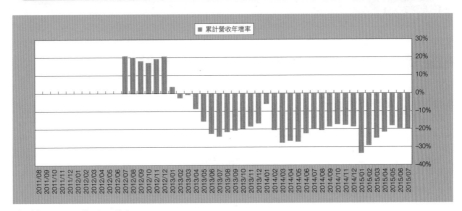

瑞儀合併營收累計年增率變動圖

資料整理：鉅豐財經資訊

該公司2013年營收年增率負17.01%、2014年營收年增率負19.01%，營收連續兩年衰退。2015年1至3月累計營收年增率負25.18%，1至6月累計營收年增率負20.05%，營收年增率仍未脫離負成長，12月平均營收趨勢線持續下滑，顯示長期營收動能尚未由衰退趨勢之中扭轉過來，對股價展望持續為負向警訊。

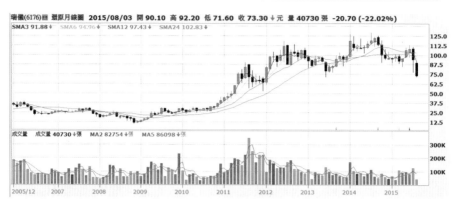

瑞儀(6176)█ 還原月線圖 2015/08/03 開 90.10 高 92.20 低 71.60 收 73.30 ↓元 量 40730張 -20.70 (-22.02%)

SMA3 91.88 ↓ SMA6 94.96 ↓ SMA12 97.43 ↓ SMA24 102.83 ↓

成交量 成交量 40730 ↓張   MA2 82754 ↓張   MA5 86098 ↓張

資料來源：XQ全球贏家

ROE與P／B比綜合評價法之程序與重點

綜合評價法的評價程序

$$ROE = \frac{稅後純益}{股東權益淨額}$$

程序一：評價前的財務資訊解析

（1）資產負債表分析：分母部分

A. 自有資本比率與權益乘數趨勢分析。

B. 流動比率與速動比率趨勢與差異分析。

C. 股本形成過程與比率分析。

D. 長期投資透明度及佔總資產比率分析。

E. 各類長短期投資的評價。

（2）三大財務報表綜合分析：分母部分

A. 營業收入變動趨勢分析。

B. 三大獲利性指標趨勢分析。

C. 營業外收支的穩定度分析。

D. 會計盈餘與來自營運活動現金流量差異分析。

E. 現金流量表三大動邏輯關聯性分析。

F. 會計盈餘品質指標檢驗。

G. 現金轉換循環的細部趨勢分析。

（3）員工分紅佔稅後盈餘之比例高低：分子部分

任何給予員工或非按持股比例發放給非原來股東的給付（含配股、現金、認股權等），都應以評價時之市價總值，列為公司費用，自公司的稅後純益中扣除。臺灣自2008年起已將此部分由原以盈餘分配方式，改列為公司費用，以跟國際通用會計準則接軌。

程序二：公司類型及財務資訊的期間選擇要領

（1）景氣波動循環明顯的公司：ROE選擇期間要含完整的景氣波動期。

（2）獲利穩定但缺乏成長性公司：期間拉長外，應有適當安全邊際。

（3）獲利穩定且持續成長公司：獲利成長率多寡決定風險溢酬高低（k2）。

（4）短期具題材性獲利高成長公司：獲利成長率多寡決定風險溢酬高低（k2），但當k2小於零（股價在風險偏好線之上），價值型投資者應站在持股的賣方。

（5）轉機及資產類型公司：除非能充分了解公司的轉機確定性高低，或公司淨資產的變現價值，否則，千萬不要隨便丟掉評價的基本程序與要領。也就是說，這種公司的股票並非專研財務分析領域的投資者的優先考慮標的。

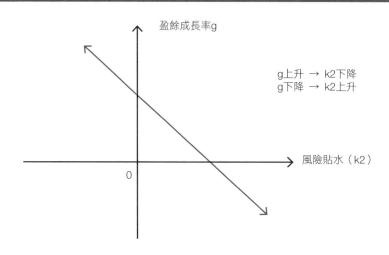

公司盈餘成長與風險貼水的關係圖

盈餘成長率g

g上升 → k2下降
g下降 → k2上升

風險貼水（k2）

0

研判無風險利率的相對高低及長期可能變動方向

影響無風險利率之主要因子：

（1）經濟景氣的強弱：一般而言，當經濟景氣越強，無風險利率越高；反之，則越低。

經濟景氣溫度與無風險利率關係圖

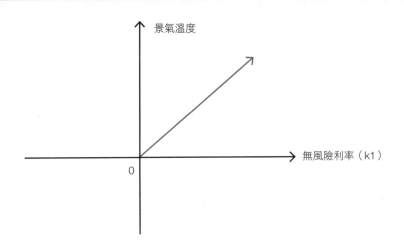

（2）通貨膨脹率高低：一般而言，當通貨膨脹率越高，央行為抑制通膨緊縮，無風險利率越高；反之，則越低。

通貨膨脹率與無風險利率關係圖

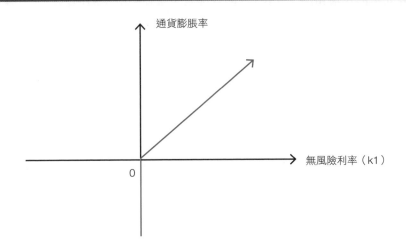

（3）央行貨幣政策的緊鬆：一般而言，當經濟景氣轉熱、通貨膨脹壓力升高之際，央行貨幣政策將轉為趨緊，無風險利率升高；反之，則下降。

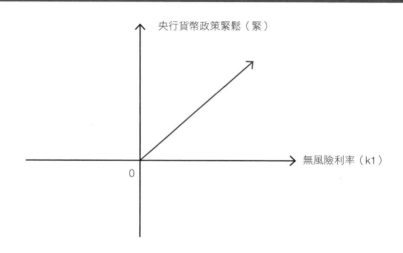

央行貨幣政策緊鬆與無風險利率關係圖

央行貨幣政策緊鬆（緊）

無風險利率（k1）

0

計算要求的預期報酬率（K），即外部股東權益報酬率的高低

$$\frac{會計財報\,ROE}{P/B} = K = 外部股東權益報酬率$$

P：股票市價　　B：每股淨值

股價越高 ➡ K越低 ➡ 若k1不變 ➡ k2越低 ➡ 風險溢酬越低 ➡ 投資風險越高

股價越低 ➡ K越高 ➡ 若k1不變 ➡ k2越高 ➡ 風險溢酬越高 ➡ 投資風險越高

計算員工分紅（含董監事酬勞）及相關與股權聯結的認股權證總市值佔稅後純益的比率

　　員工分紅配股（含認股權）自2008年開始以配股基準日之市價轉列公司營業費用，台股上、市櫃公司實施員工分紅配股的情況已大幅降低，其對外部股東權益之稀釋效應已大幅降低。

外部股東權益報酬率（K）案例

　　下表為2011年至2014年，連續四年股東權益報酬率大於20%，且2015年第一季獲利年增率持續成長、2015年上半年營業收入年增率維持正成長的公司。

2011～2014年股東權益報酬率均大於20%的公司

股票名稱	收盤＝P（元）(8/14/2015)	每股淨值＝B（元）（2015年Q2）	2014年Q3至2015年Q2之股東權益報酬率(%)=ROE	2015年上半年稅後淨利年成長率(YoY)(%)	2014年Q3至2015年Q2合計EPS（元）	股價淨值比(P/B)	過去四季獲利之外部股東權益報酬率(%)=K=ROE/(P/B)	營運活動現金流量佔稅後淨利比率（%）	自由現金流量佔稅後淨利比率（%）
3008 大立光	2960	361.27	53.7	37.34	163.62	8.19	6.55%	112.47	74.64
3558 神準	232.5	43.34	35.7	34.64	14.59	5.36	6.65%	159.23	124.47
1476 儒鴻	487.5	34.53	41.9	38.88	13.33	14.12	2.97%	100.58	34.86
2330 台積電	126	41.13	32.4	47.34	12.13	3.06	10.58%	172.94	57.95
1477 聚陽	263	38.99	30.6	28.74	10.38	6.75	4.54%	107.61	37.23
6286 立錡	158	45.98	23.5	7.16	10.42	3.44	6.84%	109.96	83.66
2395 研華	229.5	32.91	25.2	7.36	8.07	6.97	3.61%	113.21	77.01
1707 葡萄王	181	21.93	32.6	17.68	7.83	8.25	3.95%	131.94	86.75

註：現金流量統計期間為2007年至2014年

資料來源：Money DJ　　資料整理：鉅豐財經資訊

案例：大立光（3008）

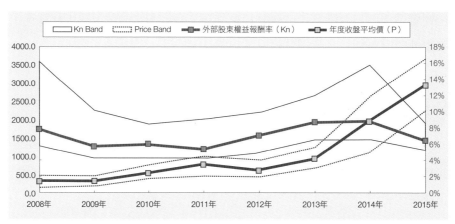

大立光投資風險圖

註：2015年度收盤平均價為2015年8月14日收盤價。2015年股東權益報酬率以2014年第三
　　季至2015年第二季為期間。

　　該公司股東權益報酬率雖自2013年明顯上升，2014年攀至新高，但
隨著股價上漲，該公司股價淨值比（PBR）亦同步大幅提高，2015年並
創新高。

$$外部股東權益報酬率（Kn）＝\frac{會計財報ROE}{P/B}$$

P：股票市價　　B：每股淨值

　　由於股價上漲，導致股價淨值比上升，外部股東權益報酬率在2014
年雖仍因會計財報股東權益報酬率創新高而小幅上升，但隨著2015年股
東權益報酬率無法大幅上升或停滯，而股價繼續上漲導致股價淨值比，上
升至歷史新高，2015年外部股東權益報酬率已開始出現高檔轉折下降危

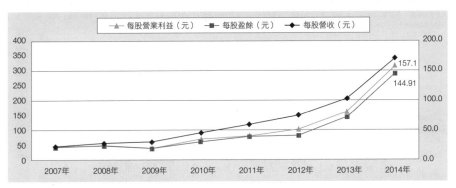

資料整理：鉅豐財經資訊

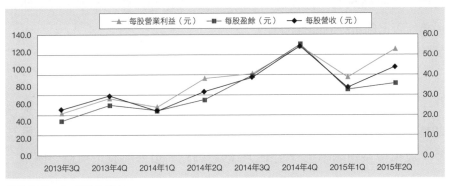

資料整理：鉅豐財經資訊

機，這對該公司股票投資者而言，是負向警訊。

2014年每股稅後純益144.91元，年成長率102.27%，每股營業利益157.1元，年成長率95.4%；2015年上半年每股稅後純益68.82元，年成長率37.33%，每股營業利益91.63元，年成長率47.39%。無論每股稅後純益、每股營業利益，年成長率均低於2014年的水準。

大立光（3008）股價月K線圖

大立光(3008)　月線圖　2015/08/03　開 3170.00　高 3175.00　低 2700.00　收 2960.00 s 元　量 13203 張　-245.00 (-7.64%)
SMA3 3230.00↓　SMA6 3147.50↑　SMA12 2775.00↑　SMA24 2189.38↑

成交量　成交量 13203↓張　MA2 17074↑張　MA5 15078↓張

資料來源：XQ全球贏家

　　該公司2015年1至7月的累計營收年增率45.54%，亦低於2014年的營收年增率66.99%，營收成長動能是否能超越2014年的水準，將是決定股價能否續創新高的關鍵因素。

案例：神準（3558）

　　該公司在2013年12月30日甫上市，股東權益報酬率從2011年至2015年，已連續第5年大於20%，2015年（2014年第三季至2015年第二季）股東權益報酬率上升至35.7%的最高點，但外部股東權益報酬率，卻從2014年的8.11%，下降至2015年的6.65%，主因乃其股價上漲，導致股價淨值比跟著上升，從2014年的3.71倍，上升至5.36倍，幅度接近44.5%，股價淨值比上升幅度高於股東權益報酬率成長的幅度。

　　2015年上半年每股稅後淨利7.85元，較2014同期的5.91元，每股稅後淨利成長幅度為32.83%，亦低於股價淨值比的上升幅度。2015年下半年的獲利成長幅度若無法向上拉高，則以2015年5.36倍的股價淨值比而言，其股票投資風險已明顯高於2014年。

神準投資風險圖

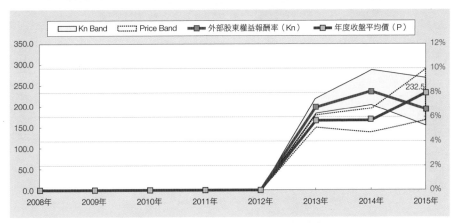

<table>
<tr><td>Kn Band</td><td>Price Band</td><td>外部股東權益報酬率（Kn）</td><td>年度收盤平均價（P）</td></tr>
</table>

註：2015年度收盤平均價為2015年8月11日收盤價。2015年股東權益報酬率以2014年第三季至2015年第二季為期間。

　　該公司2015年1至7月的累計營收年增率28.97%，仍高於2014年的營收年增率24.29%，營收成長動能仍維持強勢，這也是除2015年股東權益報酬率創新高之外，另一個支撐其股價淨值比維持在高檔的重要原因。

神準每股營收及獲利性指標（合併－年）

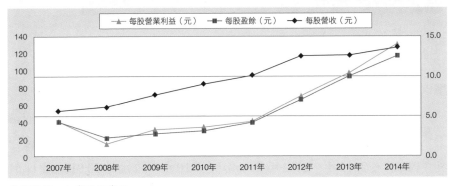

每股營業利益（元）　每股盈餘（元）　每股營收（元）

資料整理：鉅豐財經資訊

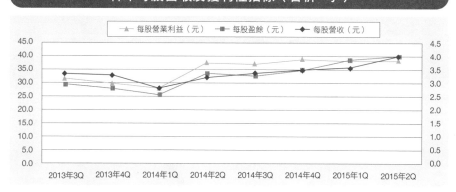

神準每股營收及獲利性指標（合併－季）

資料整理：鉅豐財經資訊

神準（3558）股價月K線圖

資料來源：XQ全球贏家

案例：儒鴻（1476）

　　該公司股東權益報酬率自2010年上升至22.%之後，至2015年已連續第六年均在20%以上，2012年開始，更連續四年高於30%。每股稅後淨利（EPS）在2013年、2014年更一舉突破10元，分別達10.91元及11.51元，股價長期快速上漲，無論本益比及股價淨值比均明顯提高。

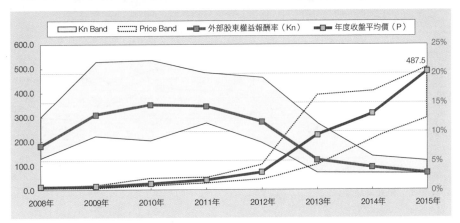

儒鴻投資風險圖

註：2015年度收盤平均價為2015年8月14日收盤價。2015年股東權益報酬率以2014年第三
　　季至2015年第二季為期間。

　　該公司年度平均股價在2013年首度突破百元大關，達228.26元，
股價淨值比從前一年度的2.75倍，上升至7.06倍，外部股東權益報酬率
（kn）從11.7%隨之下降至5.25%，無風險利率指標（k1）、2013年度美國
10年期公債年度平均殖利率約2.5%，高於2012年度的1.8%，2012年度儒

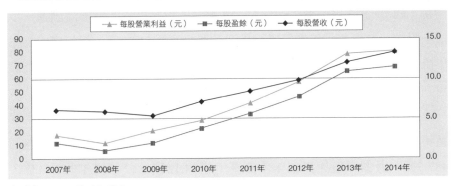

儒鴻每股營收及獲利性指標（合併－年）

資料整理：鉅豐財經資訊

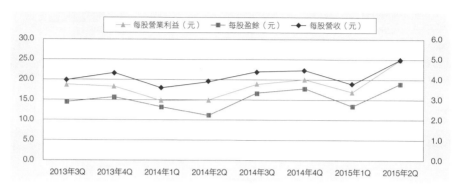

每股營業利益（元）　　每股盈餘（元）　　每股營收（元）

| | 2013年3Q | 2013年4Q | 2014年1Q | 2014年2Q | 2014年3Q | 2014年4Q | 2015年1Q | 2015年2Q |

資料整理：鉅豐財經資訊

鴻股票投資者的風險溢酬（k2），即11.7%減1.8%，達9.9%，但因股價上漲，2013年的風險溢酬隨之下降至2.75%，相較於無險利率僅2.5%，外部股東權益報酬率5.25%、當年度每股稅後淨利成長率達40.8%的儒鴻股票投資者，顯然仍是理性的投資者。

2014年，該公司股價繼續上漲，年度平均收盤價達313.72元，股價淨值比進一步攀高至8.64倍，但股東權益報酬率從前一年度的37.1%，小幅下降至34.1%，外部股東權益報酬率跟著下降至3.95%。2014年度美國10年期公債年度平均殖利率約2.5%，2014年度的儒鴻股票投資者的風險溢酬（k2），即3.95%減2.5%，成為1.45%，股票投資的風險溢酬進一步遭到壓縮。該公司當年度每股稅後淨利雖仍高達11.51元，但年度成長率下降至僅5.5%，在全球低利率氾濫資金無處宣洩的環境中，投資者仍願意在風險溢酬僅1.45%的情況下，進場買進該公司股票。

2015年，以2014年第三季至2015年第二季的稅後淨利計算的股東權益報酬率進一步上升至41.9%，股價續創新高，至2015年8月14日收盤價487.5元，股價淨值比再創年度新高，達14.12倍，較2014年的8.64倍，

提高63.43%，外部股東權益報酬率下降至僅2.97%，2015年度前7月，美國10年期公債平均殖利率約2.2%，2015年度儒鴻股票投資者的風險溢酬（k2），即2.97%減2.2%後，成為0.77%，若2015年度股東權益報酬率維持在41.9%，當股價超過657元，股票投資的風險溢酬將成為負報酬，持續追價買進股票的投資者，將成為不理性的風險偏好者，投資風險不言可喻。

2015年上半年每股稅後淨利6.48元，較2014同期的4.84元，每股稅後淨利成長33.88%；每股營業利益8.3元，較2014年同期成長40.2%。該公司2015年1至7月累計營收年增率26.15%，高於2014年的14.9%，表現不俗，若稅後淨利可以反應營收的成長，持續拉高股東權益報酬率，股價或仍有表現空間，但股價淨值比上升幅度高於公司獲利成長水準，股票投資風險正提高之中。

儒鴻（1476）股價月K線圖

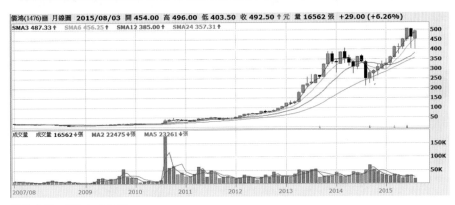

資料來源：XQ全球贏家

案例：台積電（2330）

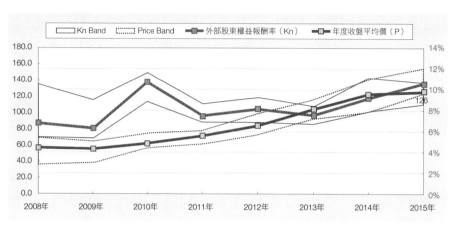

台積電投資風險圖

註：2015年度收盤平均價為2015年8月14日收盤價。2015年股東權益報酬率以2014年第三季至2015年第二季為期間。

　　該公司在上表列八年之中，外部股東權益報酬率最低點為2009年出現的5.34%，最高點為2010年出現的11.66%，以2015年8月14日收盤價計算之外部股東權益報酬率達10.57%，處於八年之中的相對高點，只要

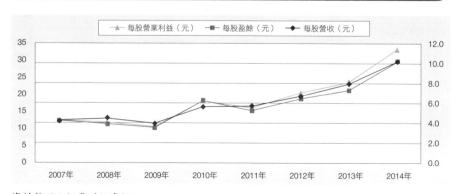

台積電每股營收及獲利性指標（合併－年）

資料整理：鉅豐財經資訊

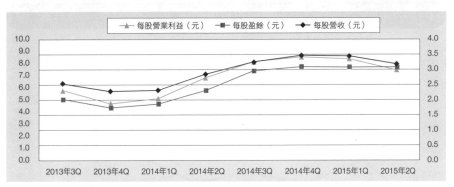

台積電每股營收及獲利性指標（合併－季）

— 每股營業利益（元）　— 每股盈餘（元）　— 每股營收（元）

2013年3Q　2013年4Q　2014年1Q　2014年2Q　2014年3Q　2014年4Q　2015年1Q　2015年2Q

資料整理：鉅豐財經資訊

2015年下半年獲利成長率不出現明顯下降，投資風險溢酬已處於相對高點，股票投資者的投資風險已處於相對低檔區。

　　2014年每股稅後純益10.18元，年成長率40.22%，2015年上半年每股稅後純益6.11元，年成長率47.22%，每股營業利益6.31元，年成長率32.6%；該公司2014年營收年增率27.77%，2015年1至7月累計營收年增率28.34%，兩者已相當靠近，2015年整年營收成長動能是否能維持在2014年的水準之上，為攸關股價是否能再度回升的關鍵。

台積電（2330）股價月K線圖

台積電(2330) 月線圖　2015/08/03　開 138.50　高 138.50　低 125.00　收 125.50 ↓元　量 416128 張　-14.00 (-10.04%)

SMA3 135.17 ↓　SMA6 140.67 ↑　SMA12 139.04 ↑　SMA24 126.25 ↑

成交量　成交量 416128 ↓張　MA2 583419 ↓張　MA5 703513 ↓張

資料來源：XQ全球贏家

案例：聚陽（1477）

聚陽投資風險圖

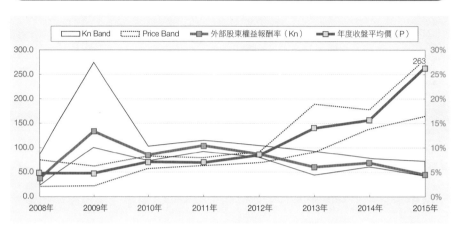

註：2015 年度收盤平均價為 2015 年 8 月 14 日收盤價。2015 年股東權益報酬率以 2014 年第三
　　季至 2015 年第二季為期間。

聚陽每股營收及獲利性指標（合併－年）

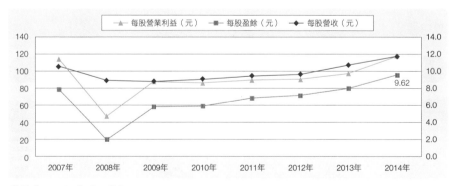

資料整理：鉅豐財經資訊

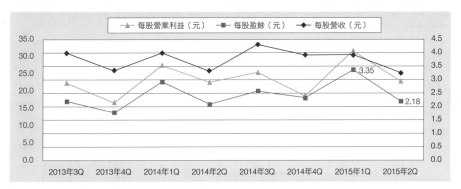

聚陽每股營收及獲利性指標（合併－季）

資料整理：鉅豐財經資訊

　　該公司在上表列八年之中，外部股東權益報酬率最低點為2008年出現的2.38%，最高點為2009年出現的27.51%，當年平均數為13.42%，以2015年8月14日收盤價計算之股價淨值比為歷年高達檔區，外部股東權益報酬率下降至僅4.54%，處於八年之中的相對低檔區，投資風險溢酬則處於相對低檔區，若2015年下半年營運動能及獲利成長率無法大幅拉高，股票投資者的投資風險已然進入高風險區。

　　2014年每股稅後純益9.62元，年成長率19.95%，2015年上半年每股稅後純益5.53元，年成長率11.72%，每股營業利益6.96元，年成長率8.92%，無論本業營業利益或稅後淨利年成長率，均已低於2014年的成長幅度；該公司2014年營收年增率16.63%，2015年1至7月累計營收年增率14.61%，營收成長動能是否能超越前一年度的水準，乃股價是否有機會再創新高的關鍵。若營收動能及獲利成長率無令人驚豔之處，則在風險溢酬遭到壓縮之下，投資風險不可輕忽。

聚陽（1477）股價月K線圖

資料來源：XQ全球贏家

案例：立錡（6286）

立錡投資風險圖

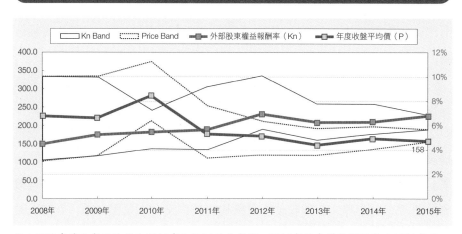

註：2015年度收盤平均價為2015年8月14日收盤價。2015年股東權益報酬率以2014年第三季至2015年第二季為期間。

　　該公司在上表列八年之中，外部股東權益報酬率最低點為2008年出現的3.07%，最高點為2012年出現的10.11%，當年平均數為7.0%，以2015年8月14日收盤價計算之股價淨值比為3.44倍，外部股東權益報酬率6.83%，處於八年之中的中上位置，扣除以美國10年期公債殖利率約2.2%，投資風險溢酬接近4.63%，以2015年上半年獲利水準，股票投資者的投資風險溢酬仍處於相對合理區間。

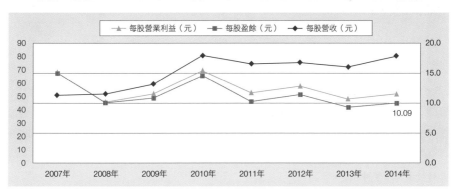

立錡每股營收及獲利性指標（合併–年）

資料整理：鉅豐財經資訊

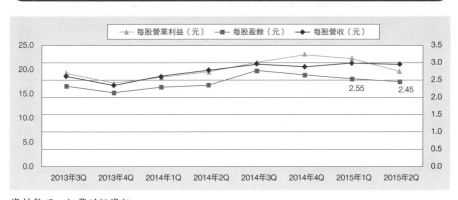

立錡每股營收及獲利性指標（合併–季）

資料整理：鉅豐財經資訊

2014年每股稅後純益10.09元，年成長率9.08%，代表本業獲利的每股營業利益11.53元，年成長率7.96%；2015年上半年每股稅後純益5元，年成長率7.07%，每股營業利益5.86元，年成長率10.57%，無論本業或稅後淨利年成長率，與2014年相較，並無明顯消長，股價波動性降低。

立錡合併營收累計年增率變動圖

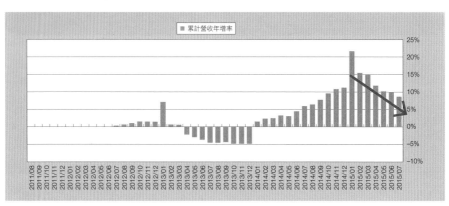

資料整理：鉅豐財經資訊

立錡（6286）股價月K線圖

資料來源：XQ全球贏家

該公司2014年營收年增率11.2%，2015年1至7月累計營收年增率下降至8.77%，且呈現逐月下降趨勢，這對該公司股價展望是一項警訊。

案例：研華（2395）

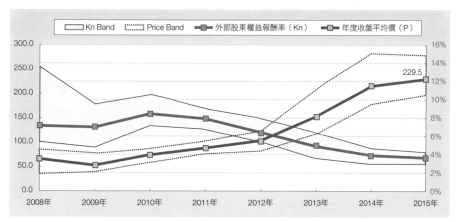

研華投資風險圖

註：2015年度收盤平均價為2015年8月14日收盤價。2015年股東權益報酬率以2014年第三季至2015年第二季為期間。

　　該公司在上表列八年之中，外部股東權益報酬率最低點為2014年的2.93%，最高點為97年的13.53%，以2015年8月14日收盤價計算之股價淨值比為5.58倍，外部股東權益報酬率4.52%，處於八年之中的中下位置，扣除以美國10年期公債殖利率約2.2%，投資風險溢酬約2.32%，以2015年上半年獲利水準，股票投資者的投資風險溢酬仍處於相對較低區間。

　　2014年每股稅後純益7.8元，年成長率7.43%，代表本業獲利的每股營業利益8.76元，年成長率6.18%；2015年上半年每股稅後純益4.01元，年成長率負2.67%，每股營業利益4.72元，年成長率負6.35%，無論代表本業的營業利益或稅後淨利年成長率，與2014年相較，均出現轉弱危機。

該公司2014年各月累計營收年增率呈現逐月遞減，幸整年營收年增率16.56%，猶維持大於2013年營收年增率之11.27%，2014年上半年股價上漲23.49%，下半年股價下跌8.04%，整年上漲13.56%。2015年1至7月累計營收年增率下降至6.81%，呈現逐季下降趨勢，對公司股價是負向警訊。

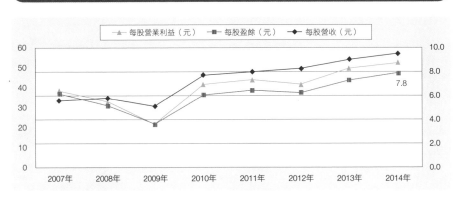

研華每股營收及獲利性指標（合併－年）

資料整理：鉅豐財經資訊

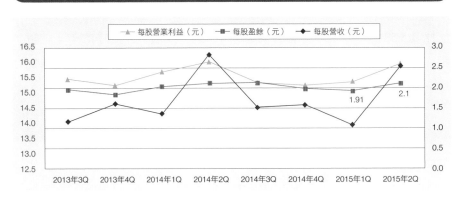

研華每股營收及獲利性指標（合併－季）

資料整理：鉅豐財經資訊

研華合併營收累計年增率變動圖

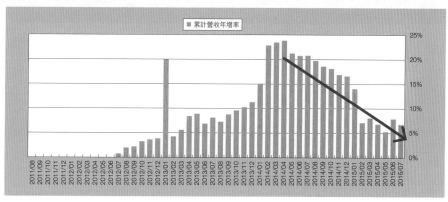

資料整理：鉅豐財經資訊

研華（2395）股價月K線圖

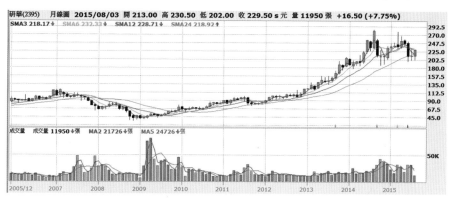

資料來源：XQ全球贏家

案例：葡萄王（1707）

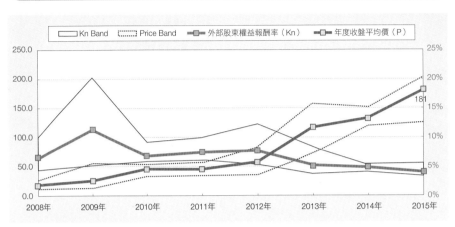

葡萄王投資風險圖

註：2015年度收盤平均價為2015年8月14日收盤價。2015年股東權益報酬率以2014年第三
　　季至2015年第二季為期間。

　　該公司在表列八年之中，外部股東權益報酬率最低點為2015年的
3.52%，最高點為2009年的20.29%，亦即在2009年個股股價及大盤指數
長期低檔區，勇於買進股票的投資者，可享有超高的外部股東權益報酬
率，其股票投資風險溢酬也在長期高點；相對地，當股價及大盤指數進入
長期高檔區，股價淨值比創新高之際，外部股東權益報酬率反而創下新
低，股票投資者可享有的風險溢酬也創下新低。再度印證股市發人深省的
一段話：眾人恐懼之時，你應心存希望，甚至轉為貪婪；市場歌舞昇平、
一片樂觀之際，你應戒慎恐懼，甚至暫時離開市場。

　　以2015年8月14日收盤價計算之股價淨值比為8.25倍，外部股東權
益報酬率3.95%，處於八年之中的長期低點，扣除以美國10年期公債殖利
率約2.2%，投資風險溢酬約1.75%，以2015年上半年獲利水準，股票投
資者在較低的投資風險溢酬之下，其投資風險自然進入相對高檔。

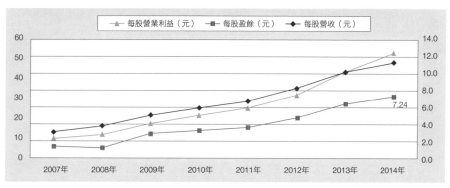

葡萄王每股營收及獲利性指標（合併–年）

資料整理：鉅豐財經資訊

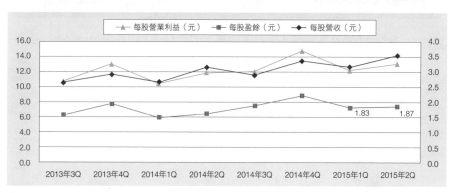

葡萄王每股營收及獲利性指標（合併–年）

資料整理：鉅豐財經資訊

　　2014年每股稅後純益7.24元，年成長率12.77%，代表本業獲利的每股營業利益12.29元，年成長率20.25%；2015年上半年每股稅後純益3.7元，年成長率18.97%，每股營業利益6.33元，年成長率13.85%，與2014年相較，仍保持穩定但溫和的成長。

葡萄王合併營收累計年增率變動圖

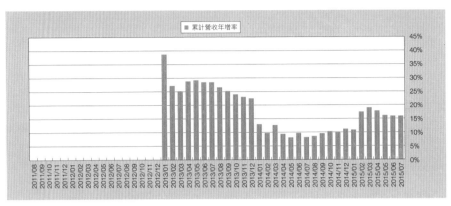

資料整理：鉅豐財經資訊

葡萄王（1707）股價月K線圖

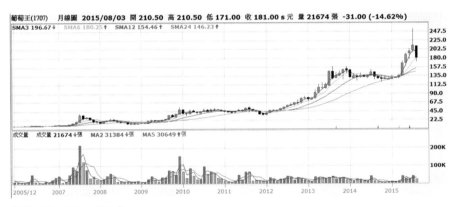

資料來源：XQ全球贏家

該公司2014年累計營收年增率11.39%，與稅後淨利年增率12.77%，相當接近。2015年1至7月累計營收年增率16.06%，仍高於2014年營收年增率。營收及獲利均保持穩定溫和成長，讓該公司股價維持在長期相對高檔區，也常常讓投資者忽略隱藏在該公司股價淨值比已創新高，外部股東權益報酬率已進入長期低檔區的股票投資風險。

重型權值股的外部股東權益報酬率（K）

第394至395頁表為台股上市公司中，總市值排名前55名，且2015年前7月營收及第一季獲利同步成長的公司。

表中的外部股東權益報酬率（K），是以企業過去四季的獲利水準為基礎，並無法據以預測企業未來之外部股東權益報酬率及股價展望，僅能呈現目前股價的相對高低位置及其風險溢酬高低。投資者做投資決策之前，務必再參閱本書前述之「ROE與P／B比綜合評價法之程序與重點」，在對企業股票價值做評價之前，應對公司細部財務資訊進行解析，並在不同的公司類型之間選擇不同的評價要領。

台股總市值排名前55名且2015年前7月營收及首季獲利成長公司

股票名稱	收盤=P（元）(8/14/2015)	每股淨值=B（元）（2015年Q1）	股價淨值比（P/B）	2014年Q2至2015年Q1之股東權益報酬率(%)=ROE	2014年Q2至2015年Q1獲利之外部股東權益報酬率(%)=K= ROE/(P/B)	2015年1~7月累計營收成長率(YOY)(%)	2015年Q1稅後淨利年成長率(YoY)(%)	營運活動現金流量佔稅後淨利比率(%)	自由現金流量佔稅後淨利比率(%)	現金流量統計期間
2891 中信金	19.85	15.67	1.27	18.74	14.79	4.56	25.39	95.07	-352.86	
2324 仁寶	18.5	23.35	0.79	11.56	14.59	3.45	188.98	107.18	35.46	
2881 富邦金	53.5	42.97	1.25	16.39	13.16	7.22	46.4	770.33	-243.81	
2885 元大金	14.35	17.23	0.83	10.07	12.09	37.61	13.88	195.87	-157.43	
2317 鴻海	88.7	63.96	1.39	16.3	11.75	13.67	55.48	138.06	55.67	
2325 矽品	36	24.08	1.50	17.4	11.64	2.15	24.84	218.65	67.43	
2823 中壽	26.5	27.01	0.98	11.19	11.41	0.19	109.05	1654.71	118.48	
2888 新光金	8.85	12.03	0.74	8.31	11.30	19.22	188.83	1738.07	-1541.57	
2303 聯電	11.2	17.98	0.62	6.81	10.93	11.71	237.37	610.16	106.55	
4958F-臻鼎	100.5	46.6	2.16	23.16	10.74	17.55	50.84	195.12	-10.21	2008年~2014年
2311 日月光	33.6	19.53	1.72	17.77	10.33	17.39	29.55	225.37	10.62	
2330 台積電	126	43.34	2.91	29.18	10.04	28.34	65.02	172.94	57.95	
2882 國泰金	47	36.1	1.30	13.05	10.02	29.48	46.2	1003.93	-179.71	
2880 華南金	15.95	15.84	1.01	9.61	9.54	3.2	21.5	84.82	-700.98	
2354 鴻準	101	61.12	1.65	15.6	9.44	90.98	784.44	156.28	60.84	

台股總市值排名前55名且2015年前7月營收及首季獲利成長公司 （續）

股票名稱	收盤=P（元）(8/14/2015)	每股淨值=B（元）(2015年Q1)	股價淨值比（P/B）	2014年Q2至2015年Q1之股東權益報酬率（%）=ROE	2014年Q2至2015年Q1獲利之外部股東權益報酬率（%）=K= ROE/(P/B)	2015年1~7月累計營收成長率（YOY)(%)	2015年Q1稅後淨利年成長率（YOY)(%)	營運活動現金流量佔稅後淨利比率（%）	自由現金流量佔稅後淨利比率（%）	現金流量統計期間
4938 和碩	89.7	55.34	1.62	14.28	8.81	12.86	131.66	197.42	73.79	2008年～2014年
2884 玉山金	19.3	15.5	1.25	10.73	8.62	21.09	11.19	-25.22	-1910.6	
2474 可成	362.5	128.9	2.81	22.08	7.85	54.22	55.92	129.24	40.17	
2883 開發金	9.53	11.57	0.82	6.45	7.83	16.63	2.08	82.27	-195.14	
5880 合庫金	14.45	17.11	0.84	6.34	7.51	17.3	12.32	-266.84	-860.44	2011年～2014年
9904 寶成	48.25	25.25	1.91	13.94	7.30	10.65	99.11	134.48	39.16	
3008 大立光	2960	376.97	7.85	49.62	6.32	45.54	46.92	112.47	74.64	
2412 中華電	97.5	48.38	2.02	10.41	5.17	2.15	1.8	177.3	102.02	
2395 研華	229.5	36.86	6.23	22.5	3.61	6.81	4.71	113.21	77.01	
9910 豐泰	177.5	20	8.88	29.48	3.32	17.11	27.77	160.58	86.37	
1476 儒鴻	487.5	38.88	12.54	32.1	2.56	26.15	6.05	100.58	34.86	
2618 長榮航	22.8	12.11	1.88	3.95	2.10	5.68	321.18	-1400.2	-344.29	

註：現金流量統計期間為2007年至2014年。

原始資料來源：Money DJ　　資料整理：鉅豐財經資訊

395

4

IFRSs 實施後應注意的財務分析要點

何謂 IFRSs？

為讓國際間投資者在解讀臺灣上市櫃公司財務資訊上，與國際資本市場有相同的標準，以利臺灣資本市場與國際接軌，臺灣證券金融主管機關要求所有上市櫃、興櫃企業、金管會主管的金融業，自2013年起，均必須採用IFRSs（國際財務會計準則）編製財務會計報表，自2015年開始，並納入非屬上市、上櫃企業的公開發行公司、信用合作社及信用卡公司。

IFRSs是「國際財務報導準則（International Financial Reporting Standards）」的縮寫，是國際間被廣泛適用的財務會計準則，其與臺灣長期使用的「一般公認會計準則（GAAP, Generally accepted accounting principles）」，在財務會計報表的表達上，有些不同的處理方式與思考要旨。本篇謹整理對股票投資者較重要的要點，供讀者參考，更詳細的IFRSs新制要點細節，推薦讀者選讀羅澤鈺會計師著、商周出版的《圖解新制財報選好股》一書。

IFRSs 特別注意要點

非控制權益股份虛增合併營收必須於 IFRSs 新制的綜合損益表中撤下面具

IFRSs新制要求持股未達100%的子公司（介於50%以上～99.9%）營收必須在編制合併報表時，將其營收全數加入合併營收之中，如此一來，留給擁有眾多持股比率超過50%、但未達100%子公司的集團企業，透過編製合併報表機會虛灌每個月合併營收數字，以達操弄利多、利空資訊，以刺激股價的目的。

但在編製合併綜合損益表，計算公司淨利時，必須在本期綜合淨利中，業主損益中必須扣除不屬於母公司持股之非控制權益股份的損益後，才是真正屬於母公司業主的稅後淨利，可惜，外部投資人通常取得公告的綜合損益表時間點，已落後每月營收公告之後一段時間。

投資人對於此類子公司枝葉繁雜的近似集團控股公司，對其每月公告的合併營收必須以保守態度進行追蹤分析，高營收的背後，未必代表企業真實的獲利也會等幅提高。

企業透過 IFRSs 新制對固定資產折舊方法變更操控費用及會計盈餘

IFRSs新制對固定資產折舊方法變更，允許企業以「估計變動、不溯既往」為原則，不需調整過去會計年度財報內容，只要調整未來年度的折舊費用分攤年限。此將留給企業操作折舊費用分攤年限長或短來影響當期損益的空間。

當企業將固定資產年限延長時，當年度折舊費用下降，營業利益率及純益率同步提高，立即對當期會計淨利產生拉抬效果；反之，當企業欲壓低當期淨利，透過縮短固定資產折舊年限，將使當年度折舊費用提高，營業利益率及純益率同步下降，立即對當期淨利產生壓低效果。不良企業經營者透過折舊方法的變更，操作公司當期會計損益高低，以創造股票市場之多空訊息，並以人頭戶進行自己公司股票買賣之內線不法交易，在股票市坑殺不知情的投資者，也就常常屢見不鮮了。

當投資人看到企業營業毛利率與營業利益率變動幅度有明顯差異時，尤其是毛利率變動不大，但營業利益率卻明顯提高，極可能是企業透過變更固定資產折舊方法，以達到降低折舊費用、提高營業利益及稅後淨利的操作手法。除此之外，投資者也可透過觀察現金流量表的「來自營運活動

現金流量」之中的「折舊」項目金額，是否出現明顯增減，若是，則隱藏在營業利益率上升或下降背後的藏鏡人，其面紗自然不攻自破。

企業利用IFRSs新制將當期費用轉列為預付款項成為資產以達美化當期會計損益的目的

在IFRSs實施前，對預付性質的費用，允許營建業採全部完工或完工比例法認列費用，留給建商對當期費用極大的調整空間。新制IFRSs中，則規定應於費用發生當時認列為當期費用，不得藉故遞延認列費用、美化會計損益。但部分不肖建商則將遞延費用轉移成屬於資產項目之預付款項，成為IFRSs後常見的美化財報技倆。

因此，投資者在看到當期資產負債表中的預付費用項目突然大增，因預付費用不屬於速動資產，導致流動比率與速動比率產生明顯落差時，就應提防企業可能將已產生的費用偷偷轉成預付費用了，投資者對該公司稅後淨利及盈餘品質，應保守看待，降低其股價的合理本益比。

在IFRSs及10號公報下，原物料存貨價格波動造成企業獲利性指標的波動往往是短期多空的煙霧彈

原物料價格波動造成企業獲利性指標波動往往是一次性題材，並非企業價值之提升。在會計準則10號公報及IFRSs新制之下，企業資產負債表中之存貨若太高，且存貨屬價格容易波動的原物料，則存貨市場價格若下跌，將造成當期營業成本上升，因存貨跌價帳面損失滾入當期營業成本、毛利率及營益率下降，必須等存貨市場價格回升後，方能回沖先前因存貨跌價而多增加的營業成本，使下期營業成本因回沖存貨價格上漲利益而下降，導致毛利率、營益率跟著回升。

存貨市場價格波動造成獲利性指標之上升，並非企業本業營運及獲利能力的改善，股票市場往往在反應完此種短期性題材後，再度呈現怎麼上去就怎麼下來的老戲碼，但追高套牢的，永遠是對財務報表無知的公司外部投資者。投資者對於高額存貨且屬於原物料產業的企業，務必對原物料行情走勢進一步了解，才能避免成為此類原物料股的投資輸家。

投資性不動產重估增值是看得到、吃不到的帳上富貴，無法改變企業之真實價值

IFRSs新制將原有之「固定資產投資」分類為「一般性不動產」及「投資性不動產」，只要以賺取資金收入或以賺取資本增值為目的，或是以兩者兼具者之不動產投資均得以列入「投資性不動產」。

臺灣主管機關對於投資性不動產之重估增值，僅允許其反應於每年損益，這將影響當年度每股稅後淨利，並提列入資產負債表的股東權益之中的特別盈餘公積，並限制其盈餘分配。在實際上，對投資者而言，是看得到、吃不到的帳上富貴，更不會對企業現金流量產生任何正面影響。

對股市投資者而言，只有長期可以創造淨自由現金流量的公司才值得投資。因會計原則變更導致資產重估，或費用認列之遞延，都無法改變企業之真實價值，往往只是不肖企業經營者或媒體操弄股市多空資訊的欺詐伎倆。

在IFRSs新制之下企業常見直接操弄每股稅後淨利的手法

企業在會計IFRSs新制下，透過綜合損益表將部分損益項目調整成「其他綜合損益組成部分（OCI）」，其含「國外營運機構財務報表換算兌換差額」、「備供出售金融資產未實現評價利益（損失）」、「現金流量避

險」、「確定福利之精算損益」、「採用權益法之關聯企業及合資其他綜合損益之份額」、「與其他綜合損益組成部分之所得稅」等。透過此調整規避損益進入「一般損益組成部分（NI）」，避免影響每股稅後淨利，但其實質上已對企業潛在損益造成影響。

因此，投資者買賣股票之選股重點，應放在企業現金流量的穩定與否，其重要性遠高於以應計基礎並透過內部經營者刻意調整後的每股稅後淨利。

公司內部人或大股東在 IFRSs 新制上常見的操作財務報表手法

在本業及業外之間調整營收及費用，將一次性收益認列在本業收入中，將經常性費用列為營業外支出，甚至要求簽證會計師將費用項目資本化，誤導企業獲利性指標及虛增資產項目以提高自有資本比率，粉飾企業財務結構的穩健度。

調整資產折舊費用認列年限，甚至未全額認列已不堪使用的資產，應提列的資產減損費用或損失。

依權益法（持股比率介於20%～50%）以長期投資編入合併資產負債表中之關聯企業，其財務透明度往往偏低，成為公司內部經營者掏空公司的常見手法。依權益法之長期投資、非控制權益項目（少數股權）佔總資產比例過高，將造成財務透明度之不足、外部股東佔總資產比例太高，造成理性投資決策上，資訊不足高度風險的主要來源。

調整影響營業活動現金流量的內容項目。例如，出售應收帳款以換取現金，或以附條件交易調度現金進入流動資產項目，延遲支付應付帳款等。投資者在觀察現金流量表必須拉長年期，以免受短期財報資訊誤導公司現金流量、盈餘品質的穩定性，因而對公司短期營運消長，產生誤判。

IFRSs 合併綜合損益表讓權益法投資收益大幅降低，並讓高比率投資中國等海外投資的「看得到、吃不到」公司的現金流量更有機會睜眼說瞎話

自2013年依IFRSs財務報告新制，強制要求上市櫃公司編製合併財務報告書，子母公司合併綜合損益表已將母公司持股大於50%、低於100%，在母公司個體損益表中，依「權益法」以持股比率列入營業外投資收益的子公司投資收益，改列入合併綜合損益表的本業收益，並在結算當期稅後淨利之前，扣除持股比率高於50%、但低於100%的「少數股權（非控制權益）」，即母公司持股未達100%的持股比率差距所應計的淨利。

此將使母公司大量轉投資子公司持股比率高於50%、低於100%的上市櫃公司，在合併綜合損益表中的業外投資收益大幅降低，但卻虛增合併綜合損益表的稅前淨利，並讓母公司的現金流量與合併報表呈現出的現金流量，產生嚴重落差，投資人若僅閱讀合併現金流量表，將可能高估母公司的現金流量。

投資人務必將母公司個體現金流量表，與合併現金流量表的差異做對比，否則，在上市櫃公司大量轉投資在資本仍屬管制的中國地區，極可能高估臺灣母公司的現金流量，並誤判母公司因長期舉債、融資、膨脹股本進行募資，用以滿足臺灣母公司高現金配息假象，但卻造成母公司長期負債比率走高、對企業價值造成負面衝擊，最終，造成臺灣母公司股票投資人的傷害。

5

股市投資心法豹語錄

投資心理與迷障

投資決策可以用表決方式決定嗎？

　　社會心理學家艾文‧詹尼斯（Irving Janis）說：「具有高凝聚力的團體很容易做出錯誤的集體決策，而這可歸諸於許多原因，包括了人們傾向於發展出與周遭人物相同的態度（也就是所謂適應性態度），以及人們容易利用他人的行為，作為難以了解事物的資訊來源（即社會比較）。」（摘錄自《金融心理學》，財訊出版社）

　　市場一般投資人極容易犯下的心理錯誤有兩點：

　　第一、為自己沒有把握但心理充滿渴望的行為想盡辦法找藉口，最好的方法便是尋求普羅大眾的共同認同，然而，在社會心理學上極為稀鬆平常的正常行為反應，若不斷將其反應在個人投資行為上，卻是一種極為危險的行徑，因為大部分群體反應下的投資行為大半最後常以悲劇收場。

　　第二、對難以輕易理解的事物，輕易相信市場上有聚光燈的有心人士之說辭，只因想急切解開心中埋藏已久之疑惑。這種行為正說明了為何巫師、邪教、騙徒常常可以遂其所願，不斷訛詐市場投資大眾了！

　　可惜，正確投資決策之形成絕非像議事廳上，可以用舉手表決的方式進行，因為，當一群人聚在一起時，他們大部分時間已變成情緒性動物，很難有獨立思考的空間及勇氣；因此，在投資市場中，您可以用心請眾人收集資訊、分析資料，但真正要做出投資決策的人卻非您莫屬，別人通常很難代勞的。

您相信股市中真有神仙嗎？

　　在《股市陷阱88：掌握投資心理因素》一書中，有這麼一段話：「不

管在股票市場，或是生活的其他層面，要我們做個不像自己的人，顯然很不明智，這種做法徒然使自己侷促不安，結果讓我們有愚蠢的舉動。如果平常保守而謹慎，那麼在股票市場大抵也會如此，這種看法即使不是放諸四海皆準，卻也八九不離十。所以平常像伍迪·艾倫的人，投資時又何必想做印地安那·瓊斯呢？我們花費許多時間研究如何成為偉大的股市專家，而在必須付諸行動的時刻，卻又畏首畏尾，根本就是自找麻煩。果真如此，最好就此罷手，把錢投資在績優的共同基金受益憑證裡，空閒時間拿來陪家人或躺在陽光下讀本好書，不是更愜意嗎？」

雖然我們都知道自己不是神仙，但在股市中，我們卻常常將「赤腳仙大師」、「投顧喊盤老師」、「販賣明牌分析師」，甚至猜對幾次短線行情的自己也看成神仙。我們期待每次的投資決策都正確無誤，我們也期待專家每次都給我們清楚答案，甚至是明牌最好。因此，我們常不遠千里去拜神仙，去聽神仙開釋，妄想自己這輩子有機會也成神仙。

如果我真想要成為神仙（雖然我知道不可能），我便要虛心向真正的神仙學習，如果個性阻礙了我的投資決策，我便透過不斷的學習（經驗＋閱讀＋請益正統良師）來改變個性，適應贏家思考模式。個性會因信仰而改變，勇氣會因信仰而提升，如果自己在股市中沒有了信仰，就會像浮萍，隨波逐流、人云亦云，盡說一些誑語妄言而不自知己之愚昧，這時，不僅當不了神仙，恐怕也會離神仙越來越遠。

同伴可以分擔損失嗎？

一般人都怕做錯事，尤其害怕做錯事後所面臨的損失或懲罰，而如果還要將做錯事的事實公諸於世，那更不得了，既失了裡子又丟了面子，如果真是不得不「丟人現眼」一番，那最好也得找一些同伴，越多越好，以便證明不是只有自己做錯事、不是只有自己是呆瓜，好像別人也做錯事可

以反證自己沒錯呢！

在股市中，我們也往往為自己的錯誤投資決策找藉口，因為眾人的一致性錯誤在心理上可以「證明」自己的思考沒有問題，因此，我們不願意甘冒單獨承擔被眾人以異樣眼光質疑的風險，「找同伴」變成我們從小養成的不變習慣，就像一個突然失去資本家庇護的新事業開創者，一開始可能要不斷面對以前同為雇員的同儕之質疑，因此，大部分的人寧可選擇終老一生為資本家賣命，也不願給自己一次自由的機會。

然而股市中卻並非找到越多同伴就可以避免錯誤與損失，其結果反而是恰恰相反，雖然找到很多同伴或許可以免除自己心理上所產生自責愚蠢的窘境，但卻改變不了投資失敗的事實，你的損失也不會因人數眾多而得以平均分攤或降低，「找同伴」充其量只是再次更加證明自己的愚蠢與盲從，如果你真是如此，我勸您先不要進入股票市場。

您是股市中的完美主義者嗎？

在《股市陷阱88：掌握投資心理因素》一書中，作者巴瑞克（Roland Barach）有這段話：「……完美主義的個性迫使他要求自己要在「正確」的時機買下「正確」的股票，害怕做「錯」事的心理，使他不敢輕舉妄動。一方基於對自己的期望，希望能獲取高報酬；但另一方面，這種不願意冒險的個性又阻撓了他的成功。「完美主義」會使我們無法對生活以及股票市場有遠見。完美主義者常為小枝小節所困擾，以致忽略了全貌。堅持要以「正確」的價格來買股票，以致錯失在大多頭市場贏得滿堂彩的機會。」

在股票市場中永遠沒有「絕對合理」的價格或時機，而是講求「相對合理」，兩者的落差要用耐心及勇氣來拉近；完美主義者不斷地在追求絕對的合理價格，因此，便變得畏縮不定，也因此不斷喪失出手的良機。在

股市中，我追求的是多勝少負，而不是每場絕對的勝局，享有絕對勝局的人，人世少有。若有人說他出手必勝，小心，十之八九，你可能遇到市場老千或騙子。

在股市中，有人靠基本分析賺錢，也有人靠技術分析致富，差異只在不同的方法下，贏家與輸家的比例不同而已。當然，也有可能皆大歡喜，那就是選到一家長期獲利成長的公司，長期而言，只要繼續持有，所有股東都會是贏家，但這種公司並不多。因而，你便應選擇一個合理且自己較熟悉、專業的方法，不斷地鑽研與練習，讓專業思考變成一種習慣，自己便不會在應該做決策時，瞻前顧後，跟患了完美主義毛病的人一樣，常常錯失良機。

追求真相對股市投資者絕對是好事，但一定要先把追求真相的方法弄清楚，它是可以經過練習、閱讀、修心、求良師而使得效率提高，但如果弄錯方法，或是無知迷信、求神問卜、為妖孽所惑，則將離正道越來越遠，恐怕會比完美主義、裹足不前的人還悽慘！

您也感染到別人的痛苦了嗎？

在《股市陷阱88：掌握投資心理因素》一書中，作者巴瑞克以心理學的專業角度，說明投投資人不敢在股價超跌區買進股票的原因。他說：「為什麼股價在低檔時，我們不為去買？這種心理因素叫做「替代性懲罰作用」。如果我們剛剛看到別人走路不守規矩被開了一張罰單，當在附近有警察的地方，我們還會貿然闖紅燈嗎？當然不會。當股價已經下跌一陣子，我們眼看別人損失大筆金錢時，會奮勇投入嗎？「替代性懲罰作用」使我們不敢在拉出長黑的股市中投資。看到別人因投資而受罰，更加使我們不敢投資；而在這時候，通常也不會有其他因素激發我們的投機心理。通常在處理靜態情況頗有幫助的心理因素，常會讓人在起伏不安的股票世

界錯失機會。」

　　股市中有一句話「落石不接」，因此當股市急速下跌過程中，縱使您認為個別公司股價已跌破應有的價位時，市場氣氛往往會讓絕大部分人不敢輕舉妄動，這是再自然不過的心理反應了，因此，如果您也是這樣，並沒有任何可恥之處。

　　但是，如果您的財務是自由自主的、您的心中也對股價相對合理價格產生堅定不移的信仰、並且願意用時間來化解市場與您的認知間的落差，你就會為市場出現此種情況而雀躍不已。這時，您不用找別人來認同您自己，因為您心中早有自己的信仰，有了信仰後，您便可以抵抗周遭環境給您的心理壓力。但是，重點是，請問您心中信仰的相對合理價格在哪裡？

　　一般人都是因為過度貪婪而心虛；因為心虛而在環境壓力下而畏懼不決。因此，勤奮學習、誠信修心才能建立信仰、抗拒誘惑、獨立於壓力之外，使您的投資決策更加超然而客觀。

您也因恐懼心理而決定在股市大跌後壯士斷腕嗎？

　　在《股市陷阱88：掌握投資心理因素》一書中，作者巴瑞克以心理學的專業角度，說明投投資人之所以在股價超跌區，反而不由自主地殺低股票的原因。他說：「一般人為什麼喜歡『殺低』？這種心理因素叫『懲罰作用』，這種作用正好和增強作用相反。很少人會在剛買股票的時候，碰到股價下跌就殺出，大部分的人會繼續持有。如果損失繼續擴大，懲罰作用等於不斷加深，我們開始害怕，例如討厭翻閱報章雜誌金融版，拒絕了解目前的市況，當我們難到或聽到這家公司的廣告時，心理會覺得不是滋味。經過長期下跌後，我們很容易對這支股票產生厭惡感；因為它不僅代表金錢的損失，同時也不斷提醒自己是個笨蛋。最後有一天股價突然暴跌，我們決定壯士斷完腕，不再接受懲罰，於是把股票全數拋出。『心理

增強作用』使他們以高價買入，『懲罰作用』又使他們以低價賣出。」

持有套牢的股票就像經營一段不幸福的婚姻關係一樣，但對現代人而言，願意靜心檢討自己個性或婚前雙方了解不深入的人顯然並沒有增加；相對地，在男女關係上，採取壯士斷腕的比例卻不斷增加。在股市中，投資人有辦法一開始便真正壯士斷腕的人其實也不多，他們寧可選擇假裝沒看見來折磨自己，直到耐力極限，才殺低股票。然而，在婚姻上，破鏡重圓的例子雖不多，但在股票市場上，當越多人壯士斷腕之時，卻也往往是市場重現生機之時。

對技術面操作者而言，有「停損」這個名辭，但對我而言，它卻沒有太大的意義。決定買進股票前，經過合理且嚴謹評估後，便依評定價格作為「買進、賣出」，或「等待」等三種的投資策略之參考依據，除非公司評價參數或投資環境明顯變動，否則，沒有必要日日調整、也沒必要時時關心市場繁多的消息面變化，投資策略並不必因為持有成本是否高於市價而有停損的問題。當公司營運出現很大落差時，選擇賣出時機並不因成本與市價距離多少而有關連性。

男女婚姻關係則沒這麼單純，它還有對雙方或第三者的（如小孩）的責任。如果能認清這一點，現代人在處理男女關係時，應該就不會庸俗到以為，財富、地位、權勢、外表色相、甚至滿足性需求才是最重要的。或許責任感會讓婚姻中或戀愛中的人不會把感情殺到「最低點」，甚至造成第三者的傷害吧！因為當耐不住懲罰作用者，真正決定壯士斷腕之際，往往真正的損失其實已不多了。

您要吃鎮定劑或安眠藥嗎？

在《股市陷阱88：掌握投資心理因素》一書中，作者巴瑞克以下面這段話說明投資人在股市中的過度反應現象。他說：「焦慮常造成投資大

眾對大盤過度反應，理性的投資人如果能記住一件事，對他們是有好處的：股市會反應過度。因為投資大眾總是擔心「可怕的事情」隨時會發生，想得比可能真正會發生的都來得更糟。其實股票時常在所謂的「壞消息」報導後，價格反而上漲（雖然不一定每次都是如此）……。人們對於焦慮的反應會如此強烈，是因為它是一種讓人特別厭惡的情緒。……既然股市總是震盪，所以下一步會如何無法確定，但是從另外一個角度來看，不穩定的特質正是投資股市最有利可圖之處，……因為如果股價恆常穩定而沒有任何風險，回收的可能性也就因而大減。投資股票不可避免地會帶來焦慮，然而重要的是如何適度控制它，不致喪失判斷力。」

短線股價指數永遠是難測的，因為參與者並不是因為客觀的資訊進行交易，而是以自身面臨的情境，及對資訊的解讀反應，來決定其當下的買賣決策。短線股價的波動正如科斯托蘭尼所言，就像牽著一條狗出門溜狗，你永遠無法知道牠一會兒往東，一會兒又會往哪去？但重要的是拉著狗繩子那一雙手及主人的那一雙腳要往何處，如果主人看不清方向或迷路，那也就另當別論了。

我個人為避免給自己帶來太大且沒必要的投資憂慮，因此，除了在買進大量股票前一定遵照個人投資紀律流程外，另一方面，一定要衡量自己的財務能力到何處？不要讓自己與市場其他競爭者立於心理競賽的不對稱地位，因此，我個人不做融資、融券的信用交易。

你一定要把買進股票後套牢視為必經過程，因為股票不可能靜止不動，你也不太可能常常買到最低點，或買進後一路上漲，應該關心的是買進它的理由，尤其是公司營運有無出現變化，而不是短線股價的上下細微變動。

如果多年下來還是無法改善您自己焦燥不安情緒，甚至要靠吃鎮定劑或安眠藥度日，那麼，筆者勸您離開股市或買進指數型基金吧！人生目標及意義不止是金錢數字短期的多寡及爭奪而已。

您夠誠實嗎？

巴瑞克在《股市陷阱88：掌握投資心理因素》一書中，透過下面這段話來說明，對自己不誠實又高度貪婪的人，何以會以大賠收場的原因，他說：「誠實的人和不誠實的人一樣都有貪念，但前者會設定一個不可逾越的標準。在社會上，有些人會放棄這個標準，鋌而走險。在股市中，也有些投資人會放棄合理的利潤目標，導致的後果是比一般投資人損失更慘重。」

相信每個人都曾有迅速致富的夢想，尤其是對股市投資的幻想特別多；股市確實可能會使人迅速致富，但迅速致富的人比例一向不高，而其中，又有很大部分是靠不法行為或利用公共資源而來。確實正正當當從股市致富者，必是勤快又誠實的人。

誠實的人不會在股市中有太多不切實際的幻想，因此，實際的情況才能說服自己，只有架設在清楚的數據或可實現的基礎上，我們的期待才可能落實；勤快的人，不會把責任推給別人，為自己的投資損失找理由，因此，他們勇於承認錯誤並批判檢討自己錯誤的投資決策。

在投資市場上，我看過太多騙子，不只騙自己也騙投資大眾，就好像自己是被神明附身的假神媒，以為自己有驚人神力，到最後自己也茫茫然不知自己的言行已荒誕不經。聰明的騙子賺飽了會選擇離開市場，神經錯亂者則將自己變成神棍，危害一般投資大眾！

您嫌資訊不夠多嗎？

一般人總是以為，收集到越多資訊，通越多所謂的大師演講開釋，就能使自己在投資市場中的投資報酬跟著提高，其實，這是一種極為危險的想法。巴瑞克說：「過多的資訊並不能增進人的判斷力，只不過是增加人

的信心而已。投資人都有個錯誤的想法：只要有關股市的所有消息都讀了，對於自己在股市的發展就很有信心，這種想法讓不少投資人損失慘重。」

市場的資訊數都數不完。有些是事實、有些是有心人捏造或故意吹捧出來；有些是即時有用的、有些是落後的；有些是僅影響心理面的、有些則對公司營運及總體經濟會造成實質影響……。但最重要的是，投資人如果想要在市場投資獲利，就一定要訓練自己有解讀資訊的能力，否則，您最好能幸運到，有一位成功且操守沒問題的投資顧問願意真心幫您。

有些經過二手分析或媒體記者解讀的資訊根本不值一讀，因此，學會快速過慮資訊內涵，並形成投資決策參考的能力將攸關投資成敗。在股市中很多人誤認為得到很多自認為有用且珍貴的資訊，孰知，不真實專業的資訊雖可增強自己的投資信心，但它可能將投資人帶往完全不對的方向，往往等到發覺時，早已跨入鬼門關，要後悔已嫌晚！

您嘴上也有一塊又香又肥的肉嗎？

就投資心理而言，投資人習慣在股票低檔時，因心理面的自我「懲罰作用」而殺低手中持股、看到其他人因股票套牢所產生痛苦之「替代性懲乏作用」而不敢於股價低檔時，進場買進股票。相對地，投資人也習慣因其他人在追高股價過程中，所享有的股價上漲樂趣，而在隨後加入更高股價的追價行列；這就叫「替代性心理增強作用」。

《伊索寓言的智慧》一書中，有這一段有趣的內容，生動地描繪出人性因嫉妒所產生的不理性行為，內容這樣：「狗兒嘴裡咬著一塊肉，想找個清涼安全的地方吃。經過河邊時，低頭瞧見河裡也來了一隻狗，牠的嘴巴裡頭也咬著一塊肉，看起來比自己這塊要大了許多。『汪！汪！』狗兒張開嘴巴大聲吠叫，想把對方的肉搶過來據為己有。沒想到牠才一張開嘴

巴，嘴裡的肉就掉進河裡被河水沖走了。突然恍悟的狗兒後悔不已，原來那是狗兒自己的倒影，根本沒有另外一隻狗。」

人類自古即存有很強的嫉妒心，常常以為別人家田裡的瓜比自家長出來的甜；但在聖經中，卻把「垂涎鄰人的財富」列為十誡之一。顯示，貪婪別人之所有者是人性中既存的正常心理，但卻也往往是大忌。

在投資市場中，每個人的工作背景、教育訓練不盡相同，甚至個性及修持也有很多主觀認知上的差異。因此，每個人的專業及價值觀都是不同的，應用在投資種類的選擇，或個別標的篩選能力上，也不會一樣。只要能善用自己在自我專業上的優勢，便可將成功的機率提高。

最怕的是，看到，或聽到別人從哪一些標的上獲利了，便心生貪婪與嫉妒之心，以為他有如此機運，我當然也會有，總以為別人的好運可以輕易複製在自己身上。殊不知，幸運可能會偶而發生，但很少能長期持續不斷下去。況且，每個人條件及努力從始至終即有不同，唯有認清自我、善用自己的優勢，避免追逐在別人後頭，才可能在投資市場中勝出；若捨此而不為，往往將使自己淪為市場上的輸家，或有心人士拿來祭拜魔鬼的祭品。

您的好球帶在哪裡？

大家都知道在棒球場上，二十幾歲正值體能巔峰期的年輕人不見得會是球場上的搶手選手，年薪最高的投手也不是球速最快或投出最多三振紀錄的投手，球隊講求的是整體球隊比賽的勝率高低，而不是媒體關注的短期話題。

對打擊手、投手、主審而言，每位打擊手都有三次好球出擊的機會，縱使打擊手沒有揮動球棒，只要三記好球進壘，他便要被判定遭投手三振出局，相對地，當投手投出第四記同時被打擊手及主審判定為壞球的球

時，打擊手便可瀟灑扔掉球棒，安全踏上一壘壘包。但根據實際的觀察，球場上所謂的強打者揮棒打出安打或全壘打的球並非全然是所謂的好球，他們只選擇適合自己最佳擊球點的球並揮棒打擊，主審及投手認定的好球帶通常並非他們的好球帶，這就是為什麼有人連記三好球進壘，但打擊手卻完全沒揮棒而慘遭三振出局，當然，若投手控球不穩，打擊手可能從頭到尾都沒揮棒，但卻可獲四壞球保送上一壘。

在棒球場上，你必須按比賽遊戲規則選球及擊球，但別人認定的好球帶永遠不會跟你認定的完全一樣，但只要你不立即做出決定，便會對賽局勝負產生影響。在股市中卻不然，你不會因自己沒買進市場所謂好公司或主流股而被判出局，當然，你也不會因自己不做動作而在大盤連續挫低下使自己獲利，因此，你不必急於出擊，因為市場沒有四壞球保送，當然也不會有三振出局！何必在意別人或市場怎麼看行情呢？

優秀的打擊手只有選擇適合自己打擊點的球進壘時才全力出擊，因此他們可以成為球場上的贏家及英雄。請問！你自己在股市中的好球帶在哪裡？很多人到處請教別人，甚至崇拜所謂「赤腳仙大師」或神祇，殊不知自己的好球帶原來決定於自己，你平常是否勤於練習？遇到瓶頸是否就教於有經驗及正統的教練？並試著讓自己的好球帶擴大以提高安打次數，讓教練點出弱點並進而尋求突破盲點。

因此，對股市征戰者而言，既然連續四壞球並無保送上壘，那你何必在意別人認定的好球帶在哪裡？何必計算總共幾記好球飛過眼前？重點是，請問你自己的好球帶在哪裡？

您是股市中的穆罕默德‧阿里嗎？

每四年一次、風行歐美的世足賽，往往令全球足球迷為之瘋狂。足球是一種講求團隊協同合作的運動，而且在比賽過程中要攻守兼備，這跟棒

球比賽相當類似。我從小愛看棒球賽，也愛打棒球，因為鄉下地方，一般在春稻收割完有一段休耕期，鄉下小孩便把乾沽的農田當天然的棒球場。足球與棒球一樣，沒有到比賽最後一刻無法斷定誰是贏家或輸家，過程真是高潮迭起、引人入勝，也難怪民國60年代臺灣百姓會三更半夜爬起來看完棒球才肯下田工作，學生則把看半夜的棒球賽當作同學間比炫的光榮事，好像自己就是「許金木」或「紅葉棒球隊」的成員。

其實我還有一項很喜歡看的比賽，大家猜猜看，我相信沒有人猜得到！因為這種運動比賽與我的形象很難聯想在一起。我從讀國小時就喜歡看美國重量級拳擊賽，在鄉下地方很多小孩從不知世界發生什麼事，我算是幸運的少數人，我家當時除了農業專有的《豐年雜誌》外，祖父也訂了兩份日報，因此從識字後我便有閱讀習慣。至今我仍有印象，大約在國小五、六年級時，我心目中最偉大的運動家不是「亞洲鐵人」楊傳廣，也不是「飛躍羚羊」紀政，而是美國的拳王阿里，其實我當時對他了解不多，只知他每次比賽總是在擂台上滿場閃躲，但一出拳大部分都是連續且密集的長刺拳，且往往讓對手無招架能力。其實阿里的拳勁遠不及後來的另一位拳王，號稱為「野獸」的泰森，但泰森後來因在擂台上動嘴咬掉對手耳朵而被禁賽，也算是拳擊史上的異數。

阿里在21年（1960～1981）職業拳擊生涯中，曾先後取得三次世界重量級拳王寶座，至今在世界拳壇無人能出其右。1960至1967年是其拳擊生涯的黃金歲月，1967年則因拒絕加入美軍參與越戰而深陷囹圄，後經上訴後才獲釋，在巔峰時刻慘遭禁賽三年半處分。但此事件並未徹底擊垮他，1974年，阿里以32歲高齡復出，並在今已成為剛果民主共和國，昔稱薩伊的首都金沙與當年拳王喬治福爾曼對決，此場戰役便是重量級拳擊賽迷耳熟能詳之「叢林之戰」，阿里用驚人的意志力與智慧重登拳王寶座，總計其21年職業拳擊生涯中，取得56勝，其中有37次以擊倒對手取勝，輸場5次，其中有三場失敗是在最後三年，36至38歲，體能明顯下

滑時所輸掉。阿里所創紀錄至今無人能與之匹敵！

　　阿里直拳磅數據稱約350磅，雖已是鉅力萬鈞，但與後來之泰森及荷姆斯動輒接近400磅之驚人衝擊力量比較，阿里恐仍無法力敵，但阿里厲害之處並非全來自雙拳直擊對手，阿里未成為真正拳王之前，便以拳術靈活及出拳快速著稱，而在重量級拳王爭霸戰中，更屢屢以著名之「蝴蝶步伐」快速游移於技擊台上各個角落，令對手心生厭燥，開賽之初，阿里鮮少主動出擊，甚至採取雙拳置於前之挨打姿態，然而阿里時時迅速移動身軀，雙目凝視對手，他用靈活的蝴蝶舞步配合臨危不亂的大腦分析對手防守死角，等待、等待、一直等待，等待對手犯錯，此時他便以快如閃電的直拳重擊對手頭部，在對手來不及回神之時，再以右拳重砲毫不留情地擊倒對手。

　　在股市戰場上，對個人戶而言，我們都沒有外資法人的財力，也沒有投信法人的產業人脈布局。就像阿里一樣，他沒有驚人魁梧的體態，也沒有過人的耐力，但他願意用冷靜靈活的頭腦分析對手，也願意用超越一般拳擊手的耐心等待對手犯錯，他在拳擊場上的成就卻至今無人能敵！

　　我們若能從阿里的拳擊生涯史中對照吾等於股市中的戰鬥地位，便不會心生畏懼與急切煩躁，因為站上擂台者無畏懼的權力，願意以無比耐心等待者，便能在最適當時機全力出擊，並取得成功！

您要好產業？好公司？或好股價？

　　曾有朋友問我，某某公司今年不是大賺嗎？營收也一直創下新高呀！為何股價跌了三、四成，比爛公司跌的還兇！短期股價波動的解釋與預測一向不是我的專長，但對好公司、爛公司；好產業、爛產業；好股價、爛股價，這些問題應該很多人都沒想過吧？

　　一般人都知道買股票要選擇所謂的績優股或成長股，顯然大家對選

股標準要以好公司及好產業為重要考慮因素應都略知一二，教科書上也告訴獵豹，好的投資標的要有幾個重要條件：（1）屬於好的產業；（2）財務數字可信度高；（3）擁有好的管理者；（4）目前股價偏低等四項條件。（參見政大吳啟銘老師著《企業評價》）另華倫‧巴菲特（Warren E. Buffett）如何挑選好股票呢？下面三點結合：（1）公司獲利高；（2）管理者以股東權益為決策考量；（3）目前股價偏低等三大要件。

好公司的定義每個人都不一樣，有人說公司企業形像要好，也有人說公司要排名前100大，甚至有人說老闆要年輕有衝勁，但對股票投資人的我而言，我只要求兩樣，第一，財務透明且獲利佳，第二，經營者能力及操守沒問題。我相信大部分的人對好公司的定義不會差異太大。

那什麼是好產業呢？有些人說一定要是高科技，也有人說一定要是獨佔或寡佔事業，但也有人說只要會賺錢的公司就是好產業，每個人對好產業的定義都不同，但還是脫離不了一個中心點，這個公司要會賺錢才是好產業。因此，像彼得‧林區（Peter Lynch）及巴菲特等人，他們挑選的公司所屬產業不見得要是所謂新創或高科技產業，對他們而言，好的產業不見得要有「興奮的活水」或什麼「低調寧靜的經營者」，任何產業或公司都會有一個生命週期，他們學會盡可能避開產業景氣或公司生命週期的成長高原期或衰退期，並且選擇他們懂得的產業，除非他們真的了解公司產品，否則不會當一個半調子的產業投資者，成為上市櫃公司的廣告商及傳聲筒。

已經選了好產業，也挑了好公司後，應該可以高枕無憂了吧？我個人還記得某「大師」曾說：「正確產業趨勢的好公司，千萬不要因為它的股價已漲了一大段而拋棄它！」妙哉，果如此，那只要選對產業及公司，躺著幹大家都可以提早退休養老去了！我的恩師及巴菲特的話豈不都是大錯特錯了？

營收連續創新高的股票此波跌幅名列前茅者比比皆是，充滿興奮活水

的公司有些更早早盤頭彎腰了，大家一定要認清一個事實，公司的獲利與股價長期一定要取得一定對等關係，否則您就不要怨股價波動為何不照自己的預期來走，也不要怪「大師」給您打「興奮的迷魂針」，更不要怪媒體小記者為何與上市櫃公司掛勾引誘您高價買進套牢！

癥結點出在哪兒呢？大師及媒體記者都嚷嚷好的公司及好的產，但他們絕口不提是不是好的股價，其實他們心裡真正想說的是：「我已經買了一缸的股票就是好股票啦，你們趕快買吧！」至於當下是不是好股價可不是他們想討論的，或許他們也沒這個專業吧？通常臺灣的「大師」不都瞧不起學院派的？當然他們也不會放下身段把投資學理論瞧上一眼！

與投資智者的心靈對話

大家來表決一下如何？

華倫‧巴菲特：「別人同意你的觀點，並不表示你的觀點就正確無誤，你之所以正確，是因為你提出的事實正確以及推論正確，這樣才能保證你能夠正確無誤。」（摘自「投資大師語錄」，柏妮絲‧柯恩著，財訊出版社）

如果在投資市場中，正確的投資決策可以透過多數而決定出來，那麼，天底下，將不再有投資輸家存在；而事實剛好相反，當一堆人聚集在一起討論出所謂市場潛力股時，這往往就像在市場中替彼此挖出葬身窟一樣，閻王不會因人多就放過枉死鬼。

我早就養成在人多的地方，萬不得已絕不談論股市及個股多空習慣。只要在自己心中養成以正確數字解讀資訊的習慣，何必到處找一堆人來尋求自我心靈的慰藉呢？若是以為越多人認同您的多空看法便可提高勝算，

那真是癡人說夢呀！

透過媒體管道傳送的市場資訊，往往就像持有強力擴音器對大家肆無忌憚播放雜音一般，寥寥數人就可搞弄得市場參與者心思紛亂、滿湖漣漪；對資訊欠缺解讀能力又充滿無盡貪慾的人，鮮少人能忍受住而不受其影響，這也是媒體通路往往成為有心人買通或亟於私用之原因。

在投資市場中，數字永遠比文字及聲音來的有用；唯有背後有數字做根基的文字推論或聲音傳播，才有實質意義。想像力有時可以帶我們暫時遠離心靈痛苦；但在股市中，過多的想像力常常會趁您失神時帶走原在您身邊的財富！

您還在找大師嗎？

華倫‧巴菲特：「想要一輩子都能投資成功，並不需要天才的智商、非凡的商業眼光或內線情報，真正需要的是，有健全的知識架構供你做決策，同時要有避免讓你的情緒破壞這個架構的能力。」（摘自《投資大師語錄》，柏妮絲‧柯恩著，財訊出版社）

對先天智商平庸而當不了科學家、醫生、大學教授等高尚職業的人而言，當一個快樂的投資人可能更適合他，因為要從投資市場中賺取長期穩定超額利潤，顯然遠較不斷在學校各式考驗中過關斬將，來得容易許多；因為，能從投資市場中得到超額利潤者並不必然需要或具備近似天才般的智商，更不一定要是商學院名校畢業的高材生。

如果在投資市場成功與否可以從學校成績高低或智商高低來決定，那大學教授與科學家早就可能成為稀有族類了，因為投資獲利的高額報酬恐怕早就讓大部分的科學家與教授遠離現職了。

真正能不靠騙術及操弄市場資訊或以公資源影響短期多空力量，而長期得到超額投資報酬者，必定在內心深處已建立牢不可破的信仰；信仰的

養成必需從長期經驗累積正向的省思回饋及不斷向操守良善、投資績效卓越的投資者學習，方能做到處暗夜而心不驚，居華室高堂而意不亂之境地。

可以透過文字傳遞的知識，都只是一種基本技能的學習過程，您可以將一種技能練習到爐火純青之境，卻無法將一種心領神會意境透過技能完全完整傳遞；唯有在學習者願意空出心中的虛心空間，才能改變本身既定的思考模式，否則，離成為成功投資人的目標仍將是看似近在咫尺、實則遙不可及。

情緒往往在不知不覺中佔領我們原本雜亂的投資思維，使我們在繁複思考投資決策後更不知所措；信仰可以安撫您不安及貪戀的情緒，唯有找一處值得信賴的正派信仰，才能讓我們免於在市場載浮載沉，終致滅頂之運！

不要再相信投資市場中有所謂「大師」與「先知先覺」，真正的大師原在您自己的心中，先知先覺者則泰半是善於演說表演的市場騙徒；在您對惡毒資訊還無足夠免疫力前，請遠離資訊提供者的無情殺戮場，為自己保留下清靜的投資思考空間，若捨此而不為，終將使自己成為惡毒掠奪者的鮮美獵物。

請問您站在哪一邊？

華倫‧巴菲特：「對我而言，股市根本不存在，它只不過是在證明是否有人做了什麼傻事。」（摘自《投資大師語錄》，柏妮絲‧柯恩著，財訊出版社）

股市的存在只是因為要提供股權資產擁有者，一個當他需要資金時，可以變賣手中資產的地方而已。對專心於企業經營且擁有高比例股權者而言，股價短期變動並不是他們關心的重心，他們真正關心的是公司賺錢的

能力。

如果我們要想從股市賺到比大股東更多的報酬（事實上並非不可能），唯一可能的方法便是站在大股東或經營者的立場去做投資思考，並且在市場一堆人，瘋狂把股價追捧如天高、殺低如敝屣時，正是我們出手賣出及買進的良機；因為，此時大股東或經營者若是股權夠透明，他們買賣動作便要受主管機關法令限制，而一般投資人往往卻可自由進出，如果您夠聰明，此時您便可打敗大股東或經營者的投資報酬。

然而，想要超越大股東的投資報酬者，請先將投資思考站在與他們同一邊，否則，一切後續的事都免談！

您賣出持股的理由在哪裡？

彼得・林區：「在股票上漲時賣出，是一種自我欺騙的策略，這就好像把花園裡的花拔掉，而去灌溉野草一樣；股市就像玩撲克牌，只要手中的牌顯示有勝算的可能，就要緊握在手裡。」（摘自《投資大師語錄》，柏妮絲・柯恩著，財訊出版社）

很多人喜歡以自己買進股票的成本來決定進出時點，他們習慣稱之為「停利」與「停損」，也就是超過自己的買進成本多少便賣出手中股票，跌落成本多少比例便不計一切賣出持股。我個人覺得這是一種沒有道理的投資行為，因為，您的買進成本與公司最新營運現況往往一點關係也沒有；而決定是否要賣出股票的最大理由，應該是股價上漲幅度已反應大半公司最新營運狀況，或最新營運狀況比原先預期產生落差，因此，趁股價未完全下跌前就提前賣出。無論上漲或下跌，其實都與您的買進成本沒有關係。

每個人買進股票的成本可能都不同，因此，市場有太多的不同投資成本，請問，您的買進成本在股票市場上有何意義嗎？

一些人常常倒果為因，買進股票後便每天計較最新損益，其目的便是等股價漲多少或跌多少，便要採取賣出動作；反而不是把注意力集中在公司最新營運變化的追蹤上，他們忽略了，決定是否賣出股票的理由，應該是公司最新營運數字及產業變化，而不是自己帳上的持股成本。

我有時會賣出虧損中的股票，但其原因都是營運轉差或低於原先預期，但也會長期持有一些營運持續好轉公司的股票，縱使它們的股價已遠超過原來買進的成本；對營運數字不佳的公司，決不會有太多眷戀，以降低擴大虧損的可能性，但對於營運持續好轉的公司，則應持續追蹤，甚至加碼買進。成本只是損益的紀錄基礎，它並不是個別投資標的買進或賣出的好理由。

您買的公司是由猴子經營的嗎？

彼得‧林區：「我喜歡買連猴子都可以經營的公司，因為有一天這些公司搞不好真的會由猴子來經營。」（摘自《投資大師語錄》，柏妮絲‧柯恩著，財訊出版社）

很多投資人以為自己不清楚或越難懂的行業才是所謂「高科技產業」，因此，常常也就對其股價充滿高度幻想。就像一般人對自己喜歡的演藝明星般的崇拜心理，往往起因於對其高度的完美幻想，孰知，越不清楚、越不透明的事物，您越不可能看清楚其真正的全貌。

在股票市場中到處充滿半調子分析師，總喜歡透過各種途徑大談產業願景，並鼓動一般投資人對股票投資應充滿高度想像力，這是一種不負責任的江湖郎中作法。對內部經營者而言，他可以侃侃而談公司永續經營願景；但對外部投資人而言，則應講求實際，關心企業目前及未來的獲利及賺取現金的能力。除非您已是公司及大股東的同路人，否則公司經營者的願景不會是您的願景，高度的想像力往往會成為黃粱一夢！

因此，選擇投資標的不一定要「充滿興奮活水與內容」，也不見得經營者要在眾人面前刻意經營所謂「低調作風」，更不用選擇連產業分析師或「市場赤腳仙大師」等名嘴自己都不清楚的產業或公司；永遠要記得，您要買的公司越透明、越能持續賺到現金者，才是好的投資標的，反之，故弄神秘，只要與市場有心人士牽涉或密集上媒體版面的公司，您都應該盡量避開！

做為一個外部投資人，一定要永遠記得，公司是否能賺錢才是我們應該關心的；如果經營者想要自己公司的股價反應更高的價值，請拿出成績來，其他任何手法操弄，免談！

您喜歡冷門的穩定成長股嗎？

彼得‧林區：「我買賣穩定成長股的方式，一般是等到上漲30%至50%就獲利了結，然後在運用同樣的方式，尋找市場上尚未反映其價值的類似股票。」「投資穩定成長股大概就像身處山麓丘陵：每年盈餘成長大約在10%到12%左右。……慎選買進時機和價位，穩定成長股也可以讓你大賺一票。」（摘自《彼得林區選股戰略》，彼得‧林區著，財訊出版社）

比得林區將股票簡單分為六大類型：緩慢成長股、穩健成長股、快速成長股、景氣循環股、資產股及轉機股等。投資人在選擇買進股票之時，就應清楚分辨自幾所投資的公司屬於何種類型，並擬定妥適的投資策略。對不同投資類型的股票，應有不同的投資思考邏輯。

在股市投資征戰中，我個人以為有很大比例的利得，實際上是靠勤奮不懈而來。我們不可能常常可以找到快速成長且股價仍低的股票，但卻可以靠勤奮收集資訊、分析資料，發掘股價低估的穩定成長股。穩定成長股如果是冷門股，那就更好不過了，因為只有在眾人忽視不理下，你才可能

以低於應有的相對合理價格買進它們。

操作穩定成長股更應配合無比的耐心，一方面等待買進價位出現，另一方面在買進後，更應不斷追蹤其最新營運數字變化。只要其營運基本面並無實際變化，您的投資策略便不應隨不相干的外界資訊而任意變動，做出毫無益處、頻繁的買賣動作。

您喜歡在股市中討價還價嗎？

彼得‧林區：「如果你買進定價過高的股票，真的是一大悲劇。因為即使公司真的一炮而紅，你還是賺不到錢。」（摘自《投資大師語錄》，柏妮絲‧柯恩著，財訊出版社）

很多人喜歡花很多時間在市場與攤販討價還價半天，但一遇到股票行情表或財經書刊的報導，便完全失去自我主張；他們可以為買一雙不到一千元的鞋子在百貨公司逛上半天，卻只因看了一份15元或40元的報紙，便決定花上百萬的積蓄買進股價偏高的高價股票。我很少在市場為了買水果或青菜，開口跟攤販問價格，但對於股票投資，我則錙銖必較，因為，我知道在股票投資上，買對便宜的價格可以掩蓋消費市場小額投資上萬次、甚至更多次的錯誤！我寧可在生活上慷慨過日子，在股票市場上，我則樂於選擇當一個沒人知道、不折不扣的吝嗇鬼。

如果您花高單價買進一輛豪華進口車，事後沒多久便後悔了，車子頂多會折舊，至少開在路上還滿拉風的，加油站那些勢利的工讀生偶而還會說：「先生，您的車子真漂亮！」讓您享受一下短暫的虛榮快感；但是，如果您因追高股價，買進高單價的所謂主流股，因而長期套牢，則只有暗自飲泣的分。當然，如果您是管理投資大眾的錢，那又另當別論了，大不了減薪或少領一些獎金，在臺灣，很少股票基金經理人會因買錯股票而丟掉飯碗的！一起追高一向是一些基金經理人的專利。

您也愛高成長高本益比的股票嗎？

約翰‧奈夫（John Neff）：「對寄望於高成長率的動能型投資人來說，單季盈餘一有滑落，可能會帶來嚴重的後果。對高本益比股票而言，偏高的成長期望即使只差一吋，也可能表示公司實際上差了一哩。不管實際的差距多寡，光是前景不明就能對股價施以重懲。為了遠離這種危境，我們可能的投資標的必須有堅實的業績紀錄。」（摘自《投資大師語錄》，柏妮斯‧柯恩著，財訊出版）

高盈餘成長的公司之所已享有較高的本益比，主要是建立在兩點，第一，投資人假設其未來仍可維持盈餘高成長一段期間，第二，投資人將其未來可產生的自由現金流量提前折現在股票市場價格上。

高本益比股票要維持穩定在高股價之位置，必需其未來盈餘持續維持高度成長；然而，在景氣變動快速的產業中，實務上，卻鮮少能有公司能維持很長的高盈餘成長期。由此可知，投資人願意在現時給予公司」高本益比的股價，有很大的原因係來自心理面的高度期待與豐富的想像力所致，因此，不要以為大部分的高股價的公司都可透過嚴謹的評價模型合理化其股價，究其原因，市場交易心理及人性的高度貪婪通常才是主因。

因此，若您想買進高本益比的公司，除非對該公司及該產業有深入研究分析與充分了解，否則，千萬不要想把市場投機交易心理試圖用學理基礎加於合理化。交易本來就是市場存在的主要目的之一，只要有利可圖，投機並無對錯，但若是圖謀價差，就千萬不要在事後再找理由合理解釋長期高檔套牢的窘境了，因為在賭場中，輸贏一定各有一方！

您嘴上的肉夠香嗎？

柏頓‧墨基爾（Burton G. Malkiel）：「股票訂價的不規則性和股票報

酬的可預測型態，都可能存在，甚至持續相當長一段時間，而市場也會受到流行風尚的影響，但是到最後，任何過高的市場評價都必需被修正。」（摘自《投資大師語錄》，柏妮絲‧柯恩著，財訊出版社）

很多股票市場的投資人窮其一生都在努力為股價短期波動的脈絡紋理找尋答案，縱使得到的結論往往模糊而難辨，甚至讓他們在市場短期間處於輸贏交雜、長期則一敗塗地；但他們卻仍然樂此不疲！

以往，若有投資人質疑我，為何我分析的公司，得出來的部分結論是風險偏高，要大家對該公司保守以對，但一段時間後，股價為何仍持續上漲，言下之意，也有點責難意味；但是，現在遇到這種情形，我通常能微笑以對。短期股價波動原就大部分時間與企業真正價值很難完全契合，更何況，企業面對的經營環境是變動的，它的營運數字也是動態的；因此，短期股價未如我願，除非我去做反向操作，否則對我的投資損益是毫無影響的，何必太在意呢？

但是，當您決定擁有某一家企業的股票時，其未來營運便與您自身的損益產生密不可分的關係，因此，我們唯有透過安全、嚴謹的詳細解析後，並耐心等待配合股價是否進入相對便宜的價位後，才能決定是否進行買進動作。

在股市中您不會因為錯失了若干檔股價上漲的股票而有任何損失；相對地，卻可能因為買進一檔股價大跌的股票讓您的財富大幅縮水，提前從投資市場賽局中出局。

不必在意別人嘴上的肥肉是否真的比自己的香；也不必急於短期買進一檔未經詳細解析的個股；更不用為了想要搜尋市場所有可能成為主流的股票而耗盡心思。重要的是，您自己手上已買進的股票，您是否真的了解它？

您要今生或來世？

柏頓‧墨基爾（Burton G. Malkiel）：「當市場上對於未來榮景的持續過度樂觀時，華爾街開始流傳：「股票不僅該折現未來，可能連來世都折現了」。（摘自《投資大師語錄》，柏妮絲‧柯恩著，財訊出版社）

從財務觀點上而言，企業的價值決定於企業未來年度產生自由現金流量之折現值，並扣掉公司負債後之餘額；因此，企業確實可靠的價值來自產生自由現金流量之能力。

長期而言，一家無法產生自由現金流量的公司，縱使其有亮麗的會計盈餘，但卻無法產生任何創造現金能力，就好比女人選擇一個每天穿著光鮮亮麗的男人為伴侶，但卻從未付出一毛錢的生計所需費用以支應家庭開支，更糟的是，他可能隨時可能反手向妳伸手要錢！

過度的想像力（其實是貪婪心）讓我們在投資市場中，追高漲幅已大的股價、禁不住騙徒的誘惑話語、市場過熱時才到處打探明牌。我們極可能變得進入期待來世的瘋狂、歇斯底里狀態而不自知，最後使自己成為掠奪者口中的鮮美獵物（像大海裡的沙丁魚）。

很多投資人只聽過本益比，卻從未清楚弄懂本益比的真正內涵，用通俗易懂的語言來解釋，本益比就是，假設所投資的股票發行公司往後每年的獲利不增不減，您的投資要用幾年才能還本的期間。本益比10倍的要用10年去等待，30倍就要用30年去等待。因此，若人類的平均壽命是80歲，現年60歲的投資人買進超過20倍本益比的股票，難道不是將來世的收益也加到今世折現了嗎？

在感情的道路上，曾聽人說，有所謂七世夫妻之說；然而，通俗如我者卻以為，若無法把握今生今世，何以有來世？投資市場不也是如此，無法從過去中學會教訓並累積智慧，並用心珍惜把握當下及現在者，鮮少能成為未來的投資贏家！

您是化繁為簡還是化簡為繁？

安東尼‧賈利亞（Anthony M. Gallea）：「價格走勢和獲利潛力會吸引投資人進場，一支股票的價格漲了好長一段時間，然後漲勢加速，會突然吸引一群新投資人蜂擁搶進，一般人傾向於依據股票過去的走勢，畫出一條直線以預測未來，很遺憾的，走勢很少持續下去，就在你以為未來會和過去相同時，行情往往逆轉。」（摘自《投資大師語錄》，柏妮絲‧柯恩著，財訊出版社）

一般投資人在投資市場中，往往是情緒性的動物，而非理性的動物；沒有受過嚴謹投資思考邏輯訓練者，在市場中很難避免受周遭環境的影響。因此在上漲過程中，便會不斷出現買進又賣出的動作，持有股票期間通常是片段的；但當市場進入反轉下跌循環時，則因不斷遭受自我挫折感的打擊，同時又不願在人前人後，勇於承認先前投資決策錯誤，以致參與全程下跌過程；最後則因終於忍受不住市場壓力，並極力想擺脫揮之不去的挫折感，以致將股票賣在相對低點。

若您未經市場交易嚴酷洗禮及自我內省學習的過程，也未經完整投資學理邏輯訓練，會發生上述情況，一點也不足為奇，因為這完全是具健康心理狀況下的常人反應。很可惜的，這類人卻常常是市場投資的輸家！

但是從投資市場獲利，卻不是心理狀態失常的人種，他們通常只是看透了投資市場上大部分人的情緒性反應後，徹底把自己的投資本質弄清楚，並願意將投資邏輯思考從自認高深且複雜的思緒中簡化，讓自己內心產生如宗教信仰般的冷靜沉著力量；這時，自己眼前的投資前景便會頓時是一片開朗，從此走上勝多賠少的良性循環道路。

透過嚴謹學習訓練可以將投資思考化繁為簡；然而，若只是想透過簡單線圖找到捷徑，則往往可能化簡為繁，其結果將適得其反！

您的伙伴在哪裡？

安東尼・賈利亞（Anthony M. Gallea）：「反向投資是孤單寂寞的旅途，但在旅途的終點有利潤等著你。」（摘自《投資大師語錄》，柏妮絲・柯恩著，財訊出版社）

投資人在進入金融市場後，真正主導其投資決策思考的重心，往往不是投資標的創造盈餘的能力，或其與股價高低的關係；反而，市場的氣氛才是促使他們買賣的原動力。因此，當市場轉為上漲趨勢後，股價漲幅越大，成交量就會越大，此正說明，對大部分投資人而言，股價是否便宜往往並非其買進的理由，真正的理由是他想跟大家一樣站在買方，享受股價持續推高的樂趣與快樂。

因為喜歡追求快樂，並站在多數人的一方，因此，飛漲的股價並無法阻擋其買進的決心。此與一般正常投資邏輯思考，即「投入成本越高，投資報酬將越低」，完全背道而馳，只因短期股價其實絕大部分時間內，都是當時參與交易者的交易心理，及市場資金多寡所決定出來的，與公司創造盈餘的能力沒有太大關係。如果知道了這一點，您就不會費盡心思想要解釋那一家公司股票為何最近會漲或會跌了；除非公司營運數字真的起了變化，否則何必大費周章每天關心其股價細微的波動？

對一般外部投資人而言，如果您夠精明，其實是可以從股票買賣投資中賺到比內部經營者更高的報酬，因為，短期股價長年不斷波動，會沿著公司創造盈餘能力推估出的價值線上下波動前進；您不必在意是否能準確算出企業股價，因為它並不真正精準存在，只要合理估算出相對位置，就足以讓您踏上成功致富之路。

但是，踏上成功致富之路的人，並非人人可以一路順遂並成為真正的富豪。因為，能在投資市場中，不計較短期毀譽及承受外在環境高度的不認同感者，必定要承受內心極度的煎熬，唯有能忍受並體會孤獨冷絕的心

境，方能從絕地中破繭而出，享受喜樂！在孤獨冷絕的道路上，狐惑與鬼魅勢必如影隨行。此時，有信仰者，將昂首闊步一路向前行；心中沒信仰者，隨時可能再度誤入歧徑，或惶惶不知所措，終致滅絕。

在旅途中，您不用遍尋伙伴，伙伴原在您自己心中！

您是不是也一心只想成為投資專家？

麥克·勞爾（Michael Lauer）：「成功的投資所需要的，只是分析今天的事實的普通常識以及執行你的信念的勇氣。」（摘自《投資大師語錄》，柏妮絲·柯恩著，財訊出版社）

很多證券投資者以為只有讓自己成為金融市場的所謂專家才能算是一位出色的從業人員。因此，他們竭盡心思、費盡苦心，想要找出市場短期漲跌的原因，甚至個別股票短期價格為何波動？只有這樣，他們才能像電視台盤中股票報價節目中滔滔不絕的人，隨時有辦法找一個理由來答覆未經嚴謹投資邏輯訓練的主持人的蠢蛋問題；而事實上，下了節目，檢視一下自己的投資成效，可能往往一敗塗地！

專業投資者如果失去獨立思考的勇氣，並流於媚俗、呼應觀眾的預期看法，則已注定將成為投資市場的輸家；大部分的人都把股權投資想得過於複雜，並主觀上賦予過度神秘的色彩，加上市場騙徒的操弄，往往讓我們失去最基本的邏輯思考能力。

當我們失去自我的獨立思考能力後，心理面的壓力隨之而來；就像沒有信仰的人走在陰暗的深夜叢林中，往往驚慌失措，一聽週遭聲響，便以為災難將至，趕緊簇擁迎合眾人走向，只為尋得一時心安。

有投資信仰者不會將簡單的投資邏輯充分複雜化，而是學會化繁為簡，並用勤奮的研究分析追蹤，及堅定的信仰以建立投資征戰場上的必勝信心；若捨此而不為，縱有高山名師、仙丹妙藥，恐怕也無法在投資市場

讓人起死回生呀！

您喜歡一夜情嗎？

麥克·喜偉（Michael Sivy）：「做出正確投資決策的重要原則：1.擬出以績優股為主的投資組合，然後養成從財經新聞中追蹤這些公司情報的方法。2.盡量不要根據新聞報導買進賣出，關係良好的投資人在新聞見報前早已行動。3.永遠做長線，散戶做長線比較佔優勢。」（摘自《投資大師語錄》，柏妮絲·柯恩著，財訊出版社）

股票投資就像農夫種田一樣，如果要期待農作長的快、生的好，便要每天勤於除草、灌溉與施肥。我們不必每天隨市場媒體資訊起舞買進賣出，但對自己手中股票發行公司最新營運及產業變化，則應養成時時關心的習慣，並勤於收集基本面數據，讓數據告訴我們公司最新可能狀況。

千萬不要看媒體刊登利多、市場大師暗示明牌，或看到電視報盤頻道提到某檔股票，便讓您決定奮不顧身的決定股票進出。因為，以聳動的文字或高昂語調傳遞訊息者，通常背後都有利害關係存在，等您接收到這些訊息時，通常您都已是資訊落後者了，媒體往往只是有心人坑殺投資人的工具而已。

筆者一向認為所謂「長線」或「短線」，其差異並非決定於時間，而是市場價格出現在某種相對高檔或低檔的頻率或次數多寡。出現頻率越低，投資人便可能要花更多的時間去等待市場相對合理買進價格的出現，或更有信心地握住手中股票以等待股價反應完應有的相對合理價值，這就叫「長期」投資；反之，若買進或賣出價格，在很短時間內可以很快、高頻率的出現，則投資人無論時間長短，便要提高交易次數，交易越頻繁者，便屬「短線」投資者。

長期投資者因交易次數低，因此，其交易等相關成本也低，但其資本

利得及來自公司盈餘分配的收益往往可拉大；相對地，短期投資者因交易次數太多，其交易成本不知不覺中成為投資收益最大的殺手，縱使偶而猜對短期股價漲跌，長時間下來，卻往往做白工，甚至成為市場大輸家。

在投資市場中，短線交易就像男女之間的一夜情，緊張、新鮮又刺激，我個人無此經驗，因此無法體會；但是，卻知道，只有用心耕耘、勤於灌溉的心田，才能種出真正的愛情火花，並享受甜美的果實。長期下來，筆者深信，投資市場也不會例外！

投資心法語錄

您注意到的是風聲還是樹影？

對個別投資標的物的投資危機，並非來自外在環境，尤其是影響短期市場交易氣氛的突發事件；真正的投資風險主要來自投資標的物本身，例如營運的變化，或產業榮枯趨勢的轉變。

恐懼心理使我們在暗夜裡，只想到晦暗的天地，卻完全忽略可能已慢慢升起的旭日。

聰明的投資者緊緊盯住公司最新的營運變化，並理性分析，而不是讓市場氣氛盤踞心頭。

您對股市的末梢神經是否特別敏感到令人不安？

何時該賣股票與自己的買進成本一點關係也沒有，而是公司最新的營運狀況與股價對稱是否相對合理；對技術操作者而言，市場狀況及炒作題材才是重點。

當我們的投資標的物是個股，而市場氣氛又指向與我們希望的另一邊時，個別標的物的實際數字，才能使我們免於因承受壓力而扭轉正常、理性的思考。

股價與公司相對合理價值區間產生嚴重的背離情況，股價若面臨修正，其修正的幅度往往遠超乎原先之預期。

您常對自己自白嗎？

經驗告訴我自己，當我在投資市場不對已經客觀存在的事實「誠實」以對時，危機可能就會出現；公司營運的數字或許無法完整描繪出未來，但它卻是客觀存在的事實，要我們在做投資決策之前，誠實面對公司的營運數字。

對於投資標的，我們應緊盯最新的營運狀況及市場產業的真實面貌；而不是自己主觀的預期是什麼？或是媒體分析師又說了它什麼？

追高殺低股票的心理成因

「替代性增強作用」的心理反應，使用在靜態的事物上時，可能可以使自己避免錯誤的行為；但是，在動態的股票市場中，卻可能導引禁不住市場飆漲誘惑的投資人進入險境。

投資人在股價相對高檔買進股票，並在股價自多頭市場反轉下跌的初期，不願認賠賣出股票的原因，主要係在心理上，其仍充塞著前些時候股價創新高的景況，這種最近期印象仍帶給投資人無窮的希望。

心理增強作用，使投資人在股價末升段，勇於追高；懲罰作用，則使投資人不計損失，失去理性地以低價賣出長期套牢的持股。替代性的懲罰作用，則使在下跌波接近結束時，仍然空手的投資人，不敢貿然採取買進

股票的動作。

透過理性、嚴謹的投資思考訓練，並建立高度紀律的投資信仰，可以幫助投資人，在多空轉折點出現或接近之際，穿透「替代性增強作用」及「替代性懲罰作用」之投資陷阱。

您是否喜歡崇拜名人且長期滿懷希望？

崇拜名人並不僅限於演藝市場或政治場合，投資人在股票市場也愛崇拜名人。這種現象對客觀分析、研判資訊往往造成障礙，因為名人的言論，往往沒有客觀的依據，對理性投資一點幫助也沒有。

當投資人追高股價而慘遭套牢之後，總是滿懷希望，期待股票再度漲回原來的高點；但是，我們往往因專注於希望之上，因而忽視了事實，只因「希望」是「失望」的安定劑，只可惜，它卻不是股價上漲的驅動力。過度的希望將降低股價下跌環境中的應變能力。

您因滿懷希望而全程參與股票的下跌過程嗎？

打破套牢後所產生的過度希望現象的第一個反省動作，先問問自己，若自己從未買進此檔股票，是否願意現在就買進它？如果答案是否定的，那自己可能已犯了過度希望的投資心理陷阱了。

因為手中已持有套牢中的股票，自己便滿心期待有朝一日，它的股價再度回升，而不願客觀評估事實情況，此乃股票投資之大忌。

在最高價買進股票可能不是在股票市場賠錢的真正原因，真正原因可能是在套牢下跌的過程中，昧於事實，不願仔細重新評估，終致全程參與股票全程下跌過程，因而蒙受最大損失。

股票也一樣良藥苦口嗎？

在股市行情混沌不明時，我們總愛聽聽別人的意見，如果提供意見的人，是所謂的專家或名嘴大師，那又是更好不過了。但是，在股票市場中，您可以找到一堆人與您一同分擔對行情未明的焦慮與痛苦；很可惜地，當損失發生時，卻不會因人數眾多而減少損失金額。

吃過中醫草藥的人都知道，煎過的湯藥總是讓怕苦的病人退避三舍；在股票市場，也常常如此，聽到與自己看法相悖的言論，自己也容易產生抗拒心理，至於立論是否客觀，早就不是重點了。

主流主流我愛你（妳）！

跟著失去理性的群眾，追買股價偏高的所謂主流股，可以讓投資人得到因眾人認同而更有「面子」，但等熱潮過後，如果您是落後群眾或大股東賣出股票的人，恐怕是得了面子，將失掉銀子。

在股票市場中，我們應誠實地告訴自己，在股票的買賣價格上，應盡力去追求的是相對的高低點，而非絕對的高低點；您不可能賣到股票的絕對高點，也同時要有買進股票遭到套牢的準備。如果您選的股票夠好，價格已夠便宜，「套牢」表示自己可以用更合理便宜的價格買進績優公司的股票。

您是逆市場趨勢還是逆市場氣氛？

在股票市場中有所謂「逆市場操作」法則。對不明就裡的人而言，以為唱反調就是反市場操作了，其實這是極危險的作法。當市場趨勢正式形成後，它可能會持續一段時間，此時，我們應觀察的是市場氣氛，選擇在

市場氣氛過熱時，採取「反市場操作」，而非在市場趨勢形成後，在不查明市場實況下，逆勢而為，終致滅頂。

您又讓既肥又美的大紅蟳給跑了嗎？

投資人在投資市場，縱使買到一檔深具股價上漲潛力的股票，而其股價也確實展現驚人的漲幅。但是，對很多投資人而言，他卻始終無法享受到大部分的股價上漲利潤，只因，投資人總是習慣在股票上漲初期，為減低心中的不安，並害怕美好的事再度消失，便以買進成本對照股價漲幅，來決定是否賣出上漲中的股票，其實，這是相當可笑又有點愚蠢的。真正決定是否要賣出股票的最重要理由是股價與公司最新營運變化之相對合理性，公司的最新營運數字之重要性有時遠大於公司股價的短期波動。

我寧可當關起門來的醫生！

很多投資人知道我以投資為業時，一開始會有一點不屑，但等他們發覺，我的日子過得比他們悠哉後，便開始喜歡向我打探所謂的「明牌」。事實上，我並非常常心中沒有理想的投資標的，但我總是惜「數字」如金，這倒不是因為投資人沒有給我顧問費，而是我不做「帶進又帶出」的工作。這怎麼說呢？因為任何一家公司的營運或產業情況不可能每日不變，因此，當您買進任何一家公司的股票後，自己就應隨時緊盯其最新的營運變化，這對我而言，並不困難，但對我的好友們可常常不是容易的事，他們總是認為一帖藥可以治百病。用藥須知及時效可能也不是他們關心的，若賠錢了，就說醫生太爛了，開錯藥了；我雖可以開藥治病，開給自己的藥也鮮少錯亂，但叫我不篩選病人，隨便亂開股市藥方，我可不幹！

在股市中，我不喜歡吃加料的二次加工品！

股票的資訊何其多，有時多到想看都看不完，想聽都聽不盡。但是，真正值得拿來做為投資決策參考的資訊，事實上，卻沒有想像中的多；因為，大部分的市場資訊都是股票市場周邊業者，或市場有心人士（含媒體、名嘴、半調子大師）二次加工製造出來的。如果您有辦法訓練自己成為解讀市場資訊的高手，便可以放膽吸收市場資訊並加以分類，哪些是毒藥？哪些是芳草？但如果不是，我勸您少花錢去讀資訊，聽大師開釋演講，否則，常常都是在做花錢又傷身的事，幫人抬轎卻也同時替自己掘墳而不自知。

我真的靠天吃飯了！真是謝天！

剛離職場時，我常會自我算計，每年的投資績效一定要達到多少又多少回報率，但後來，漸漸體悟出，報酬是種種以前的因，才結成的果。市場是多變的，我無法要求市場一定會給我多少報酬？我只能自問，該做的投資決策前的準備功夫是否已做足了？今年或未來會有多少報酬，只有天知道！我很幸運，有此體悟後，上帝總是特別眷顧我。

您也愛融資嗎？

您問我為何不做股票融資交易？有三點理由：第一，高資金成本讓我找不到足以貼補成本的股票。第二，在股票市場會給自己添加過重的心理壓力，是一種極不理性的舉動。第三，我不會做想從股票市場短期致富的黃粱大夢。

您還在等股票的最高點或最低點嗎？

股票的最高點及最低點都是在事後才真正浮現的。或許我們真的可以偶而買在波段最低點，賣在波段最高點，但那絕對不會是常態；如果您誤認為這是常態，那您以後可能會為永遠找不到「最佳的」買賣點，而成為一個優柔寡斷的人，這種人在股市註定很難有太大作為。

我對股市的態度是等它如何變化？而不是猜測它會如何變化？甚至以為自己可以掌握股市的變化。說得明白一點，對待股市是一種「以靜制動」的哲學。

我不會去猜股市裡到底有多少瘋子！

您可以說股票已經變貴了，但千萬不要就此認定，股票價格一定不會繼續上漲。在股票價格漲至相對合理價值區間之上的多頭市場裡，股票價格純粹由供需力量所決定，常常與所謂公司基本面無太大關係。在投機市場氣氛所激發出的貪婪性資金買盤未完全用罄之前，請不要武斷地猜測股價的多空轉折點。此時，您可以賣股或觀望市場變化，但請千萬不要隨便融券放空。

您養成自然思考的習慣了嗎？

我喜歡做投資思考，對大環境或對個別公司都是如此。養成投資思考，並在疑問產生後，即刻想辦法找到較佳的答案。投資思考要變成一種自然習慣；它的重要性，就如空氣之於人的生命。無法將投資投資思考變成自己的自然習慣的投資人，很難成為市場贏家。

您看到幾棵樹或一片林？

請問一幢房子是建築師蓋出來的嗎？不是的，是建築工人。工人一開始不知道會蓋出長得什麼樣的房子，但一步步按建築師的指令與藍圖施工，終會把一幢漂亮的大房子給蓋出來。

在股市中，散戶或一般投資人通常都是市場資訊的跟隨者，跟在內部資訊或擁有媒體發言權者之後，不知道市場終將何往，但卻創造市場。而這個市場的最大主導者最終卻是公司的內部人及實際營運數字。只有按公司營運數字，並站在內部經營者角度思考的一般投資人才，才能跳脫見樹不是林，淪為市場長期輸家的命運！

您有解「毒」的能力？

在股市中，決勝的關鍵並不在於資訊的多寡，而在於資訊的正確與否，過多的資訊，有時反而成為做成正確投資決策的負擔。萬一不幸您收集而來的資訊又是經刻意加工過的二手資訊，恐怕又會讓損失的機會更加提高。為防止吸收過多錯誤的資訊，投資人一定要及早學會解讀市場資訊的能力，並養成獨立思考的習慣與信心。

尊重別人，但請先相信自己

從股市獲利的方法有太多種，且往往因人而異，並無對或錯的問題，重點是何種方法較適合您自己，我們不必費心去證明自己的方法才是最聰明的路徑，但一定要記得，當您未完全了解方法的全貌之前，請先虛心以對。您不用見神就拜，見廟就跪，但請保持虔敬的心情進市場。

沒有任何一種理論，可以完整無誤地解釋或預測股市的多空循環，在

各種不同的多空階段，有不同的方法，但重要的不是您有無把所有方法精通學透，而是您是否真正參悟了其中一種。

專家、算命仙與贏家

股市專家總是試圖收集市場所有影響股價的因素，並替任何短期股價波動，在事後找一個合理的解釋，以證明自己是股市專家的身分；他與股市高低點預測者，最大的不同是，股市專家在事後負責清理現場驗屍，預測者則負責預測今天誰會遭遇不測之事。

我不喜歡成為股市專家或算命仙。股市贏家只要負責買進股票後的勝率可以超過賠率就行了，最重要的是，他只必須對他自己參與的賽局全神貫注，專心收集並分析相關資訊。至於市場其他眾多資訊往往與其無關。因為股市贏家不必然要成為專家；專家卻鮮少能成為股市長期贏家。

您又突然看上哪家漂亮的小姐或帥哥了？

外在短期性資訊刺激及潛存的記憶，往往成為刺激我們做出買賣投資決策的主因，但事後檢討，卻常常績效一敗塗地。為避免此種決策錯誤，我們必須養成即刻用數字驗證資訊實況的行動與解讀能力。當我們透過數字驗證過程，便往往發現短期資訊常常言過其實，這使我們避免成為衝動式購買行為下的犧牲品。

在實物市場，衝動式購買有時不會造成太大傷害；在股市中，長期衝動式買進行為則會讓您傾家蕩產。

準備與等待是股市中佔最多時間的事

　　股市的波動就像屋簷邊的一隻小麻雀，您很難準確的預測牠下一刻要跳往何處、哪個角落？但您若願意先在庭院中，撒下一把米穀，可以確定的是，牠按照您的預期，飛下來的機會就會提高。股市投資的準備工作，也是如此，我無法預期行情或個股價格一定會如何？但只要您肯先付出，您的願望實現的機會就會提高。

您在股市中是否也是高度近視或極度重聽？

　　光憑記憶力來做投資決策的判斷是十分危險的行為，因為人類的心理反應總是對最近的事，印象深刻，並做出反應，但對已長期存在的事實，卻極容易忽略。這便使我們在投資市場成為受媒體及有心人士操弄的可憐蟲。利用電腦技術紀錄下有用的資訊，並養成用數字檢驗最新資訊的習慣，可以克服記憶力造成的投資陷阱。

諸葛孔明可曾再世？

　　大盤指數之所以極難預測，並不是在於您無法利用一個方法來預估指數位置點，而是因為影響大盤的資訊太多，多到任何人都無法全部收集齊全。任何人預測大盤指數失準都是極其自然且不是丟臉的事；但若堅持自己是大盤指數預測的行家，那就真是不自量力的狂妄行為了。收集資訊，等市場變化，並採取理性的因應行為，而不是積極地想掌握市場的變動方向，弄得自己常感精疲力竭。

給我內線，其餘免談！

血氣方剛的男人或好色的男子，最容易犯上美人計，且樂此不疲。這讓蛇蠍美人，總是金盆滿手，到處逢源。股票投資人對所謂的內線消息總是趨之若鶩，但卻無法真正查證事實的真偽，更遑論深入探討內線消息是否對股價構成立即的影響了。

做判斷時要根據事實，而非一廂情願、憑空想像。

您是哪一種類型的長期投資人？自願或被迫呢？

如果您買進的股票，在營運基本面沒有任何改變之下，明天就被強迫下市，請問您是否仍願意買進它。如果不是，您可能並不適合長期持有它，而是應以投機的思考模式，進行高度紀律的投機操作，切忌在股票套牢後，才開始為自己找尋長期持有該股票的理由。從短期投機操作，淪為被迫性的長期投資，是股市長期輸家的循環宿命。無法認清投資本質與投機紀律的人，最好暫時遠離市場。

烏鴉一起叫的時候絕不會有好事！

當市場絕大部分的專家或名嘴，對市場趨勢及短期行情的看法趨於一致時，往往也是市場將往另一方向波動的先兆。

國家圖書館出版品預行編目（CIP）資料

獵豹財務長投資的邏輯／郭恭克著.--初版.--
臺北市:商周出版:家庭傳媒城邦分公司發行,
民104.10
面；公分
ISBN 978-986-272-911-3（平裝）

1. 投資

563.5   104020955

新商業周刊叢書 BW0587

獵豹財務長投資的邏輯

作　　　　者／郭恭克
責 任 編 輯／簡伯儒、葉冰婷
版　　　　權／黃淑敏
行 銷 業 務／張倚禎、石一志

總　編　輯／陳美靜
總　經　理／彭之琬
事業群總經理／黃淑貞
發　行　人／何飛鵬
法 律 顧 問／台英國際商務法律事務所　羅明通律師
出　　　　版／商周出版
　　　　　　　115台北市南港區昆陽街16號4樓
　　　　　　　電話：(02) 2500-7008　傳真：(02) 2500-7759
　　　　　　　E-mail: bwp.service @ cite.com.tw
發　　　　行／英屬蓋曼群島商家庭傳媒股份有限公司　城邦分公司
　　　　　　　115台北市南港區昆陽街16號8樓
　　　　　　　讀者服務專線：0800-020-299　24小時傳真服務：(02) 2517-0999
　　　　　　　讀者服務信箱E-mail: cs@cite.com.tw
　　　　　　　劃撥帳號：19833503　戶名：英屬蓋曼群島商家庭傳媒股份有限公司城邦分公司
訂 購 服 務／書虫股份有限公司客服專線：(02) 2500-7718；2500-7719
　　　　　　　服務時間：週一至週五上午09:30-12:00；下午13:30-17:00
　　　　　　　24小時傳真專線：(02) 2500-1990；2500-1991
　　　　　　　劃撥帳號：19863813　戶名：書虫股份有限公司
　　　　　　　E-mail: service@readingclub.com.tw
香 港 發 行 所／城邦（香港）出版集團有限公司
　　　　　　　香港九龍土瓜灣土瓜灣道86號順聯工業大廈6樓A室
　　　　　　　E-mail: hkcite@biznetvigator.com
　　　　　　　電話：(852) 25086231　傳真：(852) 25789337
馬 新 發 行 所／城邦（馬新）出版集團
　　　　　　　Cite (M) Sdn Bhd
　　　　　　　41, Jalan Radin Anum, Bandar Baru Sri Petaling,
　　　　　　　57000 Kuala Lumpur, Malaysia.
　　　　　　　電話：(603) 90563833　傳真：(603) 90576622　email: services@cite.my

封 面 設 計／黃聖文
印　　　　刷／鴻霖印刷傳媒股份有限公司
經　銷　商／聯合發行股份有限公司　　地址：新北市新店區寶橋路235巷6弄6號2樓
　　　　　　　電話：(02)29178022　　傳真：(02)29110053

■ 2015年（民104）11月初版
■ 2024年（民113）5月初版6.9刷

Printed in Taiwan

城邦讀書花園
www.cite.com.tw

定價480元　　　　版權所有・翻印必究
ISBN 978-986-272-911-3

廣　告　回　函
北區郵政管理登記證
台北廣字第000791號
郵資已付，免貼郵票

104台北市民生東路二段141號2樓

英屬蓋曼群島商家庭傳媒股份有限公司
城邦分公司　收

請沿虛線對摺，謝謝！

書號：BW0587　　書名：獵豹財務長投資的邏輯　　編碼：

 商周出版

讀者回函卡

感謝您購買我們出版的書籍！請費心填寫此回函卡，我們將不定期寄上城邦集團最新的出版訊息。

不定期好禮相贈！
立即加入：商周出版
Facebook 粉絲團

姓名：＿＿＿＿＿＿＿＿＿＿＿＿＿＿＿＿＿＿＿　性別：□男　□女

生日：西元＿＿＿＿＿＿＿年＿＿＿＿＿＿＿月＿＿＿＿＿＿＿日

地址：＿＿＿＿＿＿＿＿＿＿＿＿＿＿＿＿＿＿＿＿＿＿＿＿＿＿＿＿＿

聯絡電話：＿＿＿＿＿＿＿＿＿＿＿　傳真：＿＿＿＿＿＿＿＿＿＿＿

E-mail：

學歷：□ 1. 小學 □ 2. 國中 □ 3. 高中 □ 4. 大學 □ 5. 研究所以上

職業：□ 1. 學生 □ 2. 軍公教 □ 3. 服務 □ 4. 金融 □ 5. 製造 □ 6. 資訊

　　　□ 7. 傳播 □ 8. 自由業 □ 9. 農漁牧 □ 10. 家管 □ 11. 退休

　　　□ 12. 其他＿＿＿＿＿＿＿＿＿＿＿＿＿＿＿＿＿＿＿＿＿＿＿

您從何種方式得知本書消息？

　　　□ 1. 書店 □ 2. 網路 □ 3. 報紙 □ 4. 雜誌 □ 5. 廣播 □ 6. 電視

　　　□ 7. 親友推薦 □ 8. 其他＿＿＿＿＿＿＿＿＿＿＿＿＿＿＿＿＿

您通常以何種方式購書？

　　　□ 1. 書店 □ 2. 網路 □ 3. 傳真訂購 □ 4. 郵局劃撥 □ 5. 其他＿＿＿＿

您喜歡閱讀那些類別的書籍？

　　　□ 1. 財經商業 □ 2. 自然科學 □ 3. 歷史 □ 4. 法律 □ 5. 文學

　　　□ 6. 休閒旅遊 □ 7. 小說 □ 8. 人物傳記 □ 9. 生活、勵志 □ 10. 其他

對我們的建議：＿＿＿＿＿＿＿＿＿＿＿＿＿＿＿＿＿＿＿＿＿＿＿＿＿

＿＿＿＿＿＿＿＿＿＿＿＿＿＿＿＿＿＿＿＿＿＿＿＿＿＿＿＿＿＿＿＿＿

＿＿＿＿＿＿＿＿＿＿＿＿＿＿＿＿＿＿＿＿＿＿＿＿＿＿＿＿＿＿＿＿＿